企业创新信仰学

QIYE CHUANGXIN
XINYANGXUE

陈玉川 著

创新发展原动力 创新驱动生产力

中国经济出版社
CHINA ECONOMIC PUBLISHING HOUSE

图书在版编目（CIP）数据

企业创新信仰学 / 陈玉川著.

北京：中国经济出版社，2019.11

ISBN 978-7-5136-5864-5

Ⅰ.①企… Ⅱ.①陈… Ⅲ.①企业创新—研究 Ⅳ.①F273.1

中国版本图书馆CIP数据核字（2019）第187023号

责任编辑　姜　静　陈　瑞

责任印制　马小宾

封面设计　嘉泰利德

出版发行　中国经济出版社

印 刷 者　北京艾普海德印刷有限公司

经 销 者　各地新华书店

开　　本　170mm×240mm　1/16

印　　张　18.5

字　　数　292千字

版　　次　2019年11月第1版

印　　次　2019年11月第1次

定　　价　58.00元

广告经营许可证　京西工商广字第8179号

中国经济出版社 **网址** www.economyph.com **社址** 北京市东城区安定门外大街58号 **邮编** 100011

前言

人类创新精神需求与创新精神供给存在巨大反差，迫切需要建立创新信仰学。中国创新精神需求与创新主动性存在巨大反差，迫切需要建立创新信仰学。

一、创建创新信仰学的必要

（一）是打通创新学与信仰学的需要

自从1910年约瑟夫·熊彼特提出创新概念以来，创新学与信仰学一直处于分离状态。创新学通过创新创造价值，打破了长久以来通过竞争和掠夺创造财富的传统做法。信仰学虽然近年来从宗教学中分离出来，但其所研究的信仰主要还是宗教信仰。创新信仰学打通了创新学与信仰学之间的屏障，将创新纳入信仰学研究体系，丰富了信仰学的研究内容。

（二）是解放创新信仰的需要

长期以来，由于对信仰内涵的认识不清，信仰一直被认为是宗教信仰，信仰学一直被认为是宗教学。近年来，随着信仰研究的飞速发展，信仰学逐渐从宗教学中分离出来，作为信仰学重要内容的创新信仰，成为一个学科的理论条件逐渐成熟。同时，随着人类社会对创新需求的逐渐增加，创新信仰成为一个学科的实践条件也逐渐成熟。在创新学和信仰学的基础上创立创新信仰学，系统研究创新信仰的形成、结构、功能、对象、培育等内容。创新信仰学的建立，强化了创新信仰的地位，为从根本上解决企业家和企业创新动力不足问题提供了理论依据。

（三）是提升创新理论高度的需要

自从创新概念提出以来，创新一直停留在理论高度或思想高度。创新理论和创新思想曾经为企业、高校等机构和个人创新提供了理论依据，但无法从灵魂深处找到驱动企业家和企业创新的原动力。信仰是人类最高层次的智慧，创新信仰学将创新由理论高度和思想高度提升到信仰高度，从而提升了创新理论和创新思想的高度。

二、创新信仰学的框架

（一）个人创新信仰

以企业家为例，介绍个人创新信仰的内涵、形成、结构、功能等内容。

企业家创新信仰的内涵。应用创新学、信仰学理论，以创新和信仰两个概念为基础，定义企业家创新信仰。信仰的本质是人类的一种自我超越，企业家创新信仰的本质是企业家创新目标对创新现实的自我超越。通过分析企业家创新目标超越创新现实的基础、路径、过程、结构等，揭示企业家创新信仰的本质。

企业家创新信仰的形成。以企业家的生存意识为基础，研究企业家创新信仰形成的起源。以企业家生存的现实和目标为依据，研究企业家创新信仰形成的驱动力。根据周易成卦理论，刻画企业家创新信仰形成的初态模型和终态模型，揭示企业家创新信仰形成的初级组织形态和高级组织形态。

企业家创新信仰的结构。应用信仰市场理论和时空结构理论，研究企业家创新实现自我超越的空间形态和时间形态。以企业家创新信仰的内部结构为核心，以企业家创新信仰的外部结构为条件，形成企业家创新信仰的空间结构。以企业家创新目标对创新现实的超越为过程，形成企业家创新信仰的时间结构。

企业家创新信仰的功能。创新信仰作为企业家精神的深层内容，对企业家的创新意识、创新思维、创新行为、创新物质都具有决定作用。应用创新心理学理论，研究创新信仰对企业家创新意识、创新思维、创新行为、创新物质的创造功能，揭示创新信仰对企业家创新作用的规律。

（二）组织创新信仰

以企业为例，介绍组织创新信仰的内涵、形成、结构、功能等内容。

企业创新信仰的内涵。应用创新学、信仰学理论，以创新和信仰两个概念为基础，定义企业创新信仰。通过将企业创新信仰与企业其他价值观的对比，总结企业创新信仰区别于企业其他价值观的独特性质。通过分析企业创新目标超越创新现实的基础、路径、过程、结构等，揭示企业创新信仰的本质。

企业创新信仰的形成。以企业的生存意识和类群意识为基础，研究企业创新信仰形成的起源。以企业的生存现实和生存目标为依据，研究企业创新信仰形成的驱动力。应用周易成卦理论，刻画企业创新信仰形成的初态模型和终态模型，揭示企业创新信仰形成的初级组织规律和高级组织规律。

企业创新信仰的结构。应用信仰市场理论和时空结构理论，研究企业创新实现自我超越的组织形态。企业创新是一个过程，企业完成创新需要经过营销、研发、制造等子过程，上述子过程根植于企业文化精神层的信仰，构成企业创新信仰的内部结构。以市场模型理论为基础，刻画企业创新信仰的外部结构。以企业创新信仰的内部结构为核心，以企业创新信仰的外部结构为条件，形成企业创新信仰的完整结构，奠定企业创新信仰生成和发展的组织基础。以企业创新的两次超越为基础，形成企业创新信仰的二级张力场结构。

企业创新信仰的功能。创新信仰作为企业精神世界的深层结构，对企业各层次的能力都具有决定作用。应用细胞增生理论，研究企业创新信仰对制度、流程、组织等企业规则的创造功能，揭示企业创新信仰从企业文化深层对企业各种规则作用的规律；研究企业创新信仰对企业用户、供应商、竞争对手、资源提供者等市场主体的影响，从而实现市场创新的功能；研究企业创新信仰对企业文化表层的研发投入、专利产出、新产品产出等作用的规律。

（三）创新信仰对象

将周易创新理论与企业创新信仰结合起来，运用企业创新模型，从周易中挖掘创新信仰的对象，彰显中国传统文化对企业家和企业创新的作用。证明中国传统文化是创新文化，不但不阻碍企业家和企业创新，而且能够有力促进企业家和企业创新。周易十七卦内容是创新信仰的对象，可以为企业家和企业创新提供源源不断的精神动力。

（四）创新信仰培育

企业家创新信仰的培育。研究企业家和企业创新信仰从原信仰稳固到原信仰危机再到创新信仰确立的运行过程，揭示创新信仰运行的规律。设计企业家和企业创新信仰培育路径，通过企业家和企业创新信仰的教育和传播培育企业家创新信仰和企业创新信仰。

三、创新信仰学的功能

（一）从源头为企业家和企业提供创新的原动力

目前我国创新领域存在着“企业不急政府急”现象，许多企业家和企业不愿创新，根本原因在于缺乏创新信仰，从而导致创新动力严重不足。从企业家精神和企业文化的最深层着手，通过研究企业家创新信仰和企业创新信仰，挖掘企业家和企业创新动力的源泉，从源头上解决企业家和企业创新动力不足的问题。新发现的企业家创新信仰和企业创新信仰能够为企业家和企业创新提供源源不断的精神动力。

（二）从信仰高度落实国家“双创”战略

过去研究创新信仰，多是从宗教信仰方面进行研究，忽视了创新等理性信仰对企业家和企业创新的作用。将创新提升到信仰高度，应用心理学认知理论研究企业家创新信仰和企业创新信仰的功能，从中可以发现创新信仰对企业家和企业创新具有的神奇魔力。

（三）从灵魂深处培养创新型企业家和创新型企业

企业家创新信仰是神圣的，过去很少有学者提出企业家创新信仰的培育措施。根据企业家创新信仰形成规律，同时从企业家精神的意识层、思维层、行为层、物质层导入企业家创新信仰，通过企业家创新的物质教育、行为教育、思维教育、意识教育，以及企业家创新信仰的内部传播和外部传播，逐步培育企业家创新信仰。虽过程缓慢，但结果持久。面对经济发展方式选择时，有的企业选择创新，有的企业选择不创新。企业不创新只是一种表面现象，创新行为缺失的根源在于创新信仰缺失。因此，剖析企业创新信仰确立过程，洞察企业创新信仰结构，挖掘企业创新信仰缺失的具体原因，可以从根本上提出企业创新信仰培育措施。

陈玉川

2019年7月26日

于清华科技园

目　录

前言

第一篇　引　论

第1章　引论

1.1　创建创新信仰学的必要……2

1.1.1　理论必要……2

1.1.2　实践必要……3

1.2　创新信仰学的理论基础……4

1.2.1　信仰市场理论……4

1.2.2　企业家精神理论……5

1.2.3　企业文化理论……7

1.3　创新信仰学的内容……8

1.3.1　研究对象……8

1.3.2　总体框架……8

1.3.3　主要目标……11

第二篇　个人创新信仰

第2章　企业家创新信仰的内涵

2.1　企业家的含义……14

2.1.1　企业家概念的起源……14

2.1.2　企业家的分类……14

2.1.3　企业家的特质……15

2.1.4 企业家的定义 ······16
2.2 企业家信仰的含义 ······17
2.2.1 宗教观的企业家信仰 ······17
2.2.2 信仰观的企业家信仰 ······17
2.2.3 精神观的企业家信仰 ······18
2.3 企业家创新信仰的含义 ······18
2.4 企业家创新信仰的性质 ······19
2.4.1 企业家创新信仰的关系性质 ······20
2.4.2 企业家创新信仰的主体性质 ······20
2.4.3 企业家创新信仰的客体性质 ······21
2.5 企业家创新信仰的本质 ······22
2.5.1 企业家创新信仰的自我超越性 ······22
2.5.2 企业家创新信仰的诱惑排除性 ······23
2.6 小结 ······24
第3章 企业家创新信仰的形成
3.1 企业家创新信仰形成过程 ······25
3.2 企业家创新信仰形成的起源 ······27
3.2.1 企业家的生存意识 ······27
3.2.2 企业家的信仰底色 ······27
3.3 企业家创新信仰形成的动力 ······27
3.3.1 企业家的自我怀疑 ······28
3.3.2 创新信仰的灵验效果 ······29
3.4 企业家创新信仰的初态模型 ······29
3.4.1 宇宙万物的初态模型 ······29
3.4.2 企业家创新信仰的初态模型 ······30
3.5 企业家创新信仰的终态模型 ······31
3.5.1 宇宙万物的终态模型 ······31
3.5.2 企业家创新信仰的终态模型 ······32
3.6 案例分析 ······36

3.6.1 朱江洪创新信仰形成的起源 ······36
3.6.2 朱江洪创新信仰形成的动力 ······38
3.6.3 朱江洪创新信仰的初态模型 ······40
3.6.4 朱江洪创新信仰的终态模型 ······41
3.7 小结 ······45
第4章 企业家创新信仰的结构
4.1 企业家创新信仰市场 ······46
4.1.1 信仰市场 ······46
4.1.2 企业家创新信仰供给 ······47
4.1.3 企业家创新信仰需求 ······48
4.2 企业家创新信仰的内部结构 ······49
4.2.1 企业家创新信仰的主体 ······49
4.2.2 企业家创新信仰的客体 ······51
4.3 企业家创新信仰的外部结构 ······52
4.3.1 市场创新信仰 ······53
4.3.2 竞争创新信仰 ······53
4.3.3 供应创新信仰 ······54
4.3.4 互补创新信仰 ······54
4.4 企业家创新信仰的二级结构 ······55
4.4.1 企业家创新信仰的一级结构 ······55
4.4.2 企业家创新信仰的二级结构 ······56
4.4.3 企业家创新信仰二级结构的逻辑递进关系 ······57
4.5 案例分析 ······57
4.5.1 朱江洪创新信仰的内部结构 ······57
4.5.2 朱江洪创新信仰的外部结构 ······59
4.5.3 朱江洪创新信仰的二级结构 ······62
4.6 小结 ······63
第5章 企业家创新信仰的功能
5.1 企业家创新信仰功能的特点 ······64

5.1.1 企业家创新信仰功能的层次性……64
5.1.2 企业家创新信仰功能的放射性……66
5.1.3 企业家创新信仰功能的递进性……67
5.2 企业家创新信仰的意识塑造功能……68
5.2.1 创新需求塑造功能……68
5.2.2 创新意志塑造功能……69
5.2.3 创新价值塑造功能……70
5.2.4 创新手段塑造功能……70
5.3 企业家创新信仰的思维设计功能……71
5.3.1 创新概念设计功能……71
5.3.2 创新蓝图设计功能……72
5.3.3 创新问题解决功能……73
5.3.4 创新决策设计功能……74
5.4 企业家创新信仰的行为指导功能……74
5.4.1 创新机会开发指导功能……75
5.4.2 创新团队建管指导功能……76
5.4.3 创新资源组合指导功能……77
5.4.4 创新规则设计指导功能……77
5.4.5 创新绩效管理指导功能……79
5.5 企业家创新信仰的物质创新功能……79
5.5.1 营销创新功能……79
5.5.2 技术创新功能……80
5.5.3 产品创新功能……81
5.6 案例分析……81
5.6.1 朱江洪创新信仰的意识塑造功能……81
5.6.2 朱江洪创新信仰的思维设计功能……83
5.6.3 朱江洪创新信仰的行为指导功能……86
5.6.4 朱江洪创新信仰的物质创新功能……88
5.7 小结……90

第三篇 组织创新信仰

第6章 企业创新信仰的内涵

6.1 企业创新信仰的含义……92

6.1.1 企业创新……92

6.1.2 企业信仰……94

6.1.3 企业创新信仰……95

6.2 企业创新信仰的性质……96

6.2.1 企业创新信仰的群体性与个体性……96

6.2.2 企业创新信仰的理性与非理性……98

6.3 企业创新信仰的本质……99

6.4 小结……99

第7章 企业创新信仰的形成

7.1 企业创新信仰形成过程……100

7.2 企业创新信仰形成的起源……102

7.3 企业创新信仰形成的动力……102

7.3.1 企业的群体意识……102

7.3.2 企业的发展意识……103

7.3.3 企业的绝对意识……103

7.4 企业创新信仰的初态模型……104

7.5 企业创新信仰的终态模型……105

7.6 案例分析……109

7.6.1 格力创新信仰形成的起源……109

7.6.2 格力创新信仰形成的动力……111

7.6.3 格力创新信仰的初态模型……113

7.6.4 格力创新信仰的终态模型……115

7.7 小结……119

第8章 企业创新信仰的结构

8.1 企业创新信仰市场……120

8.1.1 信仰张力……120
8.1.2 企业创新信仰市场……121
8.1.3 企业创新信仰张力场……121
8.2 企业创新信仰的内部张力场……122
8.2.1 企业创新信仰内部张力场的性质……122
8.2.2 企业创新信仰内部张力场的度量……124
8.3 企业创新信仰的外部张力场……125
8.3.1 企业创新信仰外部张力场的性质……125
8.3.2 企业创新信仰外部张力场的度量……126
8.4 企业创新信仰的二级张力场……127
8.5 案例分析……128
8.5.1 格力创新信仰的内部张力场……128
8.5.2 格力创新信仰的外部张力场……131
8.5.3 格力创新信仰的二级张力场……136
8.6 小结……140
第9章 企业创新信仰的功能
9.1 企业创新信仰的功能原理……141
9.1.1 企业文化的结构……141
9.1.2 企业创新信仰的结构……142
9.1.3 企业创新信仰的功能模型……142
9.2 企业创新信仰的理念塑造功能……143
9.2.1 愿景塑造功能……144
9.2.2 价值观塑造功能……144
9.2.3 经营理念塑造功能……145
9.2.4 商业模式塑造功能……145
9.3 企业创新信仰的规则设计功能……145
9.3.1 制度设计功能……146
9.3.2 流程设计功能……147
9.3.3 组织设计功能……147

9.3.4　风俗设计功能……147
9.4　企业创新信仰的行为指导功能……148
9.4.1　岗位纪律指导功能……148
9.4.2　工作程序指导功能……149
9.4.3　人员修养指导功能……149
9.5　企业创新信仰的物质创新功能……149
9.5.1　营销创新功能……150
9.5.2　技术创新功能……151
9.5.3　产品创新功能……151
9.6　企业创新信仰的市场创新功能……152
9.6.1　需求关系创新功能……153
9.6.2　竞争关系创新功能……153
9.6.3　供应关系创新功能……153
9.6.4　互补关系创新功能……154
9.7　案例分析……154
9.7.1　格力创新信仰的理念塑造功能……154
9.7.2　格力创新信仰的规则设计功能……156
9.7.3　格力创新信仰的行为指导功能……162
9.7.4　格力创新信仰的物质创新功能……164
9.7.5　格力创新信仰的市场创新功能……164
9.8　小结……168

第四篇　创新信仰对象

第10章　企业家与企业创新信仰的对象
10.1　周易创新之道……170
10.1.1　创新信仰的起源……170
10.1.2　周易创新模型……172
10.2　创新机会开发之道……173
10.2.1　创新机会的含义……173

10.2.2 创新机会开发情景……173
10.2.3 创新机会开发策略……175
10.3 创新团队建管之道……176
10.3.1 企业创新团队……176
10.3.2 创新团队构建之道……176
10.3.3 创新团队管理之道……177
10.4 创新资源组合之道……179
10.4.1 创新资源的内容……179
10.4.2 创新资源小畜之道……179
10.4.3 创新资源大畜之道……180
10.4.4 创新资源聚集之道……181
10.4.5 创新资源富有之道……183
10.5 创新过程管理之道……184
10.5.1 创新过程的困难之道……184
10.5.2 创新过程的创新之道……189
10.6 创新规则设计之道……191
10.6.1 创新规则控制之道……191
10.6.2 创新规则治乱之道……192
10.7 创新绩效管理之道……193
10.7.1 创新绩效既济之道……193
10.7.2 创新绩效未济之道……194
10.8 小结……195

第五篇 创新信仰培育

第11章 企业家创新信仰的培育
11.1 企业家创新信仰的培育途径……198
11.1.1 企业家信仰教育……198
11.1.2 社会公众信仰传播……199
11.1.3 创新精英示范……200

11.1.4　政府创新激励……201
11.2　企业家创新信仰的培育过程……201
11.2.1　从信仰稳固到信仰危机……201
11.2.2　从信仰危机到创新信仰确立……202
11.3　企业家创新信仰的教育……204
11.3.1　企业家创新信仰的物质教育……204
11.3.2　企业家创新信仰的行为教育……206
11.3.3　企业家创新信仰的思维教育……207
11.3.4　企业家创新信仰的意识教育……208
11.4　企业家创新信仰的传播……211
11.4.1　企业家创新信仰的内部传播……211
11.4.2　企业家创新信仰的外部传播……212
11.5　案例分析……214
11.5.1　朱江洪创新信仰的确立……214
11.5.2　朱江洪创新信仰的教育……216
11.5.3　朱江洪创新信仰的传播……219
11.6　小结……220
第12章　企业创新信仰的培育
12.1　格力创新信仰的确立……222
12.1.1　从信仰稳固到信仰危机……222
12.1.2　从信仰危机到创新信仰确立……223
12.2　格力创新信仰的教育……225
12.2.1　格力创新信仰的物质教育……225
12.2.2　格力创新信仰的行为教育……228
12.2.3　格力创新信仰的规则教育……230
12.2.4　格力创新信仰的理念教育……232
12.3　格力创新信仰的传播……234
12.3.1　格力创新信仰的内部传播……234
12.3.2　格力创新信仰的外部传播……234

12.4 小结······236

附录：周　易

1. 乾卦······237
2. 坤卦······238
3. 屯卦······238
4. 蒙卦······239
5. 需卦······239
6. 讼卦······240
7. 师卦······240
8. 比卦······241
9. 小畜卦······241
10. 履卦······242
11. 泰卦······242
12. 否卦······243
13. 同人卦······243
14. 大有卦······244
15. 谦卦······244
16. 豫卦······245
17. 随卦······245
18. 蛊卦······246
19. 临卦······246
20. 观卦······247
21. 噬嗑卦······247
22. 贲卦······248
23. 剥卦······248
24. 复卦······249
25. 无妄卦······249
26. 大畜卦······250

27. 颐卦……250
28. 大过卦……251
29. 坎卦……251
30. 离卦……252
31. 咸卦……252
32. 恒卦……253
33. 遁卦……253
34. 大壮卦……254
35. 晋卦……254
36. 明夷卦……255
37. 家人卦……255
38. 睽卦……256
39. 蹇卦……256
40. 解卦……257
41. 损卦……257
42. 益卦……258
43. 夬卦……258
44. 姤卦……259
45. 萃卦……259
46. 升卦……260
47. 困卦……260
48. 井卦……261
49. 革卦……261
50. 鼎卦……262
51. 震卦……262
52. 艮卦……263
53. 渐卦……263
54. 归妹卦……264
55. 丰卦……264

56. 旅卦……265
57. 巽卦……265
58. 兑卦……266
59. 涣卦……266
60. 节卦……267
61. 中孚卦……267
62. 小过卦……268
63. 既济卦……268
64. 未济卦……269

参考文献……271

第一篇

引　论

- 引　论

第1章　引　论

1.1　创建创新信仰学的必要

1.1.1　理论必要

本研究在创新学和信仰学的基础上创立创新信仰学，系统研究企业家创新信仰的形成、结构、功能、对象、培育等内容。创新信仰学的建立，强化了创新信仰的地位，为从根本上解决企业家创新动力不足问题提供了理论依据。

（1）是打通创新学与信仰学的需要

自从1910年约瑟夫·熊彼特提出创新概念以来，创新学与信仰学一直处于分离状态。创新学通过创新创造价值，打破了长久以来通过竞争和掠夺创造财富的传统做法。信仰学虽然近年来从宗教学中分离出来，但其所研究的信仰主要还是宗教信仰。创新信仰学研究打通了创新学与信仰学之间的屏障，将创新纳入信仰学研究体系，丰富了信仰学的研究内容。

（2）是提升创新理论高度的需要

自从创新概念提出以来，创新一直停留在理论或思想高度。创新理论和创新思想曾经为企业、高校等机构和个人创新提供了理论依据，但无法从精神深处找到驱动创新的原动力。信仰是人类最高层次的智慧，创新信仰学将创新由理论和思想高度提升到信仰高度，从而提升了创新理论和创新思想的高度。

（3）证明中国传统文化是创新文化

将周易创新理论与创新信仰结合起来，运用企业创新模型，从周易中挖掘企业家和企业创新信仰的对象，彰显中国传统文化对企业家和企业创新的作用。证明中国传统文化是创新文化，不但不阻碍企业家和企业创新，而且能够有力促进企业家和企业创新。周易十七卦内容是企业家和企业创新信仰的对象，可以为企业家和企业创新提供源源不断的精神动力。

1.1.2　实践必要

（1）挖掘企业家和企业创新能力形成的深层根源的必要

目前我国创新领域存在着“企业不急政府急”现象，许多企业家不愿创新，根本原因在于缺乏创新信仰，从而导致创新动力不足。从企业家精神的最深层着手，通过研究企业家创新信仰，挖掘企业家创新动力的源泉，从源头解决企业家创新动力不足问题。新发现的企业家创新信仰能够为企业家创新提供源源不断的精神动力。

企业创新能力是企业实现可持续发展的根本。企业创新能力既表现为表层的企业创新物质、中层的企业创新行为与企业创新制度，还表现为深层的企业创新精神。现有企业创新能力研究重视企业创新能力的表层因素和中层因素研究，轻视企业创新能力的深层因素研究。作为企业创新能力深层因素核心内容的企业创新信仰，是决定企业创新能力形成的深层根源。

（2）寻求国家“双创”战略实施的根本途径的必要

过去研究企业家创新信仰，多是从企业家的宗教信仰方面进行研究，忽视了创新等理性信仰对企业家创新的作用。将创新提升到信仰高度，应用心理学认知理论研究企业家创新信仰的理念塑造功能、思维训练功能、行为指导功能、物质创新功能等，从中可以发现企业家创新信仰对企业家创新具有的神奇魔力。

面对新时期我国经济发展存在的突出矛盾和问题，李克强总理在2015年5月及时提出“大众创业、万众创新”的“双创”战略。“双创”战略为我国经济社会改革提出了新的方向，但创新创业风险巨大，如何从根本上落实“双创”战略？实践证明，深入企业文化精神层，培育和构建企业创新信仰，是落实和实施国家“双创”战略的根本途径。

（3）提出企业家和企业创新信仰培育措施的必要

企业家创新信仰是神圣的，过去很少有学者提出企业家创新信仰的培育措施。根据企业家创新信仰形成规律，同时从企业家精神的意识层、思维层、行为层、物质层导入企业家创新信仰，通过企业家创新的物质教育、行为教育、思维教育、意识教育，以及企业家创新信仰的内部传播和外部传播，逐步培育企业家创新信仰。虽过程缓慢，但结果持久。

面对经济发展方式选择时，有的企业选择创新，有的企业选择不创新。企业不创新只是一种表面现象，创新行为缺失的根源在于创新信仰缺失。设计企业创新信仰培育途径，剖析企业创新信仰培育过程，可以从根本上提出企业创新信仰培育措施。

1.2 创新信仰学的理论基础

1.2.1 信仰市场理论

信仰市场理论是借鉴市场供求原理解释信仰的产生、发展和变化规律的一种理论。20世纪90年代，美国的罗德尼·斯达克（Rodney Stark）和罗杰尔·芬克（Roger Finke）在《信仰的法则》中率先提出信仰市场理论，用市场供求原理解释宗教信仰的法则。斯达克和芬克的信仰市场理论主要包括信仰个体、信仰群体、信仰经济等内容。

（1）信仰个体

信仰个体是信仰市场的微观基础。信徒是宗教信仰的微观基础，在面对不同的信仰选择时，人们尝试做最理性的或合理的选择。所谓人类理性，是指在其信息和理解局限之内，在可行的选择的制约下，在其喜好和趣味的引导下，人们总是试图做出理性选择。斯达克和芬克用信仰代价与信仰收益的比值表示信仰理性，即信仰理性=信仰代价/信仰收益。面对不同信仰，人们只有在信仰利益结果与高代价相比达到一个有利的交换比率时，才愿意接受高的信仰代价。

在宗教信仰中，改教和改宗是人们进行宗教选择的两种方式，改教是指跨宗教传统的转换，改宗是指宗教传统内部的转换。无论是改教还是改宗，都是理性选择的结果。教义、社会网络、社会资本是影响人们信仰理性选择的重要因素。

（2）信仰群体

提供信仰的各种组织形成信仰群体。教会是基本的宗教信仰组织，信徒对教会的依附程度与宗教的排他性密切相关。如果用张力代表宗教组织的排他性，一个宗教组织与周围的张力程度越高，信徒对这个宗教组织的依附就越排他、深广和昂贵。教会越大，群体内部的社会网络密度就越低，教会对于会员行为的监视效率就越低。

（3）信仰经济

社会上所有的信仰活动形成一个信仰市场，信仰市场由信徒、教会和宗教文化构成。在信仰市场中，信徒是信仰的需求方，教会是信仰的供给方，宗教文化是将信徒和教会联结起来的纽带，教会通过供给宗教文化向信徒传递教义、教礼等信仰内容，信徒和教会通过交易宗教文化促进信仰市场的发展。宗教组织作为信仰市场的供应方，主要通过小教派的形成而产生，最终从小教派发展到大教会。所有信仰市场都包括一个相对稳定的市场区位。如果一个宗教市场是无管制的，它会倾向于多元化。如果一个教会在宗教市场取得垄断，它会寻求对其他制度施加影响，教会因此被神圣化。

斯达克和芬克提出的信仰市场理论，把理性选择贯彻到宗教学研究中，借用经济学中的市场供求规律，研究宗教市场中信徒、教会、宗教文化等宗教要素活动的规律，为研究宗教之外的其他信仰提供了新的研究范式。

1.2.2 企业家精神理论

1775年，法国的Richard Cantillon提出企业家概念；1912年，J. A. Schumpeter提出创新概念。此后，国内外学者对企业家精神进行了大量研究。下面对企业家精神的层次和各层次之间的关系进行总结。

（1）企业家精神的内涵

1775年，法国的Richard Cantillon最早提出“企业家”概念，他认为企业家是能够承担经营风险的人，承担风险是企业家精神的核心内容。随后，国内外许多学者从不同角度揭示了企业家精神的内涵。彼得·德鲁克（1996）认为，企业家是为了获取利润而引领新需求、创造新客户群体、开拓新市场的人。引领新需求、创造新客户群体、开拓新市场是企业家精神的重要内涵。J. A. Schumpeter（1912）认为，企业家是破坏旧的生产方式，在企业内部进行“革命突变”，对生产要素进行重新分配的人。发展是企业家精神的本质。

通过国内外学者对企业家精神的定义可以看出，企业家精神是企业家进行创新活动时所表现出来的一些特征，如创新意识、创新思维、创新胆量等。

企业家精神是一种摈弃旧思想、树立新意识、创建新事物的创造能力。

（2）企业家精神的层次

在对企业家精神进行定义之后，国内外学者从不同侧面揭示了企业家精神的内容。Miller（1988）认为，企业家精神主要包括产品创新和市场创新两个方面。Prasad A.和Green P.（2015）认为，企业家精神主要体现在新产品的数量和产品线变化的频率两个方面。Zahra（1995）认为，企业家创新精神主要包括冒险精神、合作精神等。许秋红（2009）认为，企业家精神可以分为创新活动、创新意识、创新机会等维度。孙慧琳（2015）认为，企业家精神的核心要素可以分为组织创新、战略创新、柔性创新、经营创新等四个维度。

综上所述，国内外学者虽然对企业家精神进行了不同维度的划分，但多数学者是在同一个层次上揭示企业家精神的内容，因此很难看出企业家精神的层次，以及各层次之间的关系，不便于认识企业家精神，不便于对企业家精神的塑造和培育进行指导。结合国内外学者对企业家精神的研究成果，并根据企业创新认知过程有关研究成果，提出企业家精神的层次结构。企业家精神从深到浅由意识层、思维层、行为层、物质层等构成（见图1–1）。

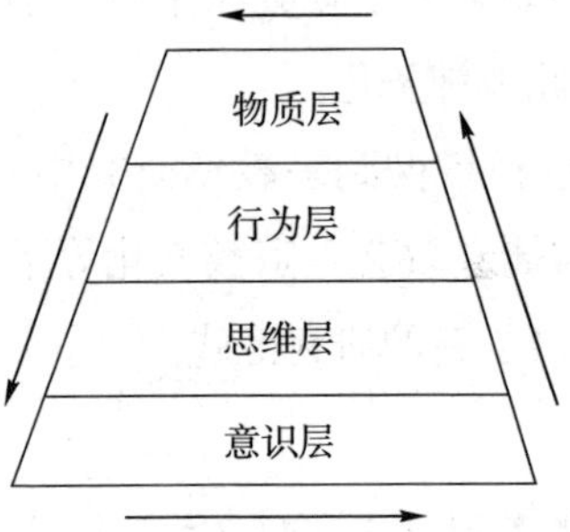

图1–1　企业家精神结构

（3）企业家精神各层次之间的关系

企业家精神各层次之间既相互区别，又相互联系。一方面，企业家精神各层次在创新过程中处于不同环节，彼此独立，自成阶段，为研究和分析企业家精神提供了方便。另一方面，企业家精神各层次又相互联系，每一个层次都离不开其他层次，下一层次是上一层次形成的基础，上一层次是下一层次形成的结果。各层彼此联系，共同形成企业家精神。

在企业家精神的层次结构中，意识层是企业家精神的最深层次，是企业家创新的开端，对企业家创新产出具有决定作用；思维层是企业家精神的第二个层次，通过这个层次，企业家的创新意识变成具体的概念和设计；行为层是企业家精神的第三个层次，通过这个层次，企业家的创新活动由隐性状态表现为显性状态，形成具体的创新活动，或者表现为原始创新活动，或者表现为集成创新活动，或者表现为其他形式的创新活动；物质层是企业家精神最表面的层次，是人们能够直接看得见的企业家精神，是企业家创新的最终产出，也是企业家创新的最终目的。

企业家精神理论是企业家创新能力理论的基础。通过企业家精神理论，既可以发现企业家创新的原动力，也可以从中发现企业家创新从意识形成，经过创新思维、创新行为，到最后形成创新产出的具体过程。同时，为从信仰方面挖掘企业家创新的源泉提供了理论框架。

1.2.3　企业文化理论

关于企业文化的结构，国内外学者基于不同研究目的，从不同视角发表过多种观点，但不管是帕米拉·路易斯（Pamela S. Lewis）、斯蒂芬·古德曼（Stephen H. Goodman）和波特利西亚·范德特（Patricia M. Fandt）提出的企业文化冰山结构，还是爱伦·威廉（Allan Williams）、鲍·德布森（Paul Dobson）、迈克·沃德思（Mike Walters）提出的企业文化睡莲结构，或是伯歌·纽豪热（Peg G. Neuhauser）、佩·本德（Pay Bender）、科哥·斯特姆斯堡（Kirk L. Stromsberg）、王超逸、张宗源、罗长海、周三多、张德、艾亮等学者提出的企业文化同心圆结构，都认为企业文化具有层次性，由不同层次的内容构成。只是由于划分依据不同，故企业文化构成的层次不同。

（1）企业文化层次

北京大学的王超逸研究员认为，企业文化由四个层次构成（见图1–2）。由浅到深，第一层是物质层，主要由企业产品、企业标识、企业旗帜、企业歌曲、企业服装、企业体育设施等各种物质设施构成，是企业文化的物质形态。第二层是行为层，主要由企业和员工的各种行为构成，是企业文化的动态形式。第三层是制度层，主要由企业领导体制、企业组织机构、企业管理制度、企业规范等构成，是企业参与者在工作中必须遵守的各种正式规则。第四层是精神层，主要由企业价值观、企业精神、企业经营管理理念、企业作风、企业道德等构成，是最深层次的企业文化形式，是企业参与者需要遵守的非正式规则。

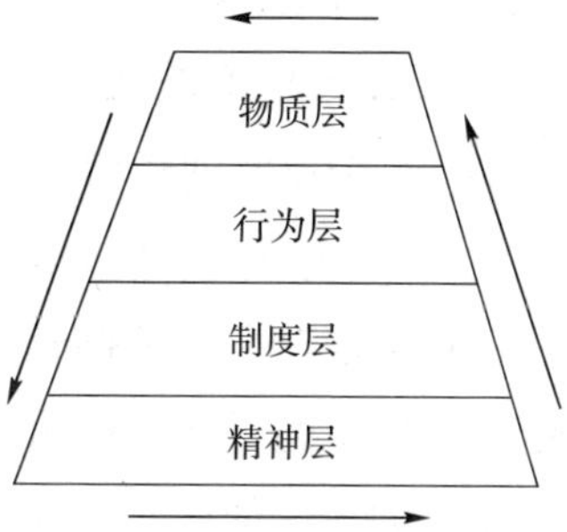

图1–2　企业文化结构

（2）企业文化各层次之间的关系

企业文化各层次之间既有区别又相互联系。一方面，企业文化物质层、行为层、制度层、精神层的具体表现形式明显不同，各种层次的文化形式在企业生存、发展过程中起着不同的作用；另一方面，企业文化物质层、行为层、制度层、精神层之间及每一层次内部的各种具体文化形式又彼此制约，相互转化，共同构成企业有机体。物质层文化是企业文化的表层，是人们能够直接观察到的企业文化；行为层和制度层文化是比物质层文化更深一层次的企业文化，决定着物质层文化的性质和形态；精神层文化是最深层次的企业文化，是企业产品、员工行为、企业商业模式等企业物质形态和活动的最终决定因素。

企业文化理论是企业创新能力和企业创新行为形成的理论基础。企业文化理论既可以解释企业创新能力和企业创新行为产生的原因，也可以透过企业创新行为和企业创新物质的表面现象，追溯企业创新能力和企业创新行为形成的根源，为提升企业创新能力，改进企业创新行为找到根本性措施。

1.3 创新信仰学的内容

1.3.1 研究对象

将创新信仰作为研究对象，从根本上解释创新信仰的内涵，从动态方面剖析创新信仰形成过程，从静态方面构建创新信仰结构，洞察创新信仰功能、创新信仰对象，提出创新信仰培育的具体措施（见图1–3）。

1.3.2 总体框架

（1）企业家创新信仰

1）企业家创新信仰的内涵

应用创新学、信仰学理论，以创新和信仰两个概念为基础，定义企业家创新信仰。通过将企业家创新信仰与企业家其他价值观内容进行对比，总结企业家创新信仰区别于企业家其他价值观的独特性质。信仰的本质是人类的一种自我超越，企业家创新信仰的本质是企业家对现实的自我超越。通过分析企业家超越现实的基础、路径、过程、结构等，揭示企业家创新信仰的本质。

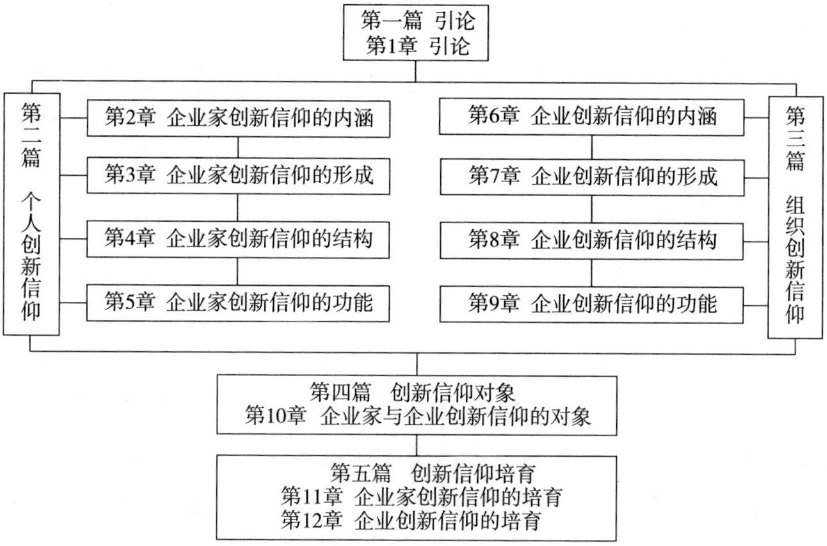

图1–3 企业家与企业创新信仰研究框架

2）企业家创新信仰的形成

以企业家的生存意识为基础，研究企业家创新信仰形成的起源。以企业家生存的现实和目标为依据，研究企业家创新信仰形成的驱动力。根据周易八卦成卦理论，刻画企业家创新信仰形成的初态模型，揭示企业家创新信仰形成的初级组织形态；根据周易六十四卦成卦理论，刻画企业家创新信仰形成的终态模型，揭示企业家创新信仰形成的高级组织形态。

3）企业家创新信仰的结构

应用信仰市场理论和时空结构理论，研究企业家创新实现自我超越的空间形态和时间形态。企业家创新是一个过程，企业家完成创新需要经过创新主体与客体的相互作用，上述作用根植于企业家意识层的创新信仰，形成企业家创新信仰的内部结构。企业家创新信仰的形成离不开企业周围的环境，以企业市场环境为基础，刻画企业家创新信仰的外部结构。以企业家创新信仰的内部结构为核心，以企业家创新信仰的外部结构为条件，形成企业家创新信仰的完整结构，奠定企业家创新信仰生成和发展的空间组织基础。以企业家创新目标对创新现实的超越为过程，形成企业家创新信仰的时间结构。

4）企业家创新信仰的功能

创新信仰作为企业家精神的深层结构，对企业家的创新意识、创新思维、创新行为、创新物质都具有决定作用。应用创新心理学理论，研究企业家创新信仰对企业家创新意识、创新思维、创新行为、创新物质的创造功能，揭示企业家创新信仰对企业家创新作用的规律。

5）企业家创新信仰的培育

研究企业家创新信仰从原信仰稳固到原信仰危机，再从原信仰危机到创新信仰确立的运行过程，揭示企业家创新信仰运行的规律。分析“经验—习染”“教育—督导”“权威—强制”等模式，实施企业家创新信仰教育。探讨以视觉方面的文字、绘画、表意，听觉方面的语言、音乐，综合方面的电影、电视等一般手段为载体，以固定创新宣言、固定创新标识、固定创新学习场所等特殊手段为形式，进行企业家创新信仰传播。

（2）企业创新信仰

1）企业创新信仰的内涵

应用创新学、信仰学理论，以创新和信仰两个概念为基础，定义企业创新信仰。通过将企业创新信仰与企业其他价值观内容进行对比，总结企业创新信仰区别于企业价值观的独特性质。信仰的本质是人类的一种自我超越，企业创新信仰的本质是企业创新目标对创新现实的超越，通过分析企业创新目标超越创新现实的基础、路径、过程、结构等，揭示企业创新信仰的本质。

2）企业创新信仰的形成

以企业的生存意识和类群意识为基础，研究企业创新信仰形成的起源。以企业的生存现实和生存目标为依据，研究企业创新信仰形成的驱动力。应用周易成卦理论，刻画企业创新信仰形成的初态模型，揭示企业创新信仰形成的初级组织规律；刻画企业创新信仰形成的终态模型，揭示企业创新信仰形成的高级组织规律。

3）企业创新信仰的结构

应用信仰市场理论和时空结构理论，研究企业创新实现自我超越的组织形态。企业创新是一个过程，企业完成创新需要经过营销、研发、制造等关键环节，上述环节组成企业创新的子过程，子过程根植于企业精神层的信仰构成企业创新信仰的内部结构。企业创新信仰的形成离不开外部市场环境，以企业竞争的五力模型理论为基础，刻画企业创新信仰的外部结构。以企业创新信仰的内部结构为核心，以企业创新信仰的外部结构为条件，形成企业创新信仰的完整结构，奠定企业创新信仰生成和发展的组织基础。以企业创新的两次超越为基础，形成企业创新信仰的二级张力场结构。

4）企业创新信仰的功能

创新信仰作为企业精神世界的深层结构，对企业各层次的能力都具有决定作用。应用细胞增生理论，研究企业创新信仰对制度、流程、组织等企业规则的创造功能，揭示企业创新信仰从企业精神深层作用于企业各种规则的规律；研究企业创新信仰对企业用户、供应商、竞争对手、资源提供者等市场主体的影响，从而实现市场创新的功能；研究企业创新信仰对企业文化表层的研发投入、专利产出、新产品产出等作用的规律。

5）企业创新信仰的培育

研究企业创新信仰从稳固到迷茫，从迷茫到危机，从危机到更新的运行过程，揭示企业创新信仰运行规律。设计企业创新信仰培育路径，通过企业创新信仰的教育和传播培育企业创新信仰。

（3）企业家和企业创新信仰的对象

将周易创新理论与创新信仰结合起来，运用企业创新模型，从周易中挖掘企业家和企业创新信仰的对象，彰显中国传统文化对企业家和企业创新的作用。证明中国传统文化是创新文化，不但不阻碍企业家和企业创新，而且能够有力促进企业家和企业创新。周易十七卦内容是企业创新信仰的对象，可以为企业家和企业创新提供源源不断的精神动力。

1.3.3　主要目标

主要目标是落实国家创新驱动发展战略，将国家创新驱动发展战略落实到微观的企业家和企业层次。通过定义企业家创新信仰和企业创新信仰，剖析企业家创新信仰和企业创新信仰的形成过程，构建企业家创新信仰和企业创新信仰的结构，总结企业家创新信仰和企业创新信仰的功能，明确企业家和企业创新信仰的对象，提出企业家创新信仰和企业创新信仰的培育措施，为提升企业家和企业创新能力从信仰深层寻找原动力。

第二篇

个人创新信仰

- 企业家创新信仰的内涵
- 企业家创新信仰的形成
- 企业家创新信仰的结构
- 企业家创新信仰的功能

第 2 章 企业家创新信仰的内涵

准确、科学地理解企业家创新信仰的内涵，是揭示企业家创新信仰形成过程奥秘、构建企业家创新信仰结构、明确企业家创新信仰功能、挖掘企业家创新信仰对象，以及培育企业家创新信仰的基础和前提。科学理解企业家创新信仰的内涵，需要首先理解企业家的含义，以及企业家创新信仰的含义、性质、本质等。

2.1 企业家的含义

2.1.1 企业家概念的起源

法国经济学家夏尔·坎提隆（Richard Cantillon）于1755年在其出版的《商业概览》中首次提出企业家（entrepreneur）的概念，法文为entreprendre，本意为“承担风险和责任的中间人或中介”，有冒险家的意思。坎提隆将从事经济活动的人都视为企业家，把企业家和风险捆绑在一起。坎提隆最早提出企业家概念，揭示出企业家概念中风险的内涵，但没有给出企业家概念的确切含义，没有关注到企业家的功能。

2.1.2 企业家的分类

自从企业家概念提出以来，国内外学者根据不同标准对企业家进行过不同分类，具有代表性的分类有以下几种。

根据产权所有制，企业家可以分为国有企业家和私有企业家。国有企业家是指国有企业中受国家委托经营企业财产的企业经营管理者，这是中国等社会主义国家特有的企业家。私有企业家是指受股东委托经营股东财产的企业经营管理者，在资本主义国家中以私有企业家为主，但社会主义国家近年来也出现了越来越多的私有企业家，他们正在成为社会主义国家经济活动中的活跃成分。

根据经济形式，企业家可以分为实体经济型企业家和虚拟经济型企业家。实体经济型企业家是指从事实体经济的具有企业家特质的企业经营管理者。实体经济（Real Economy）是指人通过思想使用工具在地球上创造的经济，包括物质的、精神的产品和服务的生产、流通等经济活动。实体经济既包括农业、工业、交通通信业、商业服务业、建筑业、文化产业等物质生产和服务部门，也包括教育、文化、知识、信息、艺术、体育等精神产品的生产和服务部门。实体经济始终是人类社会赖以生存和发展的基础。虚拟企业家是指从事虚拟经济的具有企业家特质的企业经营管理者。虚拟经济（Fictitious Economy）是相对实体经济而言的，是经济虚拟化（西方称之为“金融深化”）的必然产物。经济的本质是一套价值系统，包括物质价格系统和资产价格系统。与由成本和技术支撑定价的物质价格系统不同，资产价格系统是以资本化定价方式为基础的一套特定的价格体系，这就是虚拟经济。由于采用资本化定价方式，人们的心理因素会对虚拟经济产生重要的影响，虚拟经济在运行上具有内在的波动性。从广义上讲，虚拟经济除了目前研究较为集中的金融业、房地产业，还包括体育经济、博彩业、收藏业等。

根据风险程度，企业家可以分为风险型企业家和稳健型企业家。风险型企业家是指从事不确定性程度较高的行业的具有企业家特质的企业经营管理者。稳健型企业家是指从事不确定性程度较低的行业的具有企业家特质的企业经营管理者，主要从事基础建设和教科文卫事业。

根据股权持有情况，企业家可以分为所有型企业家和职业型企业家。所有型企业家是指既是掌握企业原始股权的持股人，又具有企业家特质的企业经营管理者。职业型企业家是指受雇于企业所有者的具有企业家特质的企业经营管理者。

2.1.3 企业家的特质

王飞（2016）根据国内外学者对企业家的不同定义，将企业家的特质概括为创新精神、承担风险、善于抓住机会、动态性等几种（见表2-1）。

表2–1　企业家特质及内涵

企业家特质	企业家内涵
创新精神	熊彼特强调企业家的创新性，将企业家视为创新主体，即“创新活动的倡导者和实行者”。后来诺斯将企业家看作是制度创新的主体
承担风险	坎提隆、马歇尔等将企业家与承担风险相联系，奈特从市场不确定性角度出发，将企业家界定为承担风险的人
善于抓住机会	柯兹纳认为企业家应拥有非常敏感的市场警觉性，因为他们善于抓住市场机会和利润机会，这对他们创造市场起到了非常重要的作用，进而可以获得超额的利润
动态性	处于不同时期的经济学家对于企业家的定义是不同的，因此企业家的定义是不断变化的

综上所述，在企业家的众多特质中，创新精神是核心，冒险精神从本质上说也是一种创新精神。所以，创新是企业家最核心的特质。

2.1.4　企业家的定义

自从企业家概念产生以来，国内外出现过许多研究企业家的文献，但至今尚未形成关于企业家的统一定义。国内外学者对企业家的定义主要有表2–2所示的几种。

表2–2　国内外学者对企业家的定义

学者	企业家定义
亚当·斯密	企业家是企业的资本所有者和运营者
萨伊	企业家是企业中拥有多种内在品质与技术的人
约瑟夫·熊彼特	企业家是进行生产手段新组合的人，这种新组合包括采用一种新的产品或一种产品的一种新的特性，采用一种新的生产方法，开辟一个新的市场，掠取或控制原材料或半成品的一种新的供应来源，实现一种工业的新组织
德鲁克	企业家是企业中从事创新活动的人，企业家不是一种天赋，而是后天形成的
莱宾斯坦	企业家是减少或消除其所在组织中存在的低效率，进而取得成功的人
卡森	企业家是对稀缺资源的配置作出判断性决策并获取利益的人
Austin 和 Stevenson 等	企业家是能够突破资源限制，不断寻求开拓市场空间，实现自身愿景的机会向导者
丁栋虹	企业家是在动态经济中拥有可以使报酬逐渐增加的异质资本的所有者
张维迎	企业家是能够预测未来、应付变化及创新、逐步提高产品和服务价值的人

参考国内外学者对企业家的定义，并结合企业家的特质，对企业家做如下定义：企业家是敢于承担风险，勇于创新，具有开发机会、整合资源、建立或管理创新团队能力的企业经营管理者。

2.2　企业家信仰的含义

企业家信仰的内涵随着信仰学的发展而不断发展。在企业家信仰发展过程中，比较典型的对企业家信仰的定义，是从宗教、信仰、精神等角度对企业家信仰进行的定义。

2.2.1　宗教观的企业家信仰

在宗教学发展早期，人们将信仰与宗教等同。根据《宗教大辞典》，宗教是人类社会发展到一定历史阶段出现的一种社会特殊意识形态和社会文化现象。宗教的特点是相信现实世界之外存在着超自然、超人类的神秘力量和实体，宗教信仰者相信这种神秘力量超越一切，并统摄万物，拥有绝对权威，主宰着自然和社会的进程，决定着人世的命运和祸福，从而使人们对这种神秘力量产生敬畏和崇拜的思想感情。按照宗教学对信仰的定义，企业家信仰是企业家崇拜、信服某种超自然、超人类的神秘力量，并将这种神秘力量作为自己的最高意识形式，统摄企业家其他的意识形式，指导企业家的所有实践活动。

将企业家信仰的对象宗教化，将企业家信仰的客体单一化，限制了企业家信仰的范围，缩小了企业家信仰的内涵和外延，与企业家信仰的现实不相符合。根据宗教观定义企业家信仰，无法揭示企业家信仰的全部内涵。

2.2.2　信仰观的企业家信仰

随着宗教学的发展，信仰学逐渐从宗教学中分离出来，成为一门独立的学科。信仰学的成立，为人们深刻认识信仰客体奠定了理论基础。根据信仰学对信仰的定义，信仰是人们对超越自我的某种对象发自内心深处地信服、敬畏和遵守，并以此作为自身行为的规范和指引。从哲学意义上说，信仰源于对生活的终极价值和目的的追求，信仰具有自我超越性。所谓自我超越性，是指人超越自身现实存在的一种永恒的努力和冲动，超越的基础是实践活动的精神深化，超越的路径是社会对个人、精神对物质、理想对现实的超越，超越的过程是物场所意味的冲动，超越的结构根植于现实的终极关怀。按照信仰学对信仰的定义，企业家信仰是企业家对某种对象发自内心深处地信服、敬畏和遵守，并以此作为企业家行为的规范和指引。企业家信仰的对象既可以是理性的，也可以是非理性的。所谓理性，是指人在正常思维状态下为了获得预期结果，全面了解现实，分析出多种可行性方案，再判断出最佳方案且对其有效执行的能力。理性经常与怀疑、否定密切相关。

根据信仰学揭示的信仰内涵定义企业家信仰，扩展了企业家信仰对象的范围，丰富了企业家信仰客体的内涵，为企业家超越非理性信仰、构建理性信仰提供了可能，是企业家信仰研究的一大进步。

2.2.3 精神观的企业家信仰

根据企业家精神理论，企业家精神是指企业家建立和经营管理企业所具有的综合才能，是企业营销和运行的文化表述方式，是一种重要、特殊、无形的素质。由于视角不同，国内外学者曾经对企业家精神进行过多种定义（见表2–3）。

通过国内外学者对企业家精神的定义可知，企业家精神主要包括创新、承担风险、机会感知等核心内容，即创新精神是企业家精神的核心。但是，对于企业家精神是如何产生的，关注的学者并不多。企业家精神是通过企业家信仰产生的，企业家信仰是企业家精神产生的根源。按照学者们对企业家精神的定义，企业家信仰是指蕴藏在企业家精神深处，诱发企业家精神产生并决定企业家精神形态的企业家价值取向，企业家对这种价值取向极度信任、敬仰，并以此作为自己行动的指南。

2.3 企业家创新信仰的含义

通过中外学者揭示的企业家和企业家信仰的含义可知，企业家创新信仰是企业家对创新发自内心地信服、敬畏和遵守，并以此作为自己行动的规范和指南。企业家创新是指企业家从提出新的想法，到这种想法最终变成现实的产品或服务，并实现经济效益、社会效益的全过程。企业家创新信仰是企业家从提出新的想法，经过营销、研发、制造等子过程，到最终实现经济效益、社会效益过程中所坚持和遵守的行为准则指南。

在面对各种非创新的诱惑时，企业家由于具有创新信仰，会主动拒绝各种诱惑，以创新作为自己各项活动的准则。企业家以创新为信仰，符合企业家和企业家精神的本质含义，对企业家形成可持续的竞争力具有重要意义。

表2-3　企业家精神的经典定义

序号	观　点	学者（年份）
1	企业家精神是果敢机智、谨慎坚持，以及自力更生、积极进取的心理特征，包含对优越感的强烈渴望	Alfred Marshall 1912
2	企业家精神是在不确定性中，以创造性的思维开辟道路，执行任务，勇于承担风险和富于创造性的精神	Frank Knight 1921
3	企业家精神就是采用别人没有用过的方式做事或完成别人没有做过的事。主要是一种创新，带来新的东西，能够给社会的发展提供策动力量	Schumpeter 1934
4	企业家精神是一种世界性的思想追求和积极进取的精神状态，是不可遏制的、动态发展的精神力量，表现为不断追求新突破的一种持续动态的行为方式的组合	Sombart 1958
5	企业家精神是一种发现程序，只要发现和把握住市场的机会，企业就能获得竞争力，获得持续的成功	Kirzner 1973
6	企业家精神就是处理非均衡市场环境的能力	Schults 1975，1980
7	企业家精神是一种创新的能力，创新能给社会带来巨大的财富，创新能实现社会的进步	Druker 1985
8	企业家精神是一种组织层面的创造过程，是一种组织创新，它能改良一个组织，或者产生一个新的组织	Gariner 1988
9	企业家精神是一种战略导向，在整个公司的渗透，该导向以创新和前摄性为主要特点	Covin 和 Slevin 1989
10	企业家精神是一种思考、推理和行动模式，包括对机会的追求，对整体利益的权衡取舍，并在领导行为中得到贯彻落实	Timmons 1997
11	企业家精神是个人和团队投入资源和利用机会创造价值的过程	Mirris 1998
12	企业家精神包括组织的新建、重组，或源于组织内外部环境的革新行为	Sharma 和 Chrisman 1999
13	企业家精神不仅包括个体企业家的特征，还包括企业家群体经营活动中形成的一种社会现象，即以创新精神和风险承担精神为核心的综合性精神品质，受到所在社会的人文环境和经济制度影响	Davidsson R. 2003

2.4　企业家创新信仰的性质

企业家创新信仰是信仰主体与信仰客体的统一，从主体方面准确把握企业家创新信仰的群体性与个体性，从客体方面准确把握企业家创新信仰客体的理性与非理性，是科学认识企业家创新信仰性质的关键。

2.4.1 企业家创新信仰的关系性质

企业家创新信仰是企业家与创新信仰之间形成的一种关系，这种关系不同于人类社会其他事物之间的关系，具有独特的性质，主要体现在精神性和前实践性两个方面。

（1）精神性

作为企业家精神的核心，企业家创新信仰具有精神性。企业家精神是企业家建立和经营管理企业需要具备的综合素质，这种素质是有层次的，包括意识层、思维层、行为层、物质层等不同层次。企业家创新信仰属于企业家精神意识层的重要内容，对其他层次的企业家精神起着决定作用。

企业家创新信仰的精神性说明，企业家创新信仰的形成、结构、功能都具有精神性，培育企业家创新信仰，需要从企业家精神领域着手，通过塑造有关企业家精神逐步进行。离开企业家创新信仰的精神性，无论是研究企业家创新信仰的形成、发展规律，还是培育企业家精神，都很难达到目的。

（2）前实践性

企业家创新信仰来源于实践，同时又超越实践。生存是企业家从事任何活动的首要前提，不论企业家是从事创新活动，还是从事非创新活动。由于内部条件和外部环境的限制，企业家经常很难安稳地生存下去，即企业家生存经常面临着不确定性。另外，由于需求的层次性，企业家若能够生存，还会想要生存得更好。所以，企业家创新信仰作为超越企业家实践的一种精神寄托，具有超实践性。

2.4.2 企业家创新信仰的主体性质

企业家是企业家创新信仰的主体。企业家作为企业领袖，领导整个企业，既具有企业员工的一般特点，又具有其他员工不具备的特点。就主体而言，企业家创新信仰具有主观性和专一性特征。

（1）主观性

企业家创新信仰是企业家对创新的一种认识和态度，这种认识和态度完全取决于企业家的个人主观认识。现实生活中，一些企业家认为神灵可以保佑企业生存、发展，因而信仰各种宗教。而另外一些企业家认为创新可以求得企业生存、发展，因而信仰创新。

即便企业家都信仰创新，每个企业家也会因为个人的认识不同，对创新信仰的程度存在不同。有的企业家笃信创新，把创新作为企业生存、发展的唯一准则。而有的企业家虽然信仰创新，但在面临各种诱惑时，有时会产生背离创新的想法，甚至会做出有违创新的行为。

（2）专一性

一般的企业家精神，如冒险、诚信等，企业家可以同时拥有几种，几种企业家精神在企业家精神集群中所占的地位和权重存在差异性。不同企业家的企业家精神，既可以有相同的内容，也可以有不同的内容。

企业家创新信仰不同于一般的企业家精神，企业家创新信仰是在企业家心目中居于最高地位、统领其他所有企业家精神活动的精神领袖，因而是唯一的，也只能是唯一的。企业将创新作为信仰，就不能再将其他内容作为信仰，否则，企业家会产生信仰混乱，从而干扰企业家对企业的经营管理活动。

2.4.3　企业家创新信仰的客体性质

创新作为企业家信仰的客体，既具有一般信仰所具有的特点，也具有创新信仰独具的性质。因此，企业家创新信仰既具有一般信仰所具有的理想性特征，亦具有创新信仰独具的创新性特征。

（1）理想性

创新是对现实的怀疑、挑战和超越。企业家创新信仰具有理想性特征。企业一定时期的技术、制度等创新对象，在刚产生的时候，都是适应企业内部条件和外部环境的。但随着企业内部条件和外部环境的变化，曾经先进的技术、制度等创新对象会变得过时，甚至成为企业发展的障碍。这时，就需要创造新的比现存技术、制度等创新对象更理想的创新对象，克服现存技术、制度等创新对象的弊端，重新为企业发展注入活力。

理想性并非凭空产生，理想的技术、制度等创新对象是在否定现实技术、制度等创新对象的基础上产生的。现实是理想产生的基础和土壤，离开现实，企业家创新信仰的理想性可能会成为空想。理想性要求企业的技术、制度等创新对象需要根据企业内部条件和外部环境的变化不断创新，即创新无限。

同时，企业技术、制度等创新对象的理想性还需要与同行其他企业对比。只有超越同行企业的理想性，才能成为企业有竞争力的理想性，才能拉动企业取得更大的进步。也就是说，企业创新信仰的理想性是有范围的，企业家需要将理想性保持在企业创新的一定范围内。

（2）创新性

企业家创新信仰作为企业家创新意识的核心内容，最为关键的是创新。创新性是企业家创新信仰区别于企业家其他信仰的本质特征，也是其作为一种理性信仰区别于非理性信仰的根本所在。

创新信仰作为一种理性信仰和科学信仰，需经过原始信仰、宗教信仰、理性信仰、科学信仰等阶段才能最终形成，来之不易。企业家创新信仰是无数企业家通过实践总结出来的、能够指引企业发展的理性信仰和科学信仰。在企业家创新信仰形成过程中，无数企业家历尽艰辛，甚至倾家荡产，经过无数次的试错，才最终用实践经验证明。企业家只有通过创新才能求得发展。

创新性不仅是企业家需要坚持的一种信仰，也是企业家求得发展的一种方法，一种利器。企业家坚守创新信仰就是坚守创新，必须时刻保持企业技术的创新性、制度的创新性、企业所有经营管理的创新性。

2.5　企业家创新信仰的本质

企业家创新信仰作为一种理性信仰，其本质还是信仰，具有信仰的自我超越性的本质特征。企业家创新信仰实现自我超越的过程，也是排除现实诱惑的过程。

2.5.1　企业家创新信仰的自我超越性

由于人类生活的偶然性和能力的有限性，从人类社会产生一直到现在，人类始终存在对自身现实超越的永恒的努力和冲动。信仰正是一种超越有限追求无限、超越匮乏追求完满、超越偶然追求确定、超越现实追求理想的活动。

（1）自我超越的基础

企业家创新信仰的信仰主体企业家和信仰客体创新，都来源于企业的创新实践，企业创新实践是企业家实现自我超越的实践基础。同时，企业家创新信仰又是蕴藏在企业创新过程和创新成果中的企业超越现实走向理想的努力和冲动。这种努力和冲动是企业家创新实践的精神升华，是企业家实现自我超越的精神基础。

（2）自我超越的路径

企业家实现自我超越是通过社会对个人的超越、精神对物质的超越、理想对现实的超越实现的。企业家对创新的认识存在差异性，在企业层次上对创新形成共识，超越企业员工个人对创新的认识。企业家的创新意识和创新精神具有精神特质。企业家的创新意识和创新精神对其创新实践的超越，为未来创新理想的实现创造了条件。企业家创新理想的核心是创新理想与创新现实的联系，创新理想与创新现实的关联模式构成企业家创新信仰的文化内蕴。

（3）自我超越的过程

企业家实现自我超越的过程是通过不断营造创新梦想实现的。由于企业家是企业领袖，企业家创新的技术、制度、产品、组织等都是有寿命的，企业家要实现自我超越，就需要结合创新现实不断营造新的创新梦想，不断更新创新信仰的内容。

（4）自我超越的结构

企业家实现自我超越的结构是根植于现实的终极关怀。人类最基本的关怀是物质关怀，人类区别于动物的更为高级的终极关怀是精神关怀。企业家作为企业领袖，其终极关怀既具有物质的特性，更具有精神的特性。人是顶天立地的动物，顶天需要人类的信仰，立地需要人类的理性。

2.5.2　企业家创新信仰的诱惑排除性

企业家领导的企业存在于一定的市场环境中。企业家在超越自我执行创新信仰过程中面临各种诱惑，这些诱惑会影响企业家创新信仰的贯彻，影响企业家长远目标的实现。

（1）现实诱惑的种类

对于企业家而言，来自现实的诱惑分为两个层次：浅层次诱惑指现实利益对企业家的束缚，如企业家在面对利润回报高、投资回收速度快的房地产等行业诱惑时还是否信仰创新；深层次诱惑能够让企业家在大是大非面前背离正义，做出扭曲的选择，如对资源进行竭泽而渔式的开发。

（2）排除现实诱惑的方法

企业家摆脱浅层次现实诱惑，需要瞄准高新技术领域，开发创新机会，放弃传统商业机会。企业家摆脱深层次现实诱惑，需要强化责任意识。企业家领导的企业作为一种社会组织，在从社会获利的同时，还承担着相应的社会责任。尽到自己的社会责任，不做恶，是企业家必须承担的社会义务，也是企业家必须坚守的道德底线。

2.6 小结

企业家创新信仰作为企业家的最高意识形式，从新的构想提出，经过营销、研发、制造等创新子过程，到产生经济效益、社会效益的整个过程，企业家都从内心深处信服、敬畏、遵守创新，并以创新作为其所有活动的行为规范和指引。企业家创新信仰具有不同于其他信仰的性质。就关系而言，企业家创新信仰具有精神性和前实践性；就主体而言，企业家创新信仰具有主观性和专一性；就客体而言，企业家创新信仰具有理想性和创新性。企业家创新信仰的本质是信仰，具有自我超越性和对现实诱惑的排除性。

第 3 章　企业家创新信仰的形成

明确企业家创新信仰的形成过程，是培育企业家创新信仰、补救企业家创新信仰缺失的基础。应用周易成卦理论，刻画企业家创新信仰形成过程，描述企业家创新信仰形成过程中的初态模型和终态模型，可以使分解后的企业家创新信仰形成过程更便于被人们理解和认识。

3.1　企业家创新信仰形成过程

根据《周易》理论，宇宙万物的生成遵循如下规律：

$$y=2^n\ (n=0, 1, 2, 3, 4, 5, 6)$$

其中，y为宇宙万物的形态，n表示宇宙万物分裂的次数，n=0，1，2，3，4，5，6，万物生、旺分为六个阶段，逢七则变。

企业家创新信仰的形成同样需要经过六个阶段（见图3–1）。当n=0时，y=1，是企业家创新信仰的起源。与其他信仰一样，企业家创新信仰是基于企业家的生存意识产生的。生存意识是企业家创新信仰产生的太极，太极之后，企业家的生存意识经过六次裂变形成企业家创新信仰的不同形态。

当n=1时，y=2。企业家生存意识分裂为"生存现实"和"生存目标"两种形态。其中"生存目标"是企业家对自身生存现实的超越，当这种超越成为终极超越时，就形成信仰。这两种形态如同《周易》中的阴阳，生存现实和生存目标不可分离，相互作用，相互转化，是企业家创新信仰形成的根本动力。

当n=2时，y=4。企业家的"生存现实"分裂为"物质创新"和"行为创新"，企业家的"生存目标"分裂为"思维创新"和"意识创新"。企业家的"思维创新""意识创新"是对企业家的"物质创新""行为创新"的自我超越。企业家的“物质创新”“行为创新”“思维创新”“意识创新”是对企业家的“生存现实”“生存目标”的自我超越。

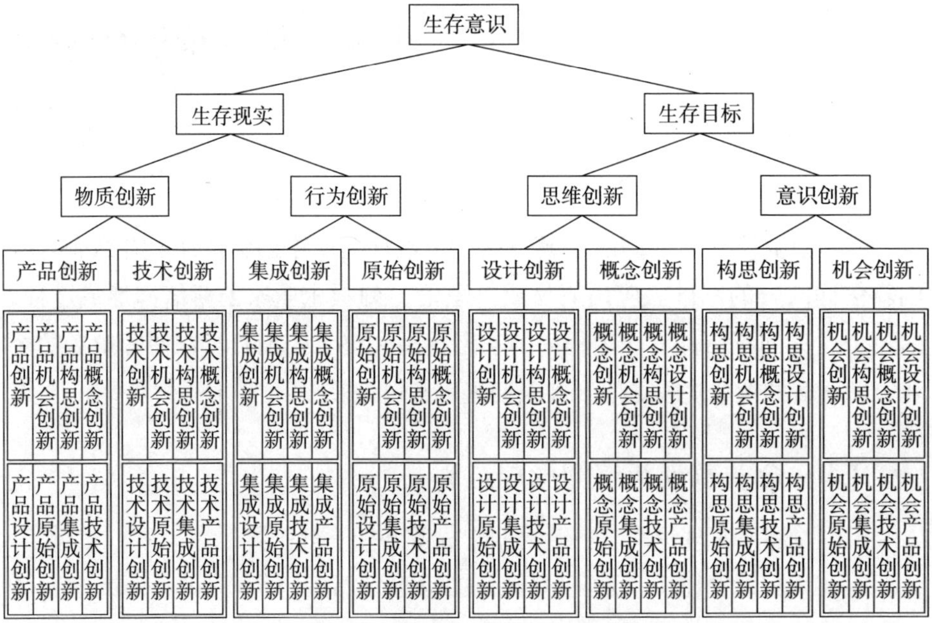

图3–1　企业家创新信仰形成过程

当n=3时，y=8。企业家的“物质创新”分裂为“产品创新”“技术创新”，企业家的“行为创新”分裂为“集成创新”“原始创新”，企业家的“思维创新”分裂为“设计创新”“概念创新”，企业家的“意识创新”分裂为“构思创新”“机会创新”。至此，企业家创新过程必须具备的关键变量——机会、构思、概念、设计、原始、集成、技术、产品已经形成，企业家创新信仰的初态模型正式形成。

当n=4时，y=16。企业家的生存现实分裂为八种形态，企业家的生存目标超越企业家的生存现实，也分裂为八种形态，两者结合起来，呈现出十六种形态。

当n=5时，y=32。企业家的生存现实与生存目标形成十六对对应关系，各种创新目标分别通过超越创新现实得以实现。至此，企业家创新信仰呈现出三十二种形态。

当$n=6$时，$y=64$。企业家的“生存意识”经过六个步骤的分裂，分裂成六十四种形态。其中，与“生存目标”对应的三十二种创新目标，通过终极超越相应的创新现实，形成相应的创新信仰。至此，企业家创新信仰形成的外部条件已经形成，企业家创新信仰的终态模型最终形成。

3.2　企业家创新信仰形成的起源

3.2.1　企业家的生存意识

生存是企业家的精神支点，生存意识支撑着企业家完成自己的生成过程，并据此获得无限生存下去的根据和动力。

信仰产生的心理基础是崇拜。在信仰产生早期，人类首先是从崇拜自身的生命开始的。后来，随着信仰的进一步发展，人类崇拜的对象逐渐从生命转变为自然、动植物、图腾、鬼神等，但人们崇拜自然、动植物、图腾、鬼神等的根本目的仍然是为了自己的生存，为了自己更好地生存。所以，生存意识是人类信仰产生的根源。

企业家创新信仰要求企业家极度崇拜创新，并把创新作为企业家所有活动的行动指南。企业家不是为了创新而创新，企业家创新的根本目的是使企业家个人和组织更好地生存。创新只是企业家生存的一种途径，一种发展理念。

3.2.2　企业家的信仰底色

由于历史渊源不同，企业家可能存在多种信仰。生存不但是一般信仰的底色，也是企业家创新信仰的底色。对自身生命的崇拜是企业家各种信仰的基础，生存和企业家创新信仰之间原来存在直接联系。随着企业文化的发展，企业家创新的目的越来越多样化，企业家精神的内容越来越丰富。日渐丰富的企业家精神隔离了生存与企业家信仰之间的联系，使企业家信仰衍生出种种复杂的形态，混淆了生存意识与企业家信仰之间的关系，模糊了企业家信仰的底色。

3.3　企业家创新信仰形成的动力

企业家生存的现实是企业家生存和发展的现状，企业家生存的目标是企业家超越现实准备达到的理想目的或终极目的。企业家创新信仰是企业家创新目标对创新现实的终极超越。企业家创新现实与企业家创新目标之间的相互作用，成为企业家创新信仰形成的根本动力（见图3–2）。

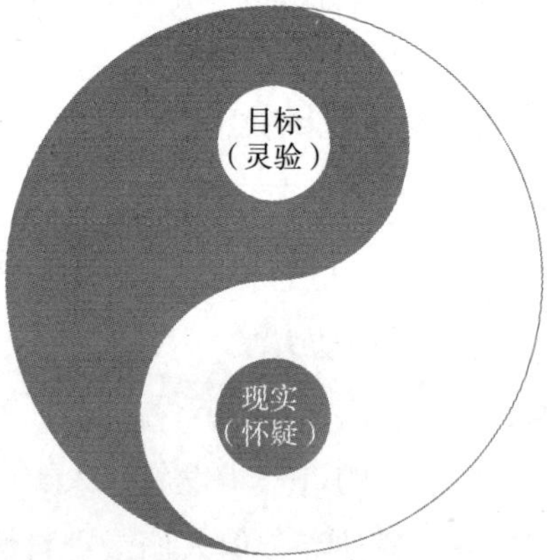

图3–2　企业家创新信仰形成的动力

3.3.1　企业家的自我怀疑

企业家是企业中敢于冒险、创新的稀缺人才，是企业中的精英。企业家可以控制自己和自己掌握的资源，但对于企业外部的市场资源，企业家不但无法控制，而且在面临自然灾害、金融风险、政治危机等情况时，经常处于弱势地位。正是由于企业家对各种外部风险的不可预见、不可控制，企业家经常怀疑自己的能力。

企业家是善于营造梦想的企业人才，企业家的特质决定了企业家经常不满足于企业产品或服务的现状，即企业家经常对企业现有的产品或服务产生怀疑。怀疑现有产品或服务，指出现实产品或服务存在的问题，并找出解决办法，是企业产品或服务创新的重要途径。

同样道理，企业家会对现有的生产方式产生怀疑，期望建立一种新的生产方式。企业家会对现有的市场产生怀疑，期望建立一个新的市场。企业家会对原材料或半成品的供应来源产生怀疑，期望开发一种新的原材料或半成品来源。企业家会对现有的组织产生怀疑，期望构建一种新的组织。由于本人能力和外部环境的变化，企业家经常会对自己或周围环境的某些因素产生怀疑，并期望创造新的代替品。企业家对现实的自我怀疑，是企业家创新信仰形成和发展的重要动力之一。

3.3.2　创新信仰的灵验效果

企业家创新信仰是企业家创新目标对创新现实的终极超越。企业家创新信仰的终极目标是否灵验，是驱动企业家创新信仰生存和发展的重要动力之一。

一个社会创新信仰的灵验程度受到多种因素的影响。第一，国家激励企业家创新的政策对企业家创新信仰的灵验程度有重要影响，国家创新激励政策力度大，企业家创新能够得到更多的实惠，企业家创新的积极性就高。第二，地方政府的创新激励政策对企业家创新信仰的灵验程度有重要影响，地方政府对企业家创新的激励力度大，企业家能够得到更多的实惠，企业家创新积极性就高。第三，全社会创新精英对创新的示范带动作用对企业家创新信仰的灵验程度有重要影响，创新精英重视创新宣传，创新灵验程度就会提高。第四，社会公众的信仰习惯对创新信仰的灵验程度有重要影响，社会公众习惯信仰创新，就会增加创新信仰的灵验程度。总之，国家创新激励政策、地方创新激励政策、创新精英、社会公众信仰习惯等共同决定全社会的创新信仰供给，进而影响到创新信仰的灵验程度。

3.4　企业家创新信仰的初态模型

企业家创新信仰的形成与宇宙万物的形成过程相似，经过两个发展阶段而最终形成。企业家创新信仰形成第一阶段的初态模型是第二阶段的终态模型形成的基础。

3.4.1　宇宙万物的初态模型

宇宙万物是经过六次裂变形成的。到第三次裂变时，宇宙万物分解为乾、兑、离、震、巽、坎、艮、坤“八卦”，“八卦”代表东、南、西、北、东北、东南、西南、西北八个方位，代表立春、春分、立夏、夏至、立秋、秋分、立冬、冬至八个季节，代表天、泽、火、雷、风、水、山、地八种物质，代表父亲、长子、中子、少子、母亲、长女、中女、少女八种人员。经过前两次裂变，到第三次裂变时，宇宙的基本框架初步形成，这就是我们常说的伏羲先天八卦（见图3-3）。乾卦、兑卦、离卦、震卦的代号分别为1、2、3、4，

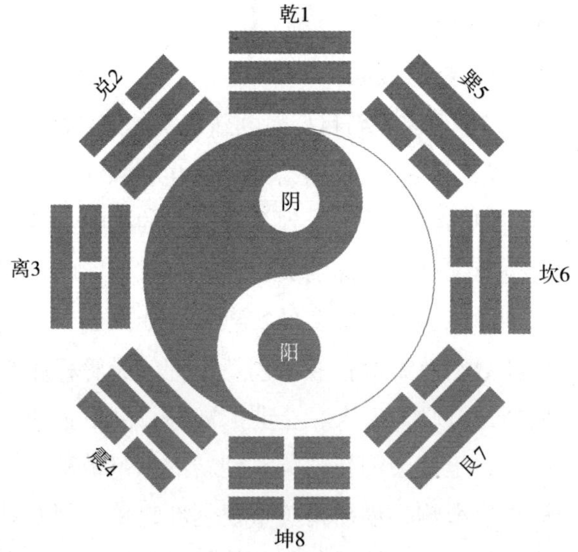

图3-3 伏羲先天八卦

巽卦、坎卦、艮卦、坤卦的代号分别为5、6、7、8。

3.4.2 企业家创新信仰的初态模型

同宇宙万物的初态模型一样，企业家创新信仰的初态模型也是经过三次裂变形成的。生存意识是企业家创新信仰形成的太极，人类出于对自身生命的终极关怀，形成生存现实和生存目标。生存现实进一步分解为物质创新和行为创新，生存目标进一步分解为思维创新和意识创新。意识、思维、行为、物质是构成企业家创新行为心理的四个层次，以此为基础，形成企业家创新信仰的意识层、思维层、行为层、物质层。意识创新进一步分解为机会创新和构思创新，思维创新进一步分解为概念创新和设计创新，行为创新进一步分解为原始创新和集成创新，物质创新进一步分解为技术创新和产品创新。分别令机会、构思、概念、设计的代号为1、2、3、4，原始、集成、技术、产品的代号为5、6、7、8。于是，机会创新、构思创新、概念创新、设计创新、原始创新、集成创新、技术创新、产品创新，形成了企业家创新信仰的初态模型（见图3-4）。

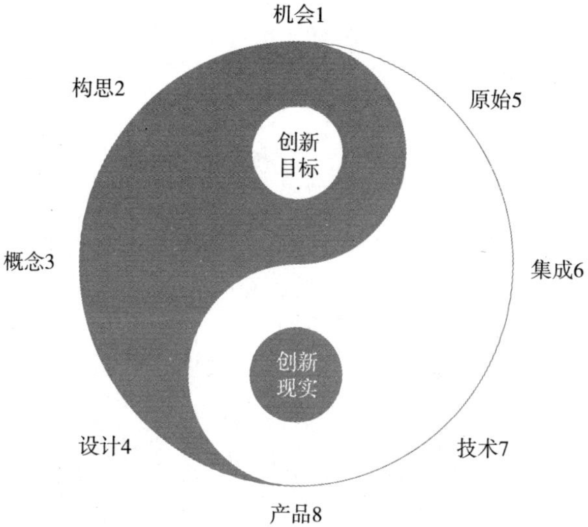

图3-4　企业家创新信仰的初态模型

图3-4是企业家创新信仰初态模型的静态形式，如果将企业家创新信仰的初态模型形成过程的每个步骤都显示出来，可以形成企业家创新信仰初态模型的动态形式（见图3-1）。

3.5　企业家创新信仰的终态模型

企业家创新信仰的终态模型是企业家创新信仰的高级形式，可以概括企业家创新信仰的常见情景，是培育企业家创新信仰、补救企业家创新信仰缺失的重要依据。

3.5.1　宇宙万物的终态模型

先天八卦的乾、兑、离、震、坤、艮、坎、巽是八种基本物质，是宇宙万物形成的基础。同时在圆内外用先天八卦中的每一卦与其他七卦及自身组合，生成六十四卦。圆内的六十四卦是分别以先天八卦为行列组合而成的，相当于地。圆外的先天八卦按照逆时针方向排列，每一卦与其他七卦及自身分别组合，形成六十四卦，相当于天。中国古代所谓的"天圆地方"中的天地已经形成，这就是宇宙万物的终态模型（见图3-5）。

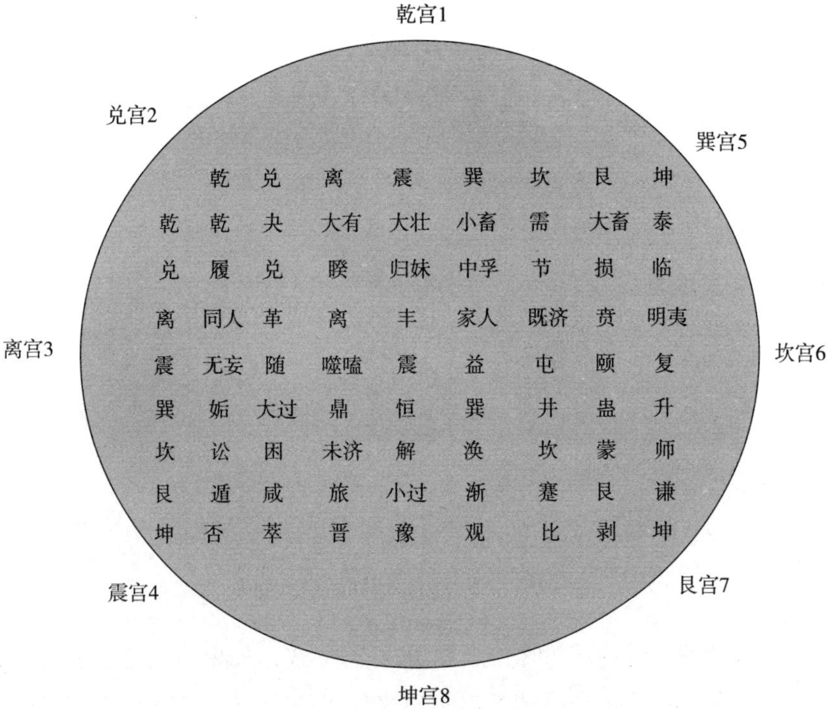

图3–5　宇宙万物的终态模型

3.5.2　企业家创新信仰的终态模型

借鉴周易宇宙万物形成过程理论，以圆代表企业家与外部的边界。在圆内分别以机会、构思、概念、设计、原始、集成、技术、产品为行列，形成企业家创新信仰的内部六十四种形态。在圆外按照企业家创新信仰初态模型的顺序，用机会、构思、概念、设计、原始、集成、技术、产品的每个要素与其他七个要素及自身组合，分别形成机会宫、构思宫、概念宫、设计宫、原始宫、集成宫、技术宫、产品宫八种创新信仰，最终形成企业家创新信仰的外部六十四种形态。通过上面程序形成的六十四种企业家创新信仰就是企业家创新信仰的六十四种情景，是企业家创新信仰的终态模型（见图3–6）。

具体而言，在机会宫，企业家的机会创新分别与机会、构思、概念、设计、原始、集成、技术、产品等创新组合，形成企业家创新信仰的机会、机会构思、机会概念、机会设计、机会原始、机会集成、机会技术、机会产品等形态（见表3-1）。

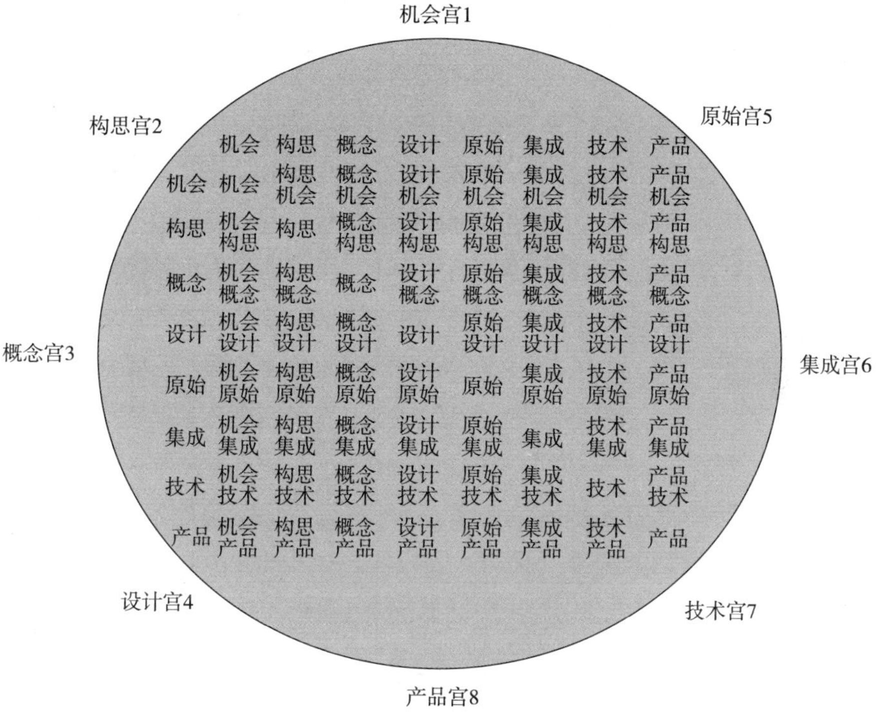

图3-6　企业家创新信仰的终态模型

表3-1　企业家创新信仰终态要素的形成

企业家创新信仰八宫		企业家创新信仰的初态形式		企业家创新信仰的终态符号		企业家创新信仰的终态形式
序号	名称	代号	名称	代号	名称	
1	机会宫	1	机会	1/1	机会 / 机会	机会创新
		2	构思	1/2	机会 / 构思	机会构思创新
		3	概念	1/3	机会 / 概念	机会概念创新
		4	设计	1/4	机会 / 设计	机会设计创新
		5	原始	1/5	机会 / 原始	机会原始创新
		6	集成	1/6	机会 / 集成	机会集成创新
		7	技术	1/7	机会 / 技术	机会技术创新
		8	产品	1/8	机会 / 产品	机会产品创新

续表

企业家创新信仰八宫		企业家创新信仰的初态形式		企业家创新信仰的终态符号		企业家创新信仰的终态形式
序号	名称	代号	名称	代号	名称	
2	构思宫	1	机会	2/1	构思 / 机会	构思机会创新
		2	构思	2/2	构思 / 构思	构思创新
		3	概念	2/3	构思 / 概念	构思概念创新
		4	设计	2/4	构思 / 设计	构思设计创新
		5	原始	2/5	构思 / 原始	构思原始创新
		6	集成	2/6	构思 / 集成	构思集成创新
		7	技术	2/7	构思 / 技术	构思技术创新
		8	产品	2/8	构思 / 产品	构思产品创新
3	概念宫	1	机会	3/1	概念 / 机会	概念机会创新
		2	构思	3/2	概念 / 构思	概念构思创新
		3	概念	3/3	概念 / 概念	概念创新
		4	设计	3/4	概念 / 设计	概念设计创新
		5	原始	3/5	概念 / 原始	概念原始创新
		6	集成	3/6	概念 / 集成	概念集成创新
		7	技术	3/7	概念 / 技术	概念技术创新
		8	产品	3/8	概念 / 产品	概念产品创新
4	设计宫	1	机会	4/1	设计 / 机会	设计机会创新
		2	构思	4/2	设计 / 构思	设计构思创新
		3	概念	4/3	设计 / 概念	设计概念创新
		4	设计	4/4	设计 / 设计	设计创新
		5	原始	4/5	设计 / 原始	设计原始创新
		6	集成	4/6	设计 / 集成	设计集成创新
		7	技术	4/7	设计 / 技术	设计技术创新
		8	产品	4/8	设计 / 产品	设计产品创新
5	原始宫	1	机会	5/1	原始 / 机会	原始机会创新
		2	构思	5/2	原始 / 构思	原始构思创新
		3	概念	5/3	原始 / 概念	原始概念创新
		4	设计	5/4	原始 / 设计	原始设计创新
		5	原始	5/5	原始 / 原始	原始创新
		6	集成	5/6	原始 / 集成	原始集成创新
		7	技术	5/7	原始 / 技术	原始技术创新
		8	产品	5/8	原始 / 产品	原始产品创新

续表

企业家创新信仰八宫		企业家创新信仰的初态形式		企业家创新信仰的终态符号		企业家创新信仰的终态形式
序号	名称	代号	名称	代号	名称	
6	集成宫	1	机会	6/1	集成 / 机会	集成机会创新
		2	构思	6/2	集成 / 构思	集成构思创新
		3	概念	6/3	集成 / 概念	集成概念创新
		4	设计	6/4	集成 / 设计	集成设计创新
		5	原始	6/5	集成 / 原始	集成原始创新
		6	集成	6/6	集成 / 集成	集成创新
		7	技术	6/7	集成 / 技术	集成技术创新
		8	产品	6/8	集成 / 产品	集成产品创新
7	技术宫	1	机会	7/1	技术 / 机会	技术机会创新
		2	构思	7/2	技术 / 构思	技术构思创新
		3	概念	7/3	技术 / 概念	技术概念创新
		4	设计	7/4	技术 / 设计	技术设计创新
		5	原始	7/5	技术 / 原始	技术原始创新
		6	集成	7/6	技术 / 集成	技术集成创新
		7	技术	7/7	技术 / 技术	技术创新
		8	产品	7/8	技术 / 产品	技术产品创新
8	产品宫	1	机会	8/1	产品 / 机会	产品机会创新
		2	构思	8/2	产品 / 构思	产品构思创新
		3	概念	8/3	产品 / 概念	产品概念创新
		4	设计	8/4	产品 / 设计	产品设计创新
		5	原始	8/5	产品 / 原始	产品原始创新
		6	集成	8/6	产品 / 集成	产品集成创新
		7	技术	8/7	产品 / 技术	产品技术创新
		8	产品	8/8	产品 / 产品	产品创新

在构思宫，企业家的构思创新分别与机会、构思、概念、设计、原始、集成、技术、产品等创新组合，形成企业家创新信仰的构思机会、构思、构思概念、构思设计、构思原始、构思集成、构思技术、构思产品等形态。

在概念宫，企业家的概念创新分别与机会、构思、概念、设计、原始、集成、技术、产品等创新组合，形成企业家创新信仰的概念机会、概念构思、概念、概念设计、概念原始、概念集成、概念技术、概念产品等形态。

在设计宫，企业家的设计创新分别与机会、构思、概念、设计、原始、集成、技术、产品等创新组合，形成企业家创新信仰的设计机会、设计构思、设计概念、设计、设计原始、设计集成、设计技术、设计产品等形态。

在原始宫，企业家的原始创新分别与机会、构思、概念、设计、原始、集成、技术、产品等创新组合，形成企业家创新信仰的原始机会、原始构思、原始概念、原始设计、原始、原始集成、原始技术、原始产品等形态。

在集成宫，企业家的集成创新分别与机会、构思、概念、设计、原始、集成、技术、产品等创新组合，形成企业家创新信仰的集成机会、集成构思、集成概念、集成设计、集成原始、集成、集成技术、集成产品等形态。

在技术宫，企业家的技术创新分别与机会、构思、概念、设计、原始、集成、技术、产品等创新组合，形成企业家创新信仰的技术机会、技术构思、技术概念、技术设计、技术原始、技术集成、技术、技术产品等形态。

在产品宫，企业家的产品创新分别与机会、构思、概念、设计、原始、集成、技术、产品等创新组合，形成企业家创新信仰的产品机会、产品构思、产品概念、产品设计、产品原始、产品集成、产品技术、产品等形态。

以上六十四种形态是企业家创新信仰的最终形态。如果继续组合，企业家创新信仰六十四种形态的某一种将重复出现。

3.6 案例分析

3.6.1 朱江洪创新信仰形成的起源

从1970年8月毕业于华南工学院，到2012年5月退休，朱江洪先后在百色矿山机械厂、冠雄塑胶厂、格力电器工作，并先后执掌三个企业。三个企业的生存意识成为朱江洪创新信仰的起源。

（1）百色矿山机械厂的生存

在百色矿山机械厂，朱江洪先后做过质检员、车间副主任、生产科副科长、质检科副科长、技术科副科长、厂长。百色矿山机械厂18年的工作经历，使朱江洪完成了从“文弱书生”到“娴熟工人”，到技术员、工程师，再到企业各级管理者的角色转变。百色矿山机械厂磨砺了朱江洪性格中最主要的元素——创造性改变命运的能力。朱江洪深刻认识到产品的质量和可靠性对企业生存的重要性。他认为，我国的机电产品与先进国家相比，往往不是输在性能上，而是输在可靠性上。为了提高产品的可靠性和质量，1982年，朱江洪参加了华南理工大学在广州举办的可靠性设计培训班；随后，强化了企业技术管理、质量管理等工作，建立健全了质量保证体系。为了实现产品的质量突破，朱江洪仔细分析百色矿山机械厂的实际情况，从单项技术、单项工艺、单项材料等方面实现单项质量突破。

（2）冠雄塑胶厂的生存

1988年5月，朱江洪被任命为冠雄塑胶厂总经理。当时的冠雄塑胶厂一直亏损，上级领导要求他尽快扭亏为盈。为了“找米下锅”，朱江洪通过市场调研，决定生产当时市场上畅销的一种塑料电风扇。为了采购模具，朱江洪亲自跑到香港。冠雄电风扇生产出来后，当年就减亏一百多万元，第二年（1989年）便扭亏为盈，历史性地赚了77万元。随后，朱江洪将冠雄塑胶厂生产的塑料电风扇命名为“GLEE”，因为“GLEE”已被台湾一家企业抢先注册，就改为“GREE”，这就是今天人们耳熟能详的“GREE”格力商标。

（3）格力电器的生存

1991年初，上级要求朱江洪兼任海利空调厂总经理。海利空调厂和冠雄塑胶厂一样，都是珠海市国资委下属的国有企业。后来，朱江洪向总公司建议，把冠雄塑胶厂和海利空调厂合并，以便专注空调的研发与制造，充分发挥两厂的长处。1991年11月18日，冠雄塑胶厂与海利空调厂正式合并，并改名为“珠海格力电器股份有限公司”（以下简称格力电器）。

格力电器成立时，国内知名空调品牌如春兰、华宝、蓝波希岛等已经“裂土为王”、割据天下，国际知名空调品牌如三菱、松下、东芝、日立、夏普、开利也早已瞄准中国空调市场。在这种情况下，格力电器只有尽快提升空调质量，建立健全各种质量保证体系，才能在强手如林的空调市场夹缝中生存下来。否则，只能是死路一条。

为了解决格力空调的质量问题，朱江洪带领全厂职工，共挖出大小质量问题400多个，并将这些问题分为技术问题、设计问题、工艺问题、生产操作问题、质量检测问题、管理问题等。然后组织有关人员，立下军令状，限期解决，否则按渎职论处。为保证质量整顿的持续性，格力电器成立了“质量监督小组”，即“质量宪兵队”，朱江洪亲自兼任“队长”。强有力的质量整顿措施保证了格力电器的空调质量，为格力电器之后的飞速发展奠定了坚实的基础。

3.6.2 朱江洪创新信仰形成的动力

随着时间的流逝和工作岗位的变化，朱江洪面临的现实情况也在不断变化。面对困难复杂的现实，朱江洪不断设立创新目标，并使创新目标不断超越创新现实。创新目标对创新现实的超越是朱江洪创新信仰形成和发展的重要动力。

（1）百色矿山机械厂的创新现实与创新目标

百色矿山机械厂是朱江洪大学毕业后的第一个工作单位，朱江洪在该单位工作了18年时间，从一个20多岁的小伙子，到一位成熟的中年厂长。朱江洪在产品质量、技术创新、市场营销等方面的价值观，主要是在百色矿山机械厂形成的。

1970年8月，朱江洪开始进入百色矿山机械厂工作，在厂里做了两年的普通工人后被提拔为质检员。质检员工作使朱江洪第一次接触到什么是产品质量。当时是计划经济时期，百色矿山机械厂和全国其他企业一样，质量意识淡薄，超差的不合格零件，车间主任说过就过，哪个官大哪个说了算。针对这种产品质量现状，朱江洪制定了质量管理制度、质量标准、工艺要求，把车间的质量现状、影响质量的原因及质量整改措施写成材料上报厂部。经过不断努力，百色矿产机械厂做到了不合格的产品坚决报废，产品质量得到显著提升。

在质检岗位工作一年半后，朱江洪被调升为车间技术员。当时企业购买设备要凭计划指标，百色矿山机械厂属于山区小厂，根本列不上计划。针对这种情况，朱江洪决定自己动手做，如当时制作轴承急需的“扩孔机”、专用磨床等专用设备，都是朱江洪和工人师傅们用土办法自制的。车间技术员工作使朱江洪逐渐总结出科技创新的规律，即“观察+灵感+实验”，这就是朱江洪提出的科技创新“三部曲”。

1982年冬，朱江洪被推选为百色矿山机械厂厂长。针对百色矿山机械厂当时的状况，朱江洪狠抓三件事，即纪律、产品、销售，也就是朱江洪新官上任烧的“三把火”。第一把火通过整顿乱摘厂房道路两旁的杧果和开除一名连续20多天无故旷工的员工，使全厂员工做到了有令则行，有禁则止。第二把火烧在产品的整改和开发上，从原来只有螺旋输送机这个单一产品，转变为开发斗式提升机、链板输送机等十余个品种、数百种规格，基本上满足了客户对于各种用途的物料输送和常用的矿山设备的需求。同时，加强了产品质量管理，强化了各种管理制度，特别是建立健全了质量保证体系，保证每个环节、每个步骤、每个零件、每个产品的质量从原材料到产品的全过程都处于可控的范围内。

（2）冠雄塑胶厂的创新现实与创新目标

1988年5月，朱江洪被任命为冠雄塑胶厂总经理。由于当时的冠雄塑胶厂内长时间没有活干，员工懒散成性，整个工厂一盘散沙。朱江洪为“找米下锅”，通过市场调研，决定生产塑料电风扇。销售效果显示，当年减亏一百多万元，第二年（1989年）即扭亏为盈，盈利77万元。为了保护产品品牌，朱江洪广泛征求群众意见，将冠雄（塑胶厂生产的）的塑料电风扇命名为“GREE”，这就是今天家喻户晓的“GREE”格力商标。

由于电风扇的利润率低，技术含量也不高，朱江洪决定向空调产品进军。当时总公司已经有一家空调厂，即海利空调厂。朱江洪决定凭借冠雄塑胶厂的注塑优势，为各空调厂做些塑料件的配套。后来，通过与泰国古煌秀先生的合作，终于征得总公司同意，进军到空调行业，为后来格力电器的诞生奠定了基础。

（3）格力电器的创新现实与创新目标

由于冠雄和海利同时生产空调，1991年11月18日，珠海市政府决定将两家公司合并，改名为“珠海格力电器股份有限公司”。新成立的格力电器，面对国内外强势竞争对手，如春兰、华宝、三菱、松下、东芝、开利等。朱江洪带领全公司员工，决定从基础做起，尽快提升空调质量，建立质量保证体系，在狠抓质量管理的同时，狠抓技术创新。1993年初，第一期技术改造投资4亿多元。后来，又抓紧时机，先后进行了第二期、第三期、第四期技术改造。通过技术改造，扩大了生产规模，建立了以科研开发为核心的三大研究院，还建立了环境实验室，大大提高了整个企业的技术创新能力，为格力电器成为行业老大奠定了雄厚的技术基础。

3.6.3 朱江洪创新信仰的初态模型

朱江洪创新信仰的初态模型是基于生存意识逐渐形成的机会创新、构思创新、概念创新、设计创新、原始创新、集成创新、技术创新、产品创新等。初态模型是企业家创新信仰的初始形态，是构成更为复杂的企业家创新信仰的基础。

在机会创新方面，朱江洪曾经工作过的百色矿山机械厂、冠雄塑胶厂、格力电器都存在机会创新。1970年8月至1988年初，朱江洪在百色矿山机械厂工作，当时正值我国改革开放前后，就企业内部而言，计划经济的弊端已经十分突出，全国上下都感觉到改革的必要性。就企业外部而言，开放已经成为世界潮流。改革开放既给百色矿山机械厂带来了机会，也给朱江洪带来了机会。1988年8月至1991年11月，朱江洪在冠雄塑胶厂工作，此时正值我国改革开放初期，冠雄塑胶厂所在的珠海是我国首先实行改革开放的城市，政策、市场等外部因素，以及冠雄塑胶厂内部生产经营濒临停滞的现状，造就了冠雄塑胶厂的机会创新。1991年11月至2012年5月，朱江洪在格力电器工作，这一时期我国经济的飞速发展，尤其是房地产行业的飞速发展，为格力电器提供了良好的市场机会。

在构思创新方面，朱江洪出身于工科科班，具有深厚的技术功底。不管是在百色矿山机械厂的构思创新，还是在冠雄塑胶厂、格力电器的构思创新，都是对公司当时面临的现实问题进行深入分析后才找到的构思创新方案。

在概念创新方面，朱江洪在百色矿山机械厂所提出的概念创新是他对企业产品进行长期观察的结果，即朱江洪创立的科技创新“三部曲”——“观察+灵感+实验”。朱江洪在冠雄塑胶厂发现的塑料电风扇是他通过深入调研市场，根据客户意见，从市场多种样板中选定三款方案进行开发的。朱江洪在格力电器的概念创新多依赖专业技术人员进行开发。

在设计创新方面，朱江洪在百色矿山机械厂任技术员，亲自参加过产品设计，并总结出技术创新模式。朱江洪在冠雄塑胶厂和格力电器所进行的设计创新多是通过对设计人员的管理，将自己的设计思想传授给年轻的设计人员而实现。

在行为创新方面，朱江洪不受创新模式局限。在创新条件较差的百色矿山机械厂，他用土办法自己设计专用设备，多采用集成创新的方法。当企业具备一定技术基础后，他要求格力电器的技术人员逐渐将创新重点转向原始创新。格力电器一系列的原创技术，奠定了格力电器在空调业的行业老大地位。

在技术创新方面，朱江洪重视技术创新。他认为产品的真正实质是科技含量和质量水平，没有科技创新，就没有消费者青睐的创新产品；没有科技创新，就没有过硬的产品质量；没有科技创新，就没有产品的差异化，就不能拉开与竞争对手的距离；没有科技创新，企业只能永远跟在别人后面打价格战，搞恶性竞争。

在产品创新方面，朱江洪重视产品质量。为了在执行力较差的格力电器保证产品质量，他“左手拿鞭、右手拿刀”，颁布“总经理十二条禁令”，用高压的行政命令严格保证产品质量。同时，成立空调行业唯一一家“筛选分厂”，严格筛选外购配件，保证用在空调上的外购配件全部合格。

3.6.4　朱江洪创新信仰的终态模型

朱江洪一生的创新工作分为三个阶段：1970年8月至1988年5月，在百色矿山机械厂工作；1988年5月至1991年11月，在冠雄塑胶厂工作；1991年11月至2012年5月，在格力电器工作。纵观朱江洪的工作生涯，到1988年8月他离开百色矿山机械厂的时候，其创新信仰的终态模型初步形成。

朱江洪创新信仰终态模型形成的标志是构成企业家创新信仰初态模型的基本要素——机会、构思、概念、设计、原始、集成、技术、产品已经相互融合，不但其创新信仰的创新现实与创新目标之间相互融合，而且其显性创新信仰的原始创新、集成创新、技术创新、产品创新之间，以及隐性创新信仰的机会创新、构思创新、概念创新、设计创新之间也相互融合。

在机会宫，机会与构思融合形成的机会构思创新，使朱江洪能够在1982年冬季升任百色矿山机械厂厂长后，抓住改革开放初期的有利时机，将百色矿山机械厂的产品由单一产品扩展为十余个品种、数百种规格，所生产产品基本上可以满足客户对各种物料输送和常用的矿山设备的需求。同时，朱江洪开始为自己寻找更好的发展机会，并于在1988年从广西百色的深山老厂回到改革开放的前沿城市珠海。机会与概念融合形成的机会概念创新，使朱江洪在计划经济时代重新定义当时的营销策略。针对百色矿山机械厂连发工资都困难的实际情况，朱江洪担任厂长后，立即组织人员把百色矿山机械厂的产品信息、资料、型号规格等，有针对性地寄往全国各地，并把客户使用过该厂设备的好评以及赞扬他们的锦旗拍成照片一并寄出。机会与设计融合形成的机会设计创新，使朱江洪带领技术人员扩大产品设计范围，把产品由单一产品扩展到十余个品种。机会与原始融合形成的机会原始创新，使朱江洪认识到，百色矿山机械厂作为一家处在偏僻山区的小厂，只有实现某种创新，即某一项技术、某一项工艺或某一项材料等的创新，才能在全国众多的矿山机械厂中脱颖而出。机会与集成融合形成的机会集成创新，使朱江洪能够综合考虑内部和外部同时诱发的机会，实现技术创新和产品质量创新。机会与技术融合形成的机会技术创新，使朱江洪通过"观察+灵感+实验"，不断根据用户需求进行技术创新。机会与产品融合形成的机会产品创新，使朱江洪在就任百色矿山机械厂厂长后，将全厂工作的重点转向产品质量，以超硬的产品质量支撑市场营销。

在构思宫，构思与机会融合形成的构思机会创新，使朱江洪根据百色矿山机械厂的内部条件和外部环境的变化，不断思考百色矿山机械厂的产品、市场、技术等与企业生死攸关的关键问题。构思与概念融合形成的构思概念创新，使朱江洪能够抓住百色矿山机械厂内部条件和外部市场变化形成的机会，形成适合百色矿山机械厂的发展理念。构思与设计融合形成的构思设计创新，使朱江洪在担任百色矿山机械厂技术员时，能够针对计划经济时代特点，设计出百色矿山机械厂的专用设备。构思与原始融合形成的构思原始创新，使朱江洪逐渐成长为一个创新型人才，不但能够在担任技术员时实现产品的原始创新，在担任总经理后，也能够根据需要实现营销创新和管理创新。构思与集成融合形成的构思集成创新，使朱江洪能够广泛吸收各方意见，进行技术创新和产品创新。构思与技术、产品融合形成的构思技术创新、构思产品创新，促使百色矿山机械厂的技术和产品在行业中的排名不断提升。

在概念宫，概念与机会融合形成的概念机会创新，使朱江洪根据车床加工工人的劳动强度和产品产生的离心力，提出“离心式自动松紧夹具”的概念。该夹具不需人工夹紧或松开，只要机床一转动就会产生离心力，通过里面的构件自动地把工件锁死。加工完成后，机床停止转动，离心力消失，锁夹力也随之消失，零件就能轻松取出。概念与构思融合产生的概念构思创新，使朱江洪不断思考新的产品概念和管理概念。概念与设计融合形成的概念设计创新，使朱江洪在从事技术设计期间能够顺畅地从提出创意，到设计出图纸，实现连续创新。概念与原始融合形成的概念原始创新，使朱江洪逐渐成长为一个原始创新人才，认为只有原始创新才能避免价格恶性竞争，才能使企业真正获得核心竞争力。概念与集成融合形成的概念集成创新，使朱江洪能够集成多方信息，提出创新性的概念。概念与技术、产品融合形成的概念技术创新、概念产品创新，使朱江洪提出了全行业新的技术和新的产品概念，使百色矿山机械厂的个别技术和产品能够引领整个行业方向。

在设计宫，设计与机会融合形成的设计机会创新，使朱江洪在任技术员期间发现了技术创新的三部曲，即“观察+灵感+实验”。设计与构思融合形成的设计构思创新，使朱江洪在设计中多次产生新的构思，如自己设计专用设备。设计与概念融合形成的设计概念创新，使朱江洪在设计过程中经常提出新的概念。设计与原始融合形成的设计原始创新，使朱江洪经常提出原始的设计方案。设计与集成融合形成的设计集成创新，使朱江洪集成多种相关产品进行创新设计，如后来对塑料电风扇的设计。设计与技术、产品融合形成的设计技术创新、设计产品创新，使朱江洪将技术和产品质量问题引入设计过程中，通过提高设计水平来提高产品的技术水平和质量水平。

在原始宫，原始与机会融合产生的原始机会创新，使朱江洪能够在社会经济发展过程中最先发现机会，如离开百色矿山机械厂到珠海冠雄塑胶厂工作等。原始与构思融合形成的原始构思创新，使朱江洪在担任技术员、总经理等多种工作岗位期间，多次产生原始构思。原始与概念融合形成的原始概念创新，使朱江洪提出多种原始概念，如后来提出的建立“筛选分厂”。原始与设计融合形成的原始设计创新，使朱江洪在担任技术员期间提出过多种原始设计。原始与集成融合形成的原始集成创新，使朱江洪将原始创新和集成创新这两种自主创新形式融合到一起，这种创新意识成为其本人最重要的核心竞争力。原始与技术、产品融合形成的原始技术创新和原始产品创新，使朱江洪在从事技术和管理工作期间多次实现原始技术创新和原始产品创新，从而有力促进了百色矿山机械厂的发展。

在技术宫，技术与机会融合产生的技术机会，使朱江洪能够时刻关注百色矿山机械厂技术的发展趋势，并通过技术创新促进百色矿山机械厂的发展。技术与构思融合产生的技术构思创新，使朱江洪在担任技术员期间经常产生新的技术构思。技术与概念融合产生的技术概念创新，使朱江洪在从事技术和管理工作期间多次提出新的技术概念。技术与设计融合产生的技术设计创新，使朱江洪在设计过程中能够关注新的技术，通过技术创新不断提高设计水平。技术与原始融合产生的技术原始创新，使朱江洪经常关注生产一线，注重从老师傅那里寻找技术的原始创新。技术与集成融合形成的技术集成创新，使朱江洪关注同行先进企业同类产品的技术，通过吸收其他企业的技术实现创新。技术与产品融合形成的技术产品创新，使朱江洪将技术创新作为提高产品质量的重要手段，通过技术创新和产品创新不断促进百色矿山机械厂的发展。

在产品宫，产品与机会融合形成的产品机会创新，使朱江洪能够关注产品质量，并将提升产品质量作为一种发展机会。朱江洪升任百色矿山机械厂厂长后烧的“第二把火”就是产品质量整改，通过整改提高了百色矿山机械厂产品的质量，提高了百色矿山机械厂产品在同行中的竞争力。产品与构思融合形成的产品构思创新，使朱江洪将构思贯穿整个产品创新过程，将构思创新，即创意作为产品创新的源头。产品与概念融合形成的产品概念创新，使朱江洪带领百色矿山机械厂不断提出新的产品概念，从而使百色矿山机械厂的产品走在行业前列。产品与设计融合产生的产品设计创新，使朱江洪将产品设计创新作为提高产品质量的重要手段。产品与原始融合形成的产品原始创新，使朱江洪重视产品原始创新对企业所产生的作用。他始终认为，只有原始创新才是企业的核心竞争力，真正的前沿技术是买不来的。产品与集成融合形成的产品集成创新，使朱江洪认识到产品创新需要博采众长，特别是在企业发展早期更是如此，如冠雄塑胶厂刚开始生产塑料电风扇时，就是集成市场上几种畅销产品形成的技术方案。

冠雄塑胶厂刚生产空调时，走的也是这个路子。产品与技术融合产生的产品技术创新，使朱江洪重视产品中内嵌的技术，他始终认为技术创新是提高产品质量的重要手段。

3.7　小结

本章应用周易成卦理论，解释企业家创新信仰形成过程。企业家创新信仰经过六个阶段、两种形态最终形成。生存意识是企业家创新信仰形成的起点，企业家各种信仰活动都出于对自身生存的终极关怀。创新现实与创新目标的相互作用是企业家创新信仰形成和发展的根本动力。由于自身能力和周围环境的局限，企业家的创新现实经常存在不确定性，企业家的创新目标经常无法实现。为此，企业家经常对创新现实产生怀疑。受国家创新激励政策、地方创新激励政策、创新精英、社会公众信仰习惯等的影响，不同地区创新信仰的灵验程度存在差异。企业家对创新现实的怀疑与创新目标的灵验程度，成为决定企业家创新信仰形成和发展的另一动力。企业家创新心理发展的四个阶段，即意识、思维、行为、物质，是企业家创新现实和创新目标进一步分化出来的更细的信仰形式。企业家创新信仰的机会创新、构思创新、概念创新、设计创新、原始创新、集成创新、技术创新、产品创新，是企业家创新信仰的初级形态。企业家创新信仰八种初级形态的每一种与其他七种及自身结合，形成企业家创新信仰的最终形态，即六十四种企业家创新形态。

第 4 章　企业家创新信仰的结构

企业家创新信仰不仅在时间上具有不同的形态，在空间上也具有自己独特的结构。明确企业家创新信仰的结构，有利于从企业家创新信仰内部着手培育企业家创新信仰，或者补救企业家创新信仰的缺失。下面根据信仰市场理论和时空结构理论，分析企业家创新信仰的空间结构和时间结构。

4.1　企业家创新信仰市场

4.1.1　信仰市场

罗德尼·斯达克和罗杰尔·芬克最早提出信仰市场的理论模型。他们认为，宗教经济是由一个社会中的所有宗教活动构成，包括一个现在的和潜在的信徒市场，一个或多个寻求吸引或维持信徒的组织，以及这些组织所提供的宗教文化。根据罗德尼·斯达克和罗杰尔·芬克提出的信仰市场模型，一个信仰市场由信徒、信仰组织和信仰文化三个核心要素构成。其中，信徒是信仰市场中信仰的需求方，信仰组织（如教会）是信仰市场中信仰的供给方，信仰文化（如宗教文化）是信仰市场中买卖双方交易的对象。罗德尼·斯达克和罗杰尔·芬克提出的信仰市场模型是针对宗教信仰提出的，但由于宗教信仰只是信仰的一种形式，所以，罗德尼·斯达克和罗杰尔·芬克提出的信仰市场模型同样适用于其他信仰市场。根据罗德尼·斯达克和罗杰尔·芬克的信仰市场理论，构建出企业家创新信仰市场模型（见图4-1）。

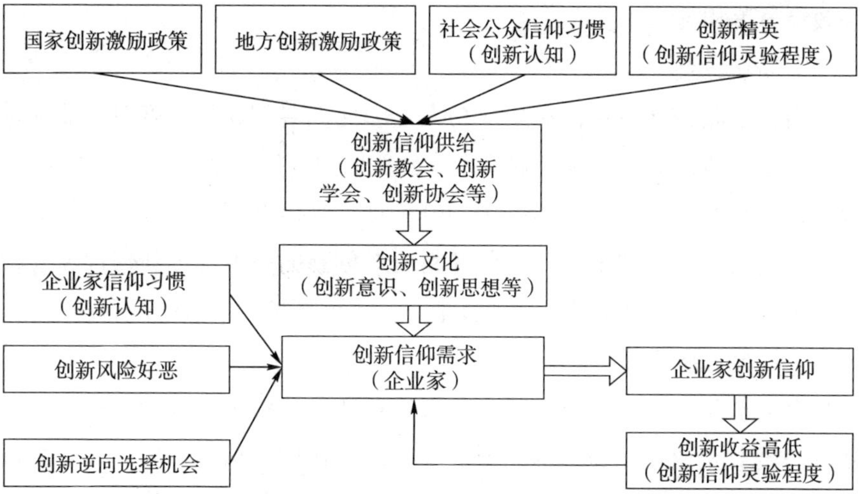

图4–1　企业家创新信仰市场模型

4.1.2　企业家创新信仰供给

企业家创新信仰供给形成企业家创新信仰市场的供给方。企业家创新信仰市场的创新信仰供给方由多类主体构成，主要包括各种创新教会、创新学会、创新协会等向企业家提供创新理念、创新思想等创新文化的机构或个人。国家创新激励政策、地方创新激励政策、创新精英表现、社会公众信仰习惯等是影响企业家创新信仰供给的重要因素。

（1）国家创新激励政策

中央政府是一个国家创新政策的供给者。中央政府创新政策的内容、对创新激励的程度，对大型企业的企业家创新信仰的确立起着关键作用。2015年以来，我国政府大力支持和鼓励创新，并将创新驱动发展作为国家发展战略，要求各部委、各地方政府落实执行。此举对全社会企业家创新信仰的确立起到了很大作用。

（2）地方创新激励政策

地方政府是地方创新政策的供给者。地方政府创新政策的内容和对创新的激励程度，对当地企业家创新信仰的确立起着关键作用。在全国31个省市区中，北京、上海、江苏、广东能够成为全国创新能力最强的区域，特别是江苏省和广东省一直能在创新能力方面领先其他省份，与这些省份对创新的激励政策显著相关。

（3）创新精英

创新精英是创新领域的杰出成功人士，他们对创新的态度对企业家特别是创业人员创新信仰的产生影响巨大。自从信仰产生以来，不管是原始信仰、宗教信仰、理性信仰、科学信仰中的哪一种，其信仰的灵验程度对信徒数量的增减都起着非常重要的作用。创新精英对创新的态度是创新信仰灵验程度的重要表现，他们对创新的态度是其他企业家创新信仰的风向标。

（4）社会公众信仰习惯

社会公众包围着企业家，是企业家生存和发展的重要环境。社会公众对创新的态度对企业家创新信仰的形成起着重要作用。信仰创新的社会公众越多，企业家受到创新信仰的影响就越大，企业家创新信仰就越容易形成；信仰创新的社会公众越少，企业家受到创新信仰的影响就越小，企业家创新信仰就越不容易形成。

4.1.3 企业家创新信仰需求

企业家是企业家创新信仰市场的需求方。企业家创新信仰需求受到企业家创新习惯、创新逆向选择机会、企业家创新风险好恶、创新收益高低等因素的影响。

（1）企业家信仰习惯

企业家信仰习惯对企业家创新信仰的需求具有重要影响。长期以来，我国企业家的信仰存在不稳定性。企业家的信仰品格具有功利性、实用性特征。企业家作为一类重要的民间信仰者，其信仰习惯具有临时性、功利性、实用性特征。企业家的信仰习惯决定了企业家对创新这种理性信仰的态度。

（2）创新逆向选择机会

创新逆向选择对企业家创新信仰需求具有重要影响。近年来，我国创新领域出现的“企业不急政府急”现象，折射出企业家创新的逆向选择问题。在房地产、矿山、互联网等暴利行业，成本利润率高达百分之几百，企业家不创新不但能够活下来，而且可以活得很好，即企业家存在大量的创新逆向选择机会。在这种情况下，理性的企业家很难主动创新。近几年，随着环境、浪费等问题的日渐严重，传统生产方式的弊端逐渐显露出来，政府开始制定一系列政策，减少企业家创新逆向选择的机会，企业家创新的主动性才越来越强。

（3）创新风险好恶

企业家创新信仰需求深受企业家风险好恶的影响。创新是一项挑战未知的工作，其风险性比一般的活动大。如果企业家喜好风险，则更容易喜好创新；否则，便更不容易喜好创新。当然，企业家对风险的喜好受到多种因素的影响，像区域文化、企业家成长经历等，都会对企业家的风险好恶产生影响。

（4）创新收益高低

企业是一种以盈利为目的的组织，追逐利润是企业家的本性。当创新行业利润极高时，许多企业家会为了利润主动创新；当创新行业利润率较低时，许多企业家会积极进军利润率更高的行业。创新行业的利润率高低对企业家创新信仰的形成具有重要影响。为了保证创新行业的创新租金，从而保证创新行业的高利润，需要各级政府对专利的保护和对创新的大力支持。

4.2　企业家创新信仰的内部结构

企业家创新信仰的内部结构主要包括企业家信仰主体与客体的关系（见图4–2）。企业家创新信仰的主体是企业家这类特殊的人群，企业家创新信仰的客体是创新这种特殊的活动。

4.2.1　企业家创新信仰的主体

企业家创新信仰是企业所有创新活动的源泉。就企业家这种创新主体而言，企业家创新信仰导致创新意识、创新思维和创新行为的产生。

（1）创新意识

创新意识是创新人员对创新的感知。企业家创新意识是企业家对创新的感知。同一般意识相比，创新意识具有整体认知的特殊性、整体理解的深刻性、信息选择的准确性、形成瞬间的顿悟性等特点。企业家是企业的高层管理人员，其创新意识的产生除具有创新意识的上述特点外，还具有企业家的身份特点。

企业家创新意识虽然存在顿悟性特点，但企业家创新意识并非凭空产生

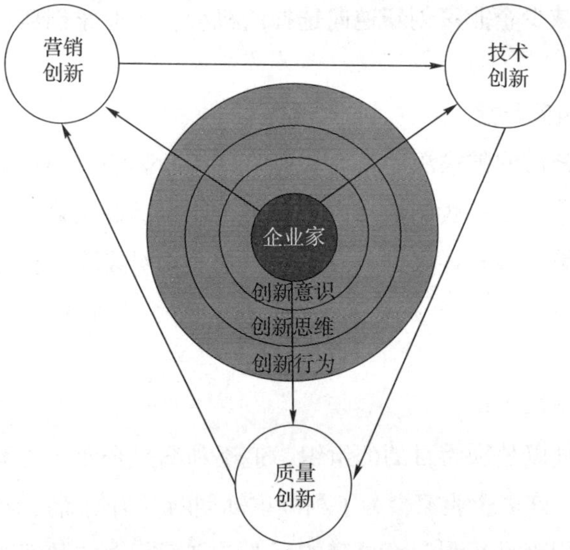

图4-2　企业家创新信仰的内部结构

的。企业家创新意识的产生需要具备一定的条件，如需要具备一定的理论假设、一定的心理准备、一定的工作经验等。所以，企业家要产生良好的创新意识，需要平时不懈地积累，需要对市场、技术、产品等创新对象保持敏锐的感知能力。

（2）创新思维

思维是运用概念进行推理的过程。思维使人类能够通过对事物表面现象的感知，把握事物现象背后的本质和规律。创新思维是一种逆商极高的思维，它要求思维人员具备对现实的强烈的批判能力。创新思维作为一种特殊的思维形式，具有思维过程的批判性和灵活性、思维结果的新颖性、心智正常者的普遍性、开发与发展的条件性等特点。创新思维具有揭示创新规律的能力，在创新形式上比创新意识高级。企业家不但需要具备创新意识，还需要具备创新思维能力，能够透过创新现象揭示创新现象背后的创新规律。只有这样，企业家才能抓住和把握创新的本质。

（3）创新行为

创新意识和创新思维属于企业家心理层次的创新内容。当企业家的创新意识和创新思维发展到一定程度，就会产生创新的冲动，此时创新意识和创新思维便转化为创新行为，企业家的创新形式便由心理层次转化为外在的行为层次。因此，不管是创新意识、创新思维，还是创新行为，都离不开创新的主体企业家，都属于企业家不同层次的创新形式。

企业家创新行为的产生是有前提的。创新意识、创新思维都是企业家创新行为产生的前提，企业家创新行为产生的根本诱因是企业家创新信仰。因为根据组织行为理论，需求产生欲望，欲望产生行为，而企业家创新信仰是企业家创新需求产生的源泉。

4.2.2　企业家创新信仰的客体

企业家创新信仰的客体是创新。这里的创新不是简单的一次性活动，而是从创意提出到最后经济效益、社会效益实现的整个过程。也就是说，这里的创新是企业家对整个价值创造过程的价值观念和态度。

（1）创新的定义

自从熊彼特提出创新概念以来，国内外学者曾经对创新给出过多种定义。近年来，学术界普遍认为创新是一个过程，即创新是指由新构想的提出，经过研究开发或技术组合，到获得实际应用并产生经济、社会效益的商业化全过程的活动。其中，新构想指新产品、新服务、新工艺等的新构想，构想的产生可以来源于科学发现、技术发明、新技术的应用，也可以来源于用户需求；研究开发或技术组合是实现技术新构想的基本途径，技术组合指对现有技术进行新的组合，它只需进行少量的研发，甚至不经过研发即可实现；实际应用指生产出新产品、提供新服务、采用新工艺或对产品、服务、工艺的改造；经济、社会效益指近期或未来的利润、市场占有或社会福利等；商业化指全部活动出于商业目的；全过程指从新构想产生到获得实际应用的全过程。

（2）创新的本质

创新强调基于要素组合的市场化行为。绝大多数科学技术应面向市场，为满足生产需求和生活需求服务，为社会的繁荣做贡献。创新强调技术与市场的整合。创新强调研发部门、生产部门、营销部门的有效整合。绝大多数技术创新的失败不是由于技术上的失败，而是由于新产品在市场化、商业化上的失败。

（3）创新的类型

按照创新程度，创新可以分为渐进式创新（incremental innovation）和突破式创新（radical innovation）。渐进式创新是指在原有的技术轨迹下，对产品或工艺流程进行的程度较小的改进和提升。现实中的大量技术创新是渐进式的。突破式创新是指在技术上有重大突破的技术创新。

按照创新过程开放程度，创新可以分为开放式创新和封闭式创新。开放式创新是指企业在技术创新过程中，同时利用内部和外部相互补充的创新资源实现创新。企业内部技术的商业化路径可以从内部进行，也可以通过外部途径实现。封闭式创新是指主要依靠自己的力量、资源进行创新，与外部几乎没有合作。

按照创新范围，创新可以分为局部创新和全面创新。局部创新是指导致一个或多个元器件发生变化，但不影响整个系统结构的创新。全面创新是导致整个系统结构或组件之间作用方式的变化的创新。

按照创新对象，创新可以分为营销创新、技术创新、产品创新、服务创新、商业模式创新等。营销创新是指对产品或服务采用一种新的营销方式，或者对原营销方式进行新的改造。技术创新是指采用一种新的技术或对原有技术进行新的改造。产品创新是指在产品技术变化基础上进行的技术创新。服务创新是指企业为了提高服务质量和创造新的市场价值，对服务系统进行有目的、有组织的改造的动态过程。工艺创新是生产（服务）过程变革基础上进行的技术创新。商业模式创新指对目前行业内通用的为用户创造价值的方式提出挑战，力求满足用户不断变化的要求，为用户提供更多的价值，为企业开拓新的市场，吸引新的用户群。商业模式是一种包含一系列要素及其关系的概念性工具，用以阐明某个特定实体的商业逻辑，它描述了企业为用户提供的价值以及企业的内部结构、合作伙伴和关系资本等用以实现这一价值并产生可持续、可盈利性收入的要素。

4.3 企业家创新信仰的外部结构

企业家创新信仰的外部结构是指存在于企业之外的企业家创新信仰的客体，主要指企业家对用户、竞争企业、供应商、互补主体等市场相关主体的态度。即企业家是通过创新维持和发展与用户、竞争企业、供应商、互补主体等之间的关系，还是通过掠夺维持和发展与用户、竞争企业、供应商、互补主体等之间的关系。本书根据企业家创新信仰实际，应用钻石模型等理论，构建了企业家创新信仰的外部结构模型（见图4–3）。

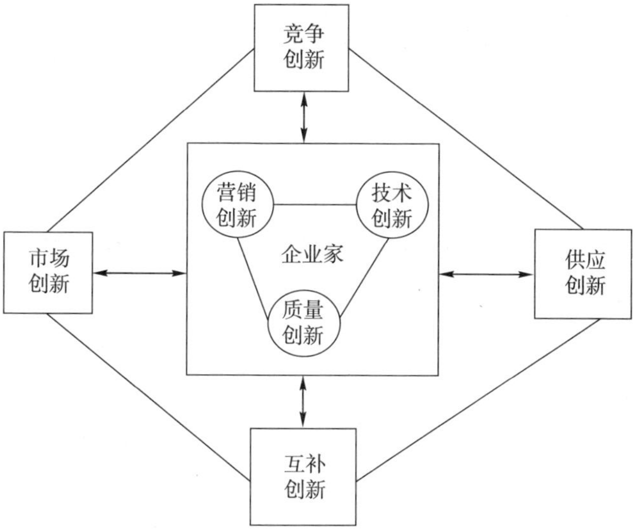

图4–3 企业家创新信仰的外部结构

4.3.1 市场创新信仰

用户存在的地方通常被人们称为市场。自从亚当·斯密提出市场经济概念以来，关于如何获取市场，一直存在两种代表性的观点。一种认为市场存在于竞争对手之间，企业之间只有通过竞争，战胜竞争对手，才能从竞争对手手里夺取市场；另一种认为市场存在于未知地带，企业家只有通过创新，才能把人们未曾发现的市场开发出来。

信仰通过创新获取市场，就是坚持市场创新信仰。关于市场创新，曾经有多种说法，其中最著名的是韩国W.钱·金和美国勒妮·莫博涅的《蓝海战略》中关于市场创新的说法。他们认为，蓝海战略激励企业去冲破充满血腥竞争的红海，开创无人争抢的蓝海市场空间，把竞争甩在脑后。

4.3.2 竞争创新信仰

由于处于同一行业的企业面对共同的用户和供应商，需要从相同或相似的人员或机构获取资源，因此同一行业的企业存在市场、供应商、资源等方面的竞争。

企业家作为企业领袖，如何带领整个企业处理与竞争对手之间的关系？迈克尔·波特认为，同行企业之间存在竞争，竞争企业之间的竞争主要通过成本领先、差异化、技术创新等手段实现。

近年来，关于企业如何处理与竞争企业之间的关系，无论企业界还是学术界，都在从竞争手段逐渐向非竞争手段转变。非竞争理论中最著名的是竞争合作理论。坚持这一理论的学者认为，企业完全有可能与竞争企业合作起来，实现共赢，但双方的合作是有条件的，即存在互补资源。企业与竞争企业之间存在的创新资源互补度越高，二者形成的竞争合作就越稳定。

4.3.3 供应创新信仰

20世纪后期以来，随着市场权力逐渐由卖方向买方转移，世界许多国家和地区的经济转入买方经济时代。同卖方经济时代相比，买方经济时代的供应商地位有所下降，但供应商对企业生存和发展的重要性不但没有下降，反而有所上升。

企业家如何处理与供应商的关系，如何看待供应商，对企业的生存和发展至关重要。坚持创新信仰的企业家，通过与供应商协同创新实现共同发展。坚持掠夺信仰的企业家，通过降低价格，与供应商讨价还价，经常因为低价而牺牲产品质量。

企业家只要坚持创新信仰，与供应商之间合作共赢的方式很多。以产品质量为核心，通过创新与供应商之间合作的方式，可以使企业家与供应商避开价格陷阱，扭转你多我少或者我多你少的砍价交易模式，进而实现协同创新、协同发展。

4.3.4 互补创新信仰

高校通过向企业提供人才支撑企业发展，金融机构通过向企业提供资金支撑企业发展，政府通过向企业提供政策支撑企业发展。上述机构通过向企业提供创新资源支撑企业生存和发展，与企业形成互补关系。

高校、金融机构、政府等与企业之间的互补创新，是促进企业发展的重要动力。世界著名创新企业和创新区域的成功反复证明了上述论断。在美国硅谷发展过程中，斯坦福大学一直充当着重要角色。该校年复一年地以杰出的博士和硕士毕业生更新着硅谷企业的智库，源源不断地为硅谷企业提供技术，并为创业企业提供最珍贵的资源。风险投资家是硅谷的教练，他们一方面不断向创业企业提供资金，另一方面不断教创业者如何创建和运作企业。如以色列理工学院的创新构成了以色列创业国度的基石，以色列人均风险投资额排名世界第一。

企业家坚持创新信仰会影响到与之相关的高校、金融机构、政府等互补机构和人员，高校、金融机构、政府等互补机构和人员的创新信仰同样会影响到企业家。企业家与高校、金融机构、政府等互补机构和人员之间在创新信仰方面的良性互动，可以为企业创新提供源源不断的资源供给。

4.4　企业家创新信仰的二级结构

企业家创新信仰的形成既受到企业内部因素的影响，也受到企业外部因素的影响。内部因素和外部因素构成企业家创新信仰的空间结构。除此之外，企业家创新信仰通过从现实到一般目标的一次超越，再从一般目标到终极目标的二次超越，形成企业家创新信仰的二级结构。同时，这也是构成企业家创新信仰结构的重要内容。

4.4.1　企业家创新信仰的一级结构

信仰是一种自我超越，这种超越的本质不是一般性的超越，而是终极性的超越。信仰是对理想的一种关怀，这种关怀不是一般性的关怀，而是终极性的关怀。信仰作为一种超越和关怀，其张力结构与一般事物的张力结构不同，呈现二级状态（见图4–4）。终极性是信仰作为一种精神形态最本质的特征。

企业家创新信仰作为企业家对创新理想的一种终极关怀，不是从现实到终极目标的一次超越就能实现的，需要经过从现实到一般目标，再从一般目标到终极目标的两次超越才能实现。其中，从创新现实到一般创新目标的超越是一次超越，由此形成企业家创新信仰二级张力结构的一级张力场；从一般创新目标到终极创新目标的超越是二次超越，由此形成企业家创新信仰二级张力结构的二级张力场。

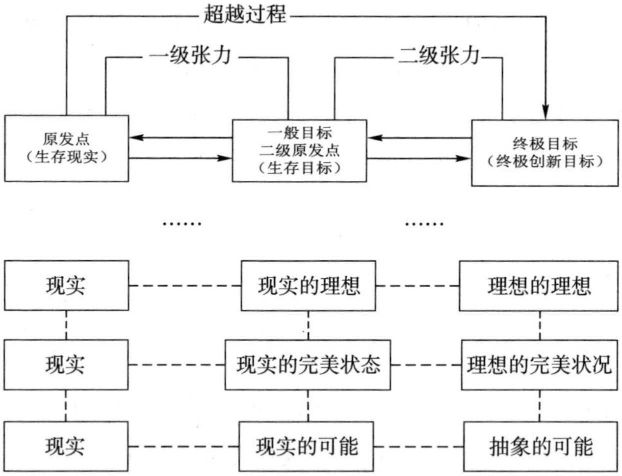

图4-4　企业家创新信仰的二级结构

企业家创新信仰的一级张力结构是企业家创新信仰形成的基础。一般创新目标是企业家在充分分析创新现实的基础上，对创新现实的超越，这种超越为企业家创新现实的升华提供了可能。企业家通过一般创新目标对创新现实的超越，可实现可持续发展。由于企业家创新是一个循环往复的发展过程，一定时期的一般创新目标，到另一时期就会变成创新现实。一般创新目标是企业家在未来可以实现的创新目标，在现实中经常表现为企业不同时期的创新计划。一般创新目标保证了企业家创新的方向，为企业家创新提供阶段性的动力。

4.4.2　企业家创新信仰的二级结构

从一般创新目标到终极创新目标形成企业家创新信仰的二级张力场，二级张力场是企业家创新信仰发展的二级结构。企业家创新信仰的二级张力结构是企业家创新信仰发展的方向。终极创新目标是企业家创新永远努力的方向，是企业家创新的归宿，是企业家创新发展的永久动力，对企业家的创新现实和一般创新目标起到感召和牵导作用。

现实中的企业家有时创新，有时不创新。创新没有成为企业家可持续发展的永久动力，根本原因在于这些企业家只具有企业家创新信仰的一级张力结构，即一般创新目标对创新现实的超越，但缺乏企业家创新信仰的二级张力结构，即终极创新目标对一般创新目标的超越。企业家创新信仰的二级张力结构是实现创新现实和一般创新目标持续升华的根本动力机制。

4.4.3　企业家创新信仰二级结构的逻辑递进关系

在企业家创新信仰的二级张力场形成过程中，从创新现实到一般创新目标的超越，再从一般创新目标到终极创新目标的超越，是一种逻辑递进关系，在现实中是一个完整的超越过程。

企业家通过从创新现实到一般创新目标的一级超越，培育一级张力的积极效应，使一级张力达到成熟状态。从创新现实到一般创新目标的超越过程中，企业家需要经过从现实到现实的可能的超越、从现实到现实的完美状态的超越、从现实到现实的理想的超越几个层次才能实现。

企业家通过从一般创新目标到终极创新目标的二级超越，进入二级张力结构。二级张力结构的形成需要经过从现实的可能到抽象的可能、从现实的完美状态到理想的完美状态、从现实的理想到理想的理想的超越几个层次才能实现。

在企业家创新信仰的二级张力结构中，从现实到一般创新目标与从一般创新目标到终极创新目标是同时进行的。在企业家创新信仰的一级张力结构中，即从现实到一般创新目标的超越过程中，终极创新目标就已经开始对一般创新目标的未来状态进行建构和牵导。

4.5　案例分析

4.5.1　朱江洪创新信仰的内部结构

朱江洪创新信仰的内部结构表现为朱江洪作为创新信仰主体与其所在企业创新过程之间的关系。内部结构是朱江洪创新信仰的根本决定因素。

（1）朱江洪创新信仰的主体

朱江洪作为创新信仰主体，其创新信仰对主体的影响主要表现在对创新意识、创新思维、创新行为的影响方面，这种影响是由核心向外围逐层扩散的（见图4–2）。

第一，在创新意识方面，朱江洪从在百色矿山机械厂做技术员工作起，就开始形成创新的意识，担任格力电器总经理后，更是深感创新的重要性。

在中国企业应该如何创新方面，朱江洪认为中国需要专制式创新，即由政府强力推动创新。之所以如此，一方面是因为中国的国有企业在所有企业中占有绝对优势；另一方面是因为中国地域广大，各地区的经济、科技发展不平衡，各级政府不但要鼓励企业创新，还要大力发展传统产业，如房地产等。关于如何通过科技创新救企业，朱江洪认为“科技救企业”主要包括以下内涵：一是企业要重视科技工作。特别是企业一把手，必须深刻认识到科技对企业的重要性，要经常检查督促科技工作的开展、项目的落实、存在的问题、如何解决等，形成一个不仅领导重视，员工也重视科技的氛围。二是企业要尊重人才，爱惜人才，用好人才。三是根据企业实际情况，逐步加大科研经费的投入。企业要给政策，放手让科技人员开拓思路、勇于钻研、大胆创新。

第二，在创新思维方面，朱江洪的创新思维随着其工作岗位的变化而不断发展。在担任格力电器总经理后，他的创新思维已经成熟。他认为同生物进化相比，人的创新思维应该反其道而行之。自然界生物进化是由简单到复杂，由低级到高级，而人的创新思维应该由复杂到简单，由高级到低级。

朱江洪认为，中国企业同美国企业相比，原创性的重大技术较少，主要原因在于两国遵循的思维理念不同。美国企业多是受需求驱动的，企业根据消费者的需求和欲望去创新技术和产品；中国企业多是受市场供给驱动的，哪种产品好卖，供不应求，就急功近利，立即组织仿制，因此经常出现一哄而上的现象。

第三，在创新行为方面，朱江洪根据自己多年的工作经验，总结出企业技术创新三部曲，即“观察+灵感+实验”，并将该创新模式在百色矿山机械厂、冠雄塑胶厂、格力电器广泛推广，使之成为指导上述企业技术人员创新的重要行为准则。

在担任格力电器总经理以后，朱江洪深感创新的重要。为加大科技创新力度，他带领全公司，将原来的一个技术部门，扩展到家用空调技术部、商用空调技术部、技术标准部、家用空调工艺部、商用空调工艺部、科技管理部等，还组建了制冷技术研究院、机电研究院、家电研究院等三大研究院，将短、平、快的产品开发和日常的技术问题交给技术部完成，而公司长远性、战略性的产品技术研究则交给研究院进行。

（2）朱江洪创新信仰的客体

朱江洪作为一个企业领袖，其创新信仰的对象绝非企业创新的某一个环节，比如营销、研发、生产等，而是企业产品从创意产生到技术研发、产品制造，再到完成市场销售并实现经济效益、社会效益的整个过程。

随着中国经济体制的变化，朱江洪创新信仰的对象也在不断变化。1970年8月至1988年5月，朱江洪在百色矿山机械厂工作期间，我国实行的是计划经济，企业按照计划生产，生产是企业最重要的工作，企业不存在市场营销。虽然存在技术创新，但技术创新力度极小。1988年5月至1991年11月，朱江洪在冠雄塑胶厂工作期间，我国刚开始实行改革开放，市场对企业发展所起的作用越来越大，朱江洪为解决职工工资问题开始通过市场调研，研制生产塑料电风扇。这时候的营销工作开始超过生产工作，成为企业创新过程中最重要的工作。1991年11月至2012年5月，朱江洪在格力电器工作期间，企业之间的竞争已经从市场竞争转向技术创新竞争。因此，格力电器重视技术创新，并将技术创新作为支撑企业生产、营销的重要因素。

朱江洪创新信仰对象的变化历程表明，其所管理的企业的创新重点逐渐由产业链的单个环节向整个产业链转变。企业创新的本质是实现创新链上营销、研发、生产的整合，并通过整合创新链，最终实现产品的经济效益、社会效益。

通过分析朱江洪创新信仰主体和客体的变化可以看出，创新信仰的内部结构是不断变化的，创新信仰主体和客体的变化使朱江洪对创新信仰的程度逐渐提高。

4.5.2　朱江洪创新信仰的外部结构

朱江洪管理的企业生存的市场环境形成了朱江洪创新信仰的外部结构。朱江洪创新信仰的外部结构主要体现在对市场创新、竞争创新、供应创新、互补创新等信仰方面。

（1）朱江洪的市场创新信仰

由于朱江洪在百色矿山机械厂工作期间，主要处于我国计划经济时期，企业按照计划生产，不存在市场。所以，朱江洪的市场创新信仰主要是在冠雄塑胶厂和格力电器形成的，特别是格力电器对其市场创新信仰的形成起到了至关重要的作用。

格力电器作为一家集空调研发、制造、销售为一体的企业，其市场营销可以分为两个阶段。1994年秋季以前，格力电器主要靠自己的营销人员销售；1994年冬季以后，格力电器与经销商合资成立经销公司，实现了对销售渠道的绝对控制。

关于格力电器的市场营销，朱江洪是这样认为的：要把任何事情做好，都要“给力”。格力电器要把销售做好，得有两个力，一个是来自消费者的拉力，另一个是来自经销商的推力。消费者只有喜欢格力空调，才能形成拉力。而这种拉力来自格力电器全厂的努力，格力电器必须把产品做好，物美价廉，技术先进、安全、可靠。经销商只有愿意销售格力空调，才能形成推力。而这种推力来自格力电器对经销商的关心、支持、保护，使经销商能够得到实实在在的回报。

（2）朱江洪的竞争创新信仰

在朱江洪的职业生涯中，其竞争信仰是前后一致的。不管在百色矿山机械厂工作，还是在冠雄塑胶厂、格力电器工作，朱江洪始终认为，企业之间的竞争实质上是企业产品之间的竞争，而质量是产品的核心。在格力电器工作期间，朱江洪提出了“精品战略”，就是要狠抓产品质量，瞄准国际上最好的空调，把它作为赶超目标，开展科技创新和一系列行之有效的质量活动，把空调产品“做精、做强、做大”。

朱江洪认为，企业产品竞争背后需要有坚强的技术做支撑。技术是支撑产品质量的关键要素，企业产品之所以不好卖，是因为企业拿不出使消费者动容的、能改善其生活质量的创新产品；企业之所以拿不出高质量的产品，是因为企业没有从科技创新的角度去分析、探讨、攻克影响质量的各种问题。因此，企业之间的竞争，表面上是产品质量之间的竞争，实质上是技术创新之间的竞争。“一个没有脊梁的人永远站不起来，一个没有创新的企业永远没有脊梁”。

（3）朱江洪的供应创新信仰

朱江洪对供应商采取的是倒逼创新的办法。由于质量事故，使朱江洪在1995年下半年决定成立“筛选分厂”。“筛选分厂”既是格力电器质量管理的一个特点，也是格力电器倒逼供应商创新的一种制度阀门。通过这种制度，格力电器的300多名员工对外购部件在上线之前逐一检验筛选，不合格的部件剔除退回原厂，并按情节严重程度给予供应商一定的经济处罚，迫使供应商重视产品质量，不断提高部件技术水平。

（4）朱江洪的互补创新信仰

在同金融机构之间的关系方面，朱江洪对困难时期帮助过自己的金融机构知恩图报。1988年5月，朱江洪就任冠雄塑胶厂总经理之后，为扩展塑料加工业务，找农业银行贷款。当时冠雄塑胶厂生产不景气，经济非常困难，但农业银行依然贷给他们20万元，这20万元在后来不算什么，但在当时是救命钱，这20万元就是后来格力电器上千亿元市值的源头。这家农业银行后来成为格力电器很有限的合作银行之一。

当格力电器步入正轨，特别是1994年秋季之后，朱江洪采取的是不依赖银行、自力更生的财务政策。格力电器对所有经销商都要求先打款后发货，这一财务政策使格力电器减少了应收账款，杜绝了坏账损失，使扩大生产和技术创新有了充足的资金保证。

在同政府的关系方面，由于朱江洪曾经任职的三个企业都是国有企业，各项工作深受体制的限制，各项重大工作都需要向主管部门请示。1996年，格力电器要求建立一个电机厂，但上级派人考察十年没有结果，直到2006年格力电器收购了一个与格力配套的凯邦电机厂，并不断进行改造，才有了后来与格力电器配套的大型电机厂。在控制器、压缩机等关键部件的配套方面也是如此。稍有不听上级指示，就有可能接受调查。2001年格力电器第四期改造新厂区供气站的建设就是一例。在国企体制和市场规则之间，如何平衡两者之间的关系，使企业既能满足市场竞争的需要，又能符合政府对企业的“清规戒律”，使上级不感到为难，朱江洪在长期工作中不断寻找平衡点。

在同各级高校毕业生之间的关系方面，朱江洪将“忠诚、友善、勤奋、进取”作为格力企业文化的重要内容，特别强调忠诚对各级人才的重要性。他认为，“人才=能力+忠诚”，世界上并不缺乏有能力的人，但缺乏既有能力又忠诚的人。作为企业员工，只有对企业忠诚，对领导忠诚，对用户忠诚，对合作伙伴忠诚，才能使企业形成一个和谐、团结的整体，从而具有战斗力。

忠诚是人类最重要的美德。

4.5.3 朱江洪创新信仰的二级结构

朱江洪创新信仰的形成是通过创新理想目标对创新现实的超越，以及创新终极目标对创新理想目标的两级超越实现的。上述两次超越，形成朱江洪创新信仰的二级结构。

（1）朱江洪创新信仰的一级结构

朱江洪创新信仰的一级结构主要表现为格力电器产品质量和技术理想目标对现实的超越。

在产品质量方面，1991年11月，冠雄塑胶厂与海利空调厂合并成立格力电器股份有限公司，新成立的格力电器虽然企业规模扩大了，但员工的素质和产品技术还是原来的样子。针对格力电器员工思想素质相对较低，特别是自觉性、纪律性、服从性与欧美、日本等发达国家和地区相比相对较差的现实，朱江洪颁布“总经理十二条禁令”，将影响格力电器产品质量的十二个关键问题作为禁区，严禁员工触犯，违者一律开除。对外购部件，朱江洪建立“筛选分厂”，安排300多名员工对外购配件逐一检验，保证格力空调上所用的外购部件百分之百合格。“筛选分厂”实现了格力空调上所用的外购部件质量对现实的超越。“总经理十二条禁令”和“筛选分厂”结合起来，使格力电器实现了空调产品质量理想目标对现实的超越。

在产品技术方面，格力电器为实现对原来冠雄塑胶厂和海利空调厂空调产品技术的超越，进行了四次大的技术改造。1992年，格力电器通过股份制改造，筹集资金2亿多元，加上企业从其他途径筹集的资金，共计4亿多元，进行第一期技术改造。通过技术改造，格力电器增添了各种急需的设备，初步建立了科研、产品试验、质量测试的体系，为企业腾飞奠定了坚实的基础。为实现技术创新对现实的超越，1995年格力电器紧接着又进行了第二期、第三期的扩建改造，初步形成了一个建筑面积达12万平方米、功能齐全的“格力空调城”，并跻身全国空调企业的前列。2001年，格力电器进行第四期技术改造。通过四次技术改造，格力电器由一个技术落后的空调小厂成长为一个全世界产销量最大、技术先进的巨型空调企业，实现了技术理想目标对技术现实的超越。

通过格力电器产品质量和技术理想目标对创新现实的超越，朱江洪的创新信仰实现了第一次超越。

（2）朱江洪创新信仰的二级结构

在完成理想质量目标对现实的超越后，朱江洪不断要求格力电器进行自我挑战，将无服务作为格力电器的最终目标。无服务就是格力电器的产品在整个生命周期内不需要任何服务，这既是格力电器抱着对用户负责的态度对自己的挑战，也是对整个空调行业产品质量标准的挑战，没有一定的信心和勇气是不敢随便提出的。当然，在从理想目标向终极目标过渡的过程中，存在中间目标，如格力电器先后超越国家质量标准和国际质量标准，向消费者承诺自己的服务标准，一步步向产品质量的终极目标挺进。

为达到产品质量的终极目标，朱江洪不断强调技术创新的重要性，并采取了一系列加大技术创新力度的措施，如建立情境模拟实验室等。同时，要求格力电器不断提高创新层次，加大原始创新力度。他认为，不只高科技企业有核心技术，普通企业像服装、鞋帽、箱包等企业同样有核心技术。消费者购买企业的产品，主要购买的是企业产品的价值，购买的是企业产品的技术，没有技术就没有产品的价值。格力电器的一切技术创新都来源于实践，来源于市场，来源于生活，来源于广大消费者的需求。朱江洪要求格力电器的技术人员立足市场，不断创新，以解决消费者需求的技术问题为己任。格力电器的发展史，就是一部不断立足市场，立足于消费者的创新史。有了创新，才有了格力的存在；有了创新，才有了格力的辉煌。

4.6　小结

企业家创新信仰的结构是企业家创新信仰的构成要素和构成状态。企业家创新信仰的结构可以分为空间结构和时间结构两种形式。企业家创新信仰的空间结构又可分为内部结构和外部结构，企业家创新信仰的内部结构表现为信仰主体与信仰客体之间的关系，即企业家与企业创新过程之间的关系；企业家创新信仰的外部结构表现为企业家与企业外部市场的用户、竞争企业、供应商、互补机构等之间的创新信仰关系。企业家创新信仰的二级结构表现为创新理想目标对创新现实的一次超越，以及创新终极目标对创新理想目标的二次超越。

第 5 章　企业家创新信仰的功能

企业家创新信仰是企业家精神的核心，是企业家精神最深层的内容。企业家创新信仰具有强大的功能，对企业家的创新意识、创新思维、创新行为、创新物质均具有决定作用。本章从企业家创新信仰出发，运用创新心理学等理论，介绍企业家创新信仰是如何一步步转变为企业家创新能力的。

5.1　企业家创新信仰功能的特点

企业家创新信仰的功能作为企业家创新信仰发挥作用的基本机制，具有层次性、放射性、递进性等特点。深刻理解企业家创新信仰功能的特点，对充分发挥企业家创新信仰的功能具有重要意义。

5.1.1　企业家创新信仰功能的层次性

企业家创新信仰功能的层次性，是指企业家创新信仰对企业家创新思维、创新行为、创新物质的作用是按照企业家心理层次由深往浅逐级向上传递的（见图5–1）。企业家创新信仰功能的层次性模型如同一座海面上漂浮的冰山，露出水面的物质层、行为层只是冰山的一小部分，思维层和意识层是隐藏在海面下的冰山的大部分。层次性是企业家创新信仰功能的立体性质，是从三维视角观察到的企业家创新信仰功能的性质。

企业家创新信仰在企业家意识层的功能是通过潜意识与显意识的相互作用，将创新信仰逐步渗透到企业家的显意识中。根据脑电图（EEG）研究成果，人的脑电波可以分为δ（0.1~3Hz）、θ（4~7Hz）、α（8~15Hz）、β（16~30Hz）四个基本波段。当人们身心放松，尤其是在做白日梦或遐想时，大脑会出现α波；当人们处于清醒、专心、保持警觉状态，或者在思考、分析、说话、积极行动时，大脑会出现β波；当人们沉于幻想或“半梦半醒”的蒙眬状态时，大脑会出现θ波；当人们沉睡无梦时，大脑会出现δ波。随着人们的脑电波由δ波向β波过渡，人们的意识逐渐由潜意识转变为显意识。企业家的显意识对其思维形式具有决定作用，企业家不同类型的显意识会产生不同类型的思维。

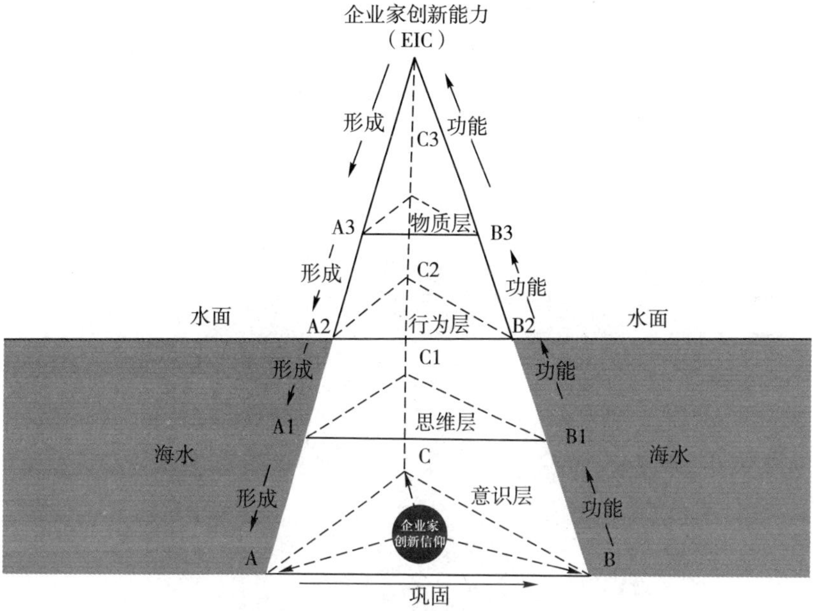

图5-1　企业家创新信仰的功能模型

具有不同意识的企业家，在实践中会观察到不同的现象，企业家将观察到的现象经过概念、推理、决策等步骤形成有逻辑的思考过程，就是思维。企业家创新信仰转化为创新意识后，经过概念、推理、决策等步骤形成创新思维。创新思维是企业家创新投入和创新产出形成的重要前提。

意识和思维都属于企业家心理层次的内容。当企业家心理层次的意识和思维积累到一定程度，企业家便会产生创新的冲动，从而使企业家创新信仰由内在形式转变为外在形式。当企业家创新信仰由内在形式转变为外在形式之后，企业家创新信仰才能够被别人观察到，其他的企业家才可以学习和模仿。所以，企业家创新信仰由心理层次到行为层次的转变，是企业家创新信仰功能发挥作用的重要一步。

企业家有了创新行为，才可以进行创新投入，并通过创新将创新投入转化为创新产出，实现创新。创新投入和创新产出是企业家创新的重要物质表现形式，也是人们能够看得见的企业家创新形式，这种物质形式是企业家创新信仰一层层向上逐级传递的结果。

5.1.2 企业家创新信仰功能的放射性

企业家创新信仰功能的放射性，是指企业家创新信仰具有强大的能量，这种能量能够向外放射，一层一层地对企业家的创新意识、创新思维、创新行为、创新物质等发挥作用（见图5–2）。放射性是企业家创新信仰功能的平面性质，是从二维视角观察到的企业家创新信仰功能所具有的性质。

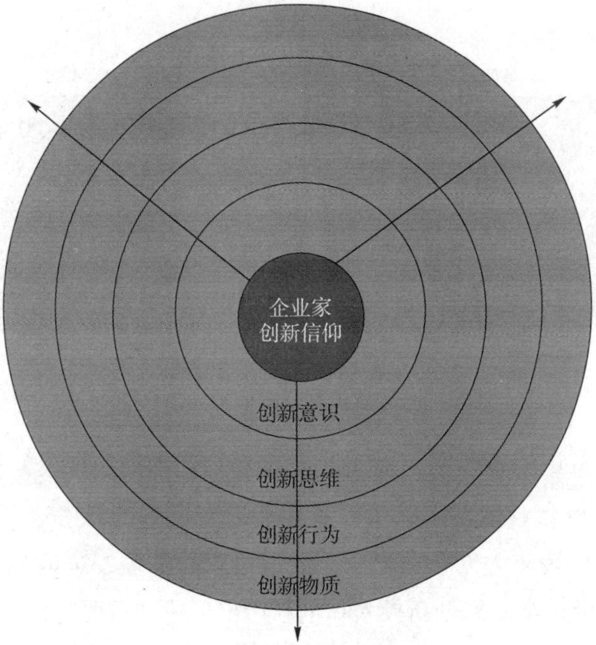

图5–2 企业家创新信仰功能的放射性模型

从物理学上讲，每个人都是一个放射场。一个人所取得的创新业绩只是放射场外围的外在表现，决定创新业绩大小的根本因素在于这个放射场的核心，也就是企业家的创新信仰。企业家对创新信仰的程度越高，取得的创新业绩就越大；企业家对创新信仰的程度越低，取得的创新业绩就越小。就神经系统而言，企业家创新信仰是隐藏在企业家大脑深处的潜意识。

企业家创新意识能够被人们感觉到的部分经常是脑电波处于α（8~15Hz）、β（16~30Hz）两个波段的意识。科学研究表明，当人们的大脑处于α（8~15Hz）波时，人们的创新能力最强，创新意识最容易产生。处于模糊状态的创新意识，经过企业家的概念提炼、联想分析等，形成企业家的创新思维。创新意识处于模糊分散状态，创新思维则开始具有逻辑性、系统性，创新思维更接近于企业家最终的创新成果。当企业家的创新思维形成之后，开始将创新意识交给技术人员，或者自己研究、开发，将创新意识设计成为具体的图纸。这时候企业家外在的创新行为开始产生，或者表现为集成创新，或者表现为原始创新等创新活动。不同创新行为产生不同的创新物质。企业家不同的创新投入产生不同的创新产出，不同的创新产出又对创新投入产生不同的反馈作用。

5.1.3　企业家创新信仰功能的递进性

企业家创新信仰功能的递进性，是指企业家创新信仰对企业家创新意识、创新思维、创新行为、创新物质所产生的作用是逐级推进的，后面的每一级都是前面一级向企业家最终创新成果的推进（见图5–3）。递进性是企业家创新信仰功能的直线性质，是从一维视角观察到的企业家创新信仰功能所具有的性质。

图5–3　企业家创新信仰功能的递进性模型

在企业家创新信仰功能的递进性模型中，企业家创新信仰是企业家创新的最前端，是诱发企业家创新的源泉。企业家创新物质是企业家创新的最终成果，是企业家创新的最终目的。从企业家创新意识，经过企业家创新思维、企业家创新行为，到企业家创新物质，是企业家创新活动由意识状态到物质状态的过渡。企业家创新意识是处于模糊状态的企业家创新成果，企业家创新思维是处于系统状态的企业家创新成果，企业家创新行为是企业家创新由心理活动转化为身体活动的创新成果。企业家创新物质是处于显性状态的、人们看得见的创新成果。随着企业家创新由上一环节向下一环节过渡，企业家的创新成果越来越系统，越来越清晰，越来越接近企业家的最终创新成果。

层次性、放射性、递进性是企业家创新信仰功能的不同表现形式，其本质都是显示企业家创新信仰如何转化为企业家创新物质。根据企业家创新信仰功能的特点，企业家创新信仰的功能是由核心向外围、由深层向浅层逐级发挥作用的。

5.2 企业家创新信仰的意识塑造功能

企业家创新信仰对企业家创新意识具有塑造功能。企业家创新意识是指企业家在组织、管理、决策等方面的创新意识，其表现形式不同于发明家的创新意识。关于企业家创新意识的维度，国内外学者存在不同观点。综合起来，企业家创新意识存在三个维度、四个维度、五个维度等形式。

在认为企业家创新意识存在三个维度的学者中，黄希庭（2004）认为，企业家的创新意识主要表现为认知、情绪、意志等形式；李志（2008）认为，企业家的创新意识主要表现为需要与动机意识、手段意识、价值意识；戈亚群（2005）认为，企业家的创新意识包括创新动机意识、创新空间意识、创新能力意识等。

在认为企业家创新意识存在四个维度的学者中，张春兴（2001）认为，企业家的创新意识主要表现为感觉、知觉、思考、记忆等方面。

在认为企业家创新意识存在五个维度的学者中，冯正刚（2002）认为，企业家创新意识包括创新基础意识、创新质态意识、创新导向意识、创新实践意识、创新配套意识等五个方面。

综合上述观点，通过对专家进行深度访谈，并对访谈结果进行因子分析发现，企业家的创新意识主要表现在创新需求意识、创新意志意识、创新价值意识、创新手段意识等方面（见图5-4）。下面从这四个方面分析企业家创新信仰对企业家创新意识的塑造功能。

5.2.1 创新需求塑造功能

目前，许多企业家把创新视为边缘业务，将其与企业家的核心业务截然分开。其根本原因在于企业家不重视企业创新，认为创新是爱做梦的科学家的事情，与企业家无关。美国策士公司的调研结果表明，只有不到一半的企

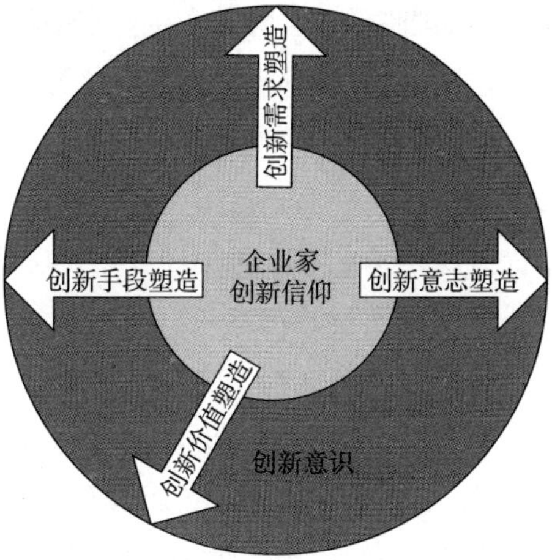

图5-4 企业创新信仰的意识塑造功能

业管理者认为自己对创新负有责任，而在这些管理者中，仅有17%的管理者投入至少10%的时间用于创新活动。

以企业管理人员为代表的企业家为何不重视创新？根本原因在于企业家缺乏创新需求，而企业家缺乏创新需求的深层根源在于企业家缺乏创新信仰。创新信仰是决定企业家创新的最深层因素，企业家创新信仰的无核化导致企业家创新需求的缺失。

塑造企业家创新需求，在企业内部建立创新需求、供应机制的根本在于确立、培育企业家创新信仰，并通过企业家的带领，在整个企业形成创新信仰。企业高层应在企业创新制度中明确规定，企业高层领导、中层部门领导都需要对创新负责，并且定期检查部门和企业的创新绩效，将创新绩效与其他绩效指标放在同等重要的地位。

5.2.2 创新意志塑造功能

意志是人自觉地行动、克服困难去实现预定目标的心理过程，具有目的性、自觉性、与克服困难相联系等特征。创新是一项充满风险的极其艰辛的心智活动。从创新意识的产生，到产品概念的提出，产品设计、产品计划的形成，再到最终投向市场，每一个环节都充满着风险和不确定性。作为一个企业家，如果没有坚强的意志，很难完成一个创新过程。

企业家的创新意志从何而来？答案是企业家内心深处对创新坚定的信仰。

企业家对创新信仰的长期心理暗示，会转变为企业家创新的一种精神动力。随着企业家对创新信仰的坚守，这种精神动力逐渐转化为意志，它激励企业家在创新过程中出现挫折、面临艰难困苦时，仍能继续前进，朝着最终目标努力。

5.2.3　创新价值塑造功能

创新价值即创新价值观，是企业家对创新在思维感官上作出的认知、理解、判断或抉择，是企业家对创新的基本评价和判断。企业家的创新价值观具有稳定性、持久性、历史性、选择性、主观性等特点。在企业家创新价值观尚未形成以前，企业家有时认为创新有价值，有时认为创新没有价值；有的企业家认为创新有价值，有的企业家认为创新没有价值。

如何坚定企业家的创新价值观？只有从企业家心灵深处着手，从企业家的创新信仰着手，才能通过创新信仰的确立，坚定企业家对创新价值的看法，使企业家无论何时何地都坚守创新价值。企业家创新信仰对企业家创新价值的塑造，具有持久性、广泛性等特点，确立企业家创新信仰，是落实国家创新驱动发展战略的根本措施。

企业家创新信仰决定企业家的实践活动以创新为主。企业家创新信仰决定企业家以创新为价值本位，当其他价值与创新相遇时，其他价值必须服从和服务于创新。企业家创新信仰具有塑造企业家价值观要素的功能，具有塑造企业家创新价值的功能。

5.2.4　创新手段塑造功能

创新手段是指企业家在创新过程中所应用的具体方法、技能和技巧等，包括创新思维方法、创新设计方法、创新管理方法等。创新是一个从创意提出，经过概念加工、设计加工等环节，到最终实现商业化、市场化的过程，因此企业家的创新手段包括创新过程中的创新思维方法、创新加工方法、创新管理方法等。就创新思维而言，存在发散思维与收敛思维、横向思维与纵向思维、正向思维与逆向思维、求同思维与求异思维等方法；就创新设计而言，存在检核表法、综摄法、形态分析法、标准解法等方法；就管理而言，存在精益生产法、六西格玛管理法等方法。

企业家在创新过程中采用哪些创新手段，取决于企业家的创新信仰。如果企业家信仰创新，就会采用创新思维的方法去寻找创意。如果企业家信仰创新，就会采用创新设计的方法将提出的创意具体化。如果企业家信仰创新，就会采用创新管理的方法管理创新过程和创新绩效。反之，则会采用传统的手段和方法思考问题，设计产品，管理企业生产经营过程。所以，企业家的创新信仰对其创新手段具有塑造作用。

5.3 企业家创新信仰的思维设计功能

心理学研究成果表明，思维（thinking）是借助语言、表象或动作实现的、对客观事物概括的和间接的认识，是认识的高级形式。它能揭示事物的本质特征和内在联系，并主要表现在概念形成、问题解决和决策等活动中。思维不同于感觉、直觉、记忆。感觉、直觉是直接接受外界的刺激输入，并对输入的信息进行初级的加工。记忆是对输入的刺激进行编码、存储、提取的过程。而思维则是对输入的刺激进行更深层次的加工，它揭示事物之间的关系，形成概念，利用概念进行判断、推理，解决人们面临的各种问题。同时，思维离不开感觉、直觉、记忆所提供的信息，只有在大量感性信息的基础上，在记忆的帮助下，人们才能进行推理，做出种种假设，并检验这些假设，进而揭示感觉、直觉、记忆所不能揭示的事物的内在联系和规律。概念、表象、动作是思维的基本构建单位，推理、问题解决、决策等体现了思维的过程。思维具有概括性、间接性、改组性等特点。

创新思维是指重新组织已有的知识经验，提出新的方案或程序，并创造出新的思维成果的思维活动。根据思维构建单位和思维过程表现，通过对专家进行深度访谈，并对访谈结果进行因子分析，将企业家创新思维分为创新概念、创新蓝图、创新问题、创新决策等维度。在此基础上，分析企业家创新信仰对企业家创新思维的设计作用（见图5-5）。

5.3.1 创新概念设计功能

创新概念（innovation concept）是具有共同属性的一类创新对象的总称。例如，智能手机是指像个人电脑一样，具有独立的操作系统，独立的运行空间，可以由用户自行安装软件、游戏、导航等第三方服务商提供的程序，并可以通过移动通信网络来实现无线网络接入的手机的总称。人们掌握了创新概念，就能超越感觉、直觉的范围，透过事物的表面现象，更好地认识事物。

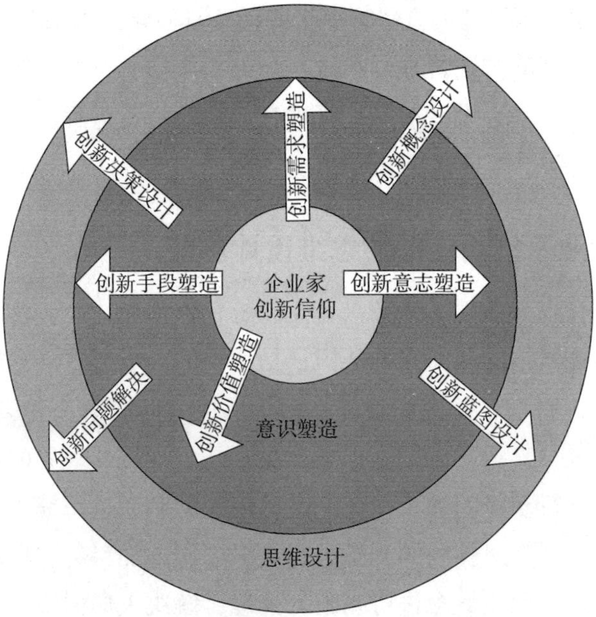

图5-5 企业家创新信仰的思维设计功能

每一个创新概念都包括内涵和外延两个方面。创新概念的内涵是指对创新对象特有属性的反映，创新概念的外延是具体的、具有概念所反映的特有属性的那些创新对象。如智能手机的内涵是具有独立操作系统、独立运行空间，可以由用户自行安装软件，并可以通过移动通信网络实现无线接入。智能手机的外延包括一切智能手机，如Google（谷歌）、苹果、三星、诺基亚、HTC（宏达电）、小米（Mi）、华为（HUAWEI）、魅族（MEIZU）、联想（Lenovo）、中兴（ZTE）、酷派（Coolpad）、一加手机（oneplus）、金立（GIONEE）、天宇（天语，K-Touch）等品牌。

企业家创新信仰根植于企业家精神的最深处，对企业家创新概念的形成具有决定作用。如果企业家信仰创新，就会从创新的视角定义创新产品、创新服务、创新工艺等创新对象的概念；如果企业家不信仰创新，就会从传统的视角定义创新产品、创新服务、创新工艺等创新对象的概念。而创新概念是创新过程中以后环节的基础和前提。

5.3.2 创新蓝图设计功能

创新蓝图（innovation blueprints）是指对创意进一步细化之后形成的描

绘创新产品、创新工艺等创新对象的结构、形状、尺寸和其他要求的图形。现实中最常见的创新蓝图是创新对象的图纸，即用标明尺寸的图形和文字来说明工程建筑、机械、设备等的结构、形状、尺寸及其他要求的一种技术文件。

企业创新对象不同，创新蓝图的设计者也不同。就企业家而言，现实中较常见的是营销创新、技术创新、产品创新等蓝图。企业家将创新蓝图设计成什么样子，受到创新信仰的制约。如果企业家信仰创新，将从创新的视角设计创新对象的蓝图；如果企业家不信仰创新，将会从传统的视角设计创新对象的蓝图。

5.3.3　创新问题解决功能

在企业家创新过程中，会遇到创新机会、创新人员、创新资源等方面的问题，遇到上述问题时，其解决方案深受企业家创新信仰的影响。

如果企业家不信仰创新，在解决创新过程中出现的问题时经常受到从众思维定式、书本思维定式、经验思维定式、权威思维定式等惯用思维模式的影响。从众思维定式是没有或不敢坚持自己的主见，总是顺从多数人的意志，是一种广泛存在的心理现象。书本思维定式是认为书本上的一切都是正确的，必须严格按照书本上说的去做，不能有任何怀疑和违反，是把书本知识夸大化、绝对化的片面有害观点。经验思维定式是指人们处理问题时按照以往的经验去做事的一种思维习惯，实际上是照搬经验，忽略了经验的相对性和片面性。权威思维定式是对权威的迷信、盲目崇拜与夸大，属于权威的泛化。如果企业家不信仰创新，各种思维定式便会成为企业家解决问题的主要依据。

如果企业家信仰创新，就会克服各种思维定式，用创新思维解决创新过程中遇到的问题。比如用小人法、空间时间成本法、金鱼法、九屏幕法等创新方法解决问题。小人法是用一组小人来代表不能完成特定功能的部件，这种方法可以打破技术或专业术语导致的思维定式，可用于微观级别上的分析系统。空间时间成本法是通过极限方式想象系统，来打破思维定式，进行创新的思维方法。金鱼法是将一个异想天开的想法分为现实和非现实两个部分，接着把非现实部分再分为现实和非现实两部分，继续划分，直到余下的非现实部分有时会变得微不足道，而想法看起来却愈加可行为止。九屏幕法是按照系统层次和时间，将创新对象分为九个窗口，系统层次分为超系统、当前系统、子系统，时间分为过去、现在、将来。企业家创新信仰能够对企业家创新问题的解决提供不同的解决方案，从而打破传统，从新的视角找到解决问题的办法。

5.3.4 创新决策设计功能

在企业家创新过程中，无论是创新蓝图决策，还是创新模型决策、创新计划决策，企业家经常会面临多种决策方案可供选择。企业家究竟选择哪种决策方案，受创新信仰影响巨大。

现实中常用的决策方法主要有：①经验资料法。同类问题有相似之处，决策者可以凭借以往的经验，并搜集相关的有价值的信息资料，获得有关的事实和数据，根据现状作出决策。此法有较强的实用性，但往往对问题的发展缺乏远见。②逻辑推理法。决策者通过对现象的性质、产生原因和发展经过等因素的了解，推断出对另一类似现象的认识，从而制定出相应的决策。此法具有较强的逻辑性，但不能作无条件的推理。③典型调查法。决策者对问题有了大致了解后，从中选出若干有代表性的对象，通过系统深入的典型调查，作出有规范意义的决策。此法关键在于选好典型和确定抽样数量，以免影响决策的正确性。

如果企业家不信仰创新，经常会根据经验资料法去选择创新决策方案。如果企业家信仰创新，将会突破经验、书本、权威等传统的束缚，根据逻辑推理、创新推理、调查研究选择创新决策方案。

5.4 企业家创新信仰的行为指导功能

企业家创新行为是指企业家在创新需求目标指导下，在创新刺激、创新价值观、创新动机等因素影响下为实现创新需求目标进行的一系列活动。关于企业家创新行为的内容，国内外学者持有多种观点。李学文（2012）认为，企业家创新行为主要表现在知识、成就动机、自我效能感等方面。段晓红、向龙斌（2011）认为，企业家创新行为主要表现在创新刺激、创新动因、创新创意等方面。李苑凌等（2010）认为，企业家创新行为主要表现在企业战略、生产经营、管理制度、企业文化、信息搜索、支持的寻求及创新操作等方面。

国内外现有企业家创新行为研究成果从不同侧面揭示了企业家创新行为的内容，为企业家创新行为研究提供了支持。但是，很少有学者从企业创新系统视角分析企业家创新行为，致使企业家创新行为显示的内容缺乏系统性。为了体现企业家创新行为的系统性，综合国内外相关研究成果，通过对专家进行深度访谈，并对访谈结果进行因子分析，将企业家创新行为分为创新机会开发行为、创新团队建管行为、创新资源组合行为、创新规则设计行为、创新绩效管理行为等，并具体分析企业家创新信仰对各种企业家创新行为的指导作用（见图5-6）。

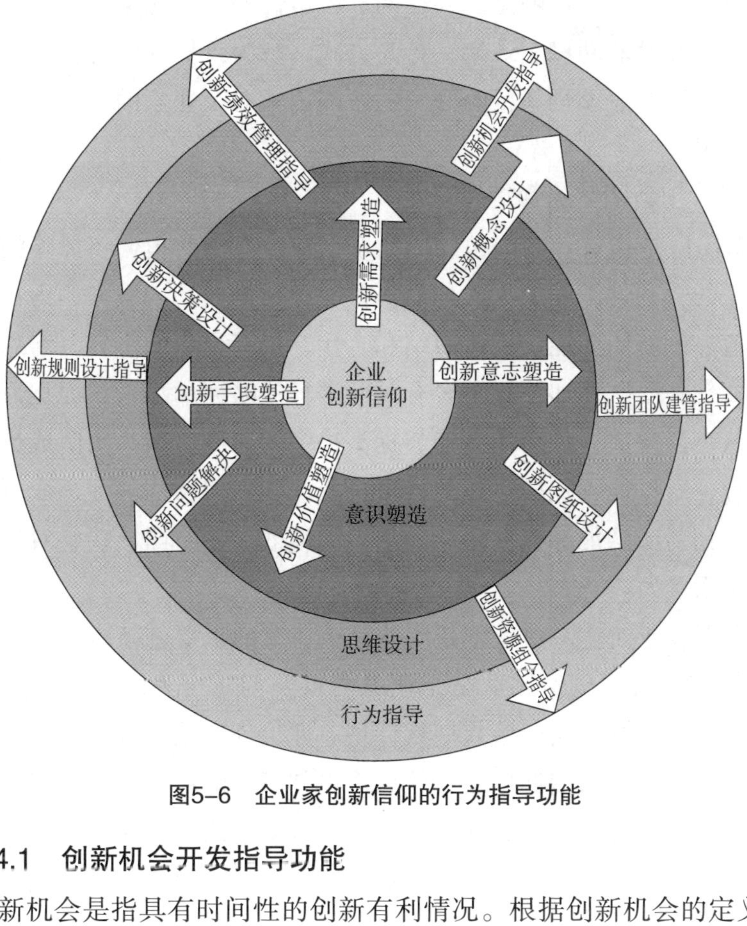

图5-6　企业家创新信仰的行为指导功能

5.4.1　创新机会开发指导功能

创新机会是指具有时间性的创新有利情况。根据创新机会的定义可知，企业创新机会具有时限性，即创新机会之窗在条件具备的时候会自动打开，但到了一定时点，创新机会之窗又会自动关闭。创新机会刚刚出现时，各种信息非常微弱，一般人很难发现。用户需求、技术创新、竞争对手逼迫、供应商创新、高校等互补机构创新等都可能诱发创新机会，创新机会发生的地点非常广泛。所以，企业家作为企业高层管理人员，开发创新机会是其非常重要的创新行为之一。

企业家创新机会开发受到多种因素的影响。创新刺激、创新信仰、创新动因、创新创意等都可影响企业家的创新机会开发。在影响企业家创新机会开发的诸多因素中，企业家创新信仰是隐藏最深的一种因素，它对企业家创新机会开发的影响是源泉性的、根本性的。企业家创新信仰对企业家创新机会开发的动机、效果、行为方式、行为目标等都有影响，企业家创新信仰通过企业家创新机会开发的影响因素对企业家的创新机会开发产生指导作用。

5.4.2 创新团队建管指导功能

创新团队是指有着共同目的、共享创新收益、共担创新风险的一群经营新成立的营利性组织的人，他们提供一种新的产品或服务，为社会提供新增价值。创新团队能够促进团结和合作，提高员工的士气，增加员工的满意度；创新团队能够使管理者有时间进行战略性的思考，而把许多问题留给团队自身解决；创新团队能够提高决策的速度，因为团队成员离具体问题较近，所以能够比较迅速地做出决策；创新团队能够促进成员队伍的多样化；创新团队能够提高团队和组织的绩效。创新团队建管对一个企业的成败关系重大。

对初创企业而言，建立创新团队是企业家的重要创新行为之一。对已创企业而言，管理创新团队是企业家的重要创新行为之一。企业家需要通过合理分配报酬、实行股权期权计划、评价创新绩效等措施激励创新团队成员。如果企业家信仰创新，就会重视创新团队；如果企业家不信仰创新，就会重视传统团队。企业家创新信仰对创新团队的建立和管理起着指导作用。

5.4.3　创新资源组合指导功能

人才、资本、技术等创新资源是企业实现创新目标的重要条件。企业家是企业的高层管理人员，如何把全世界最优秀的人才、资本、技术等资源组合起来，为本企业所用，是企业家重要的创新行为之一。

资源组合有多种方法。就资本这种资源而言，传统的资本组合方式有银行借款、债券融资等；现代的资本组合方式有风险融资、天使融资等。如果企业家信仰创新，就会倾向于风险融资、天使融资等融资方式；如果企业家不信仰创新，就会倾向于银行借款、债券融资等方式。企业家创新信仰对企业家的资源组合方式具有指导作用。

5.4.4　创新规则设计指导功能

（1）制度设计指导

企业制度是企业所有人员必须遵守的行为规范，这种行为规范包括产权制度、工作制度、分配制度、奖惩制度等。企业家创新信仰作为企业家精神的核心内容，具有制度设计的功能。

企业家将创新作为自己的信仰，创新成为企业家最高的价值标准。信仰创新的企业家，重视知识产权，知识产权在企业产权构成中占有一定比重，并成为企业产权制度设计的重要原则。而不信仰创新的企业家，往往重视资本、设备、厂房等有形资产，在企业产权制度设计中重视有形资产的地位和比重。

工作制度是约束企业生产经营活动的规范。信仰创新的企业家，重视并鼓励创新工作，创新活动相对活跃。而不信仰创新的企业家，非创新工作规范在企业工作制度中所占的地位则相对重要。

奖惩制度是通过奖励企业希望做的事情，惩罚企业不希望做的事情，促使企业活动朝着企业设定的目标进行。哪些事情属于企业希望做的事情，哪些事情属于企业不希望做的事情，受到企业家价值观的影响，而企业家价值观是由企业家信仰决定的。信仰创新的企业家，创新是企业家希望做的事情，企业家会在奖惩制度中鼓励创新，与创新相违背的事情则会受到限制。同样道理，其他各项制度的设计也受到企业家创新信仰的影响。企业家创新信仰通过各项制度变成企业的规范，借以鼓励或限制企业的各项创新活动。

（2）流程设计指导

业务流程是企业业务活动轨迹的记录。企业业务流程反映企业家的期望，信仰创新的企业家，企业的业务流程体现企业家创新的期望，企业业务流程的定义者、设计者的活动均按照创新的规则设计。不信仰创新的企业家，企业业务流程设计按照非创新的规则设计。另外，企业业务流程作为企业业务活动轨迹的记录，并非一成不变。企业在一定时期设计的业务流程，会随着内部条件和外部环境的变化出现问题，企业业务流程只有不断创新，才能成为促进企业发展的业务规则。

（3）组织设计指导

组织是人们为实现一定目标而结成的集体。企业采用何种组织模式，主要取决于企业家的目标，而企业家目标存在阶段性，最终由企业家的信仰所决定。如果企业家信仰创新，会将创新作为企业的重要目标，企业进行组织设计时，会根据创新的需要设计组织。同一般组织相比，创新型组织具有更大的开放性。创新型组织各种岗位的设置都没有固定的模式和人员，具体岗位随着创新目标的变化不断进行调整。创新型组织的半径可以到达世界任何地方，凡是能够被企业利用的组织和人员，都可以纳入企业的创新组织。如果企业家不信仰创新，而信仰权力或财富，企业组织设计的依据将会倾向于权力和财富，而远离创新。所以，企业家创新信仰具有组织设计功能，是企业组织设计的根本依据。

（4）风俗设计指导

风俗是企业内部由于历史、区位等原因所形成的非正式制度。企业制度对企业成员的行为具有强制约束作用，企业风俗不强制约束企业成员的行为，但企业成员如果不遵守风俗将会受到企业公众的抵制。同企业制度相比，企业风俗不具有强制作用，不要求企业成员必须遵守，主要靠企业成员的自愿执行。

一个企业形成何种风俗有多种原因，企业家信仰是决定企业风俗走向的重要因素。企业家信仰的类型决定企业风俗的类型，企业家信仰的内容决定企业风俗的内容。如果企业家把创新作为自己的信仰，企业风俗中创新的成分就会更多；反之，则会更少。企业家创新信仰对企业风俗具有设计功能。

5.4.5　创新绩效管理指导功能

（1）创新绩效的定义

创新绩效是创新产出与创新投入相减之后形成的差值，创新绩效衡量企业技术创新活动的实施效果。

（2）创新绩效的特点

创新绩效具有一定的滞后性（少则1~2年，多则5~7年），即当前的创新绩效一般是过去一段时间的创新过程管理（如资金投入、人才培养、体系建设、内外部资源利用等）的结果。

（3）创新绩效的构成

创新绩效可以分解为创新产出绩效和创新过程绩效。创新绩效如同一座冰山，创新产出部分是露出水面的部分，是未来创新绩效的源泉，反映出发展的后劲；创新过程部分是隐藏在水下的部分，反映创新绩效形成过程。

（4）创新绩效的评价原则

创新过程和创新产出决定了企业未来一段时间技术创新的效益水平，并直接影响发展后劲。科学、准确地评价企业的创新绩效应坚持全面、系统的原则，从创新过程和创新业绩两个方面综合考虑。如果企业家信仰创新，将会按照创新的原则评价创新绩效；如果企业家不信仰创新，将会按照传统的原则评价创新绩效。企业家创新信仰对企业的创新绩效管理具有指导作用。

5.5　企业家创新信仰的物质创新功能

通过图5–1企业家创新信仰的功能模型可知，企业家创新信仰具有创新物质的功能。根据企业创新过程，营销创新、技术创新、产品创新是企业创新过程的关键子过程。如果企业家把创新作为信仰，企业家创新信仰具有营销创新、技术创新、产品创新等功能（见图5–7）。

5.5.1　营销创新功能

当今市场处于买方市场，买方控制着市场的主动权，卖方经常被动地跟随买方需求的变化采取不同的营销策略。

产品策略、价格策略、渠道策略、传播策略是企业经常采取的市场营销策略。企业为了最大限度地获取市场，经常根据自身实际，选择一个最

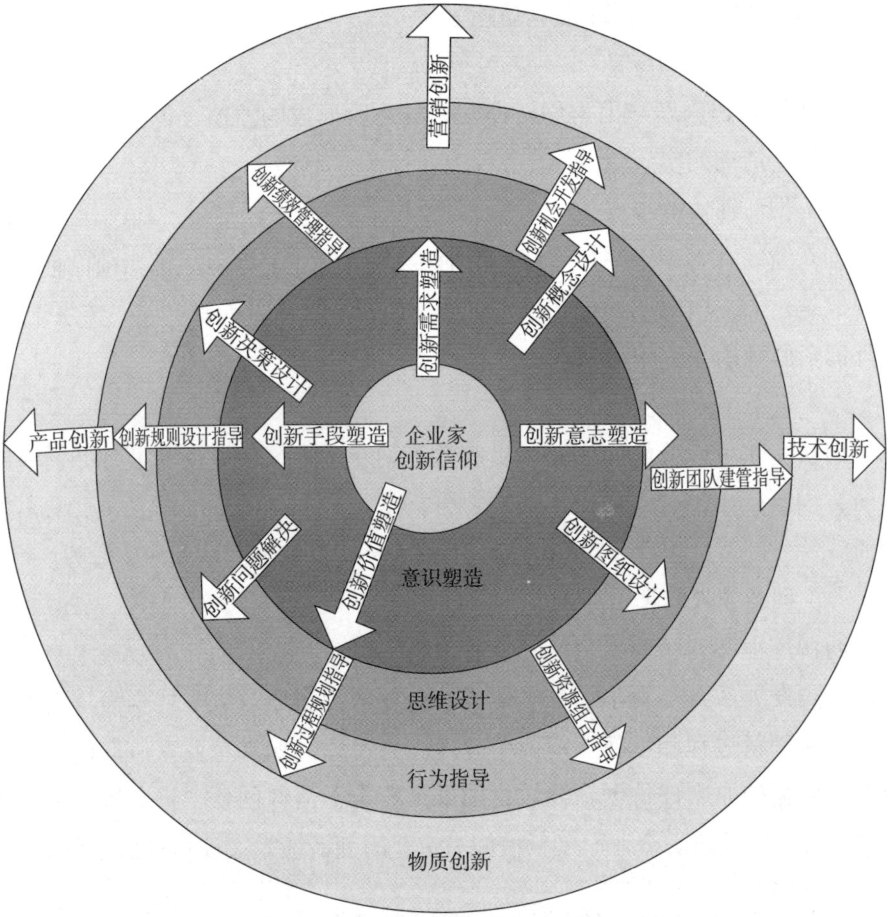

图5-7　企业家创新信仰的物质创新功能模型

优的营销策略组合。但企业采用什么样的营销策略组合，深受企业家意识层的影响。特别是企业家创新信仰对企业的营销策略组合起着根本的决定作用。如果企业家信仰创新，创新就会成为企业家一切活动的行动指南，当然创新也会成为企业营销活动的指南。创新要求企业家采取其他企业没有用过的营销策略营销企业的产品或服务，与一般企业采取的营销策略具有本质的不同。

5.5.2　技术创新功能

技术是内嵌在企业产品或服务中的关键要素，技术的性能、创新程度和稀缺性，决定了企业产品或服务的功能，决定了企业产品或服务的竞争力。

就技术来源而言，企业技术分为自主创新的技术和从外部购买的技术。企业家信仰不同，对企业生存和发展的理念也不同，企业生存和发展的理念不同，决定了企业技术的来源也不同。信仰创新的企业家，重视创新对技术的作用，主要通过自主创新的途径获取技术，即根据企业实际情况，采用原始创新、集成创新、引进消化吸收再创新等途径获取技术。不信仰创新的企业家，则主要通过从外部购买获取技术。企业家创新信仰具有技术创新功能。

5.5.3　产品创新功能

产品是联系企业和消费者之间的纽带，企业和消费者通过产品各取所需，共同发展。消费者通过使用企业提供的产品，提高自己的工作效率和生活质量；企业通过向消费者提供产品，从消费者手里获取价值，实现企业生存和发展的目的。企业和消费者通过这种生态关系互相促进、共同发展。

企业家信仰不同，决定企业提供给消费者的产品不同。企业家信仰创新，通过向消费者提供本企业创新的产品提高消费者的工作效率和生活质量；不管是产品的外观，还是产品的功能，信仰创新的企业家均强调其创新性。不信仰创新的企业家，向消费者提供的产品也能够达到提高消费者工作效率和生活质量的目的，但企业向消费者所提供的产品不是本企业创新的，其产品功能与其他竞争企业大同小异。

企业家创新信仰通过影响企业产品制造理念影响企业产品制造过程，进而影响企业产品的功能、创新性和稀缺性。企业家创新信仰具有产品创新功能。

5.6　案例分析

下面以格力电器创始人朱江洪为例，解释企业家创新信仰的意识塑造、思维设计、行为指导、物质创新等功能。

5.6.1　朱江洪创新信仰的意识塑造功能

创新信仰作为企业家创新意识的核心，曾经塑造了朱江洪的创新意识，对其创新需求、创新意志、创新价值、创新手段起到过塑造作用。

（1）创新需求塑造功能

朱江洪基于企业生存对创新的信仰是其创新需求的源泉，而创新需求是朱江洪所有创新心理活动和行为活动的直接诱因。

百色矿山机械厂是朱江洪的发迹之地。从1970年8月朱江洪来这里工作，到1988年5月离开这里，朱江洪曾经在工人、质检员、技术员、车间副主任、生产科副科长、质检科副科长、技术科副科长、厂长等重要工作岗位上工作过。百色矿山机械厂18年的漫长岁月，塑造了朱江洪的创新信仰，即创造性改变命运的精神，使创新信仰成为朱江洪性格中最核心的要素。

正是有了创新信仰，朱江洪任冠雄塑胶厂总经理后，才会产生强烈的创新需求，通过市场调研，生产出“GREE”牌的塑料电风扇，然后经过“九九八十一难”上马空调项目。也正是有了创新信仰，在朱江洪任格力电器总经理后，才会产生有计划、有步骤地进行技术改造的想法，并通过四期技术改造，将格力电器由一个名不见经传的空调小厂，改造成世界上空调销量最大、拥有先进核心技术的空调大厂。

（2）创新意志塑造功能

百色矿山机械厂18年的工作经历塑造了朱江洪的创新信仰，创新信仰作为朱江洪性格中最重要的元素，对其创新意志的形成具有重要作用。1988年5月，刚刚接任冠雄塑胶厂总经理的朱江洪面对的是一个“烂摊子”，但正是凭着坚强的创新意志，朱江洪才带领团队成员找到了破局之道。他们首先“找米下锅”，通过市场调研，集成创新出塑料电风扇。待有了积蓄后，又几经周折，在主管单位旗下已经有空调制造企业海利空调厂的情况下，上马空调项目。

升任格力电器总经理后，面对冠雄塑胶厂和海利空调厂人员素质低下、技术设备陈旧的局面，朱江洪通过四期技术改造，将格力电器由一个设备陈旧、技术落后的小企业，改造成一个全世界销量最大、拥有多项核心技术的世界级空调企业。同时，针对当时空调市场的实际情况，改革营销模式，通过与经销商合资成立空调经销公司，实现对营销渠道的绝对控制，使格力电器免受经销商控制和敲诈，保证了格力电器稳定的现金流，为大力进行技术研发和规模扩张奠定了雄厚的资金基础。

（3）创新价值塑造功能

技术创新信仰是企业家创新信仰的重要内容。朱江洪担任格力电器总经理以后，市场经济逐渐成为我国经济的主导。坚定的创新信仰使朱江洪深刻认识到技术对企业的重要性，他认为消费者买产品，主要买的是产品的价值，买的是产品的技术，没有技术就没有产品的价值。

空调作为千家万户必须使用的产品，只有其中内嵌的技术不断创新，空调产品的性能才能不断改进，空调产品的价值才能不断提升。为此，格力电器的空调产品从一般的窗机空调，到逐步应用G-Marik直流变频技术、直流变频离心机、EVI超低温数码多联中央空调、“智能化霜”技术等，随着空调产品中内嵌的技术水平的不断提高，格力电器空调的价值也在不断创新，不断提高。

（4）创新手段塑造功能

在创新信仰形成以后，朱江洪作为企业领袖，其创新手段在不断更新。在冠雄塑胶厂工作期间，我国正处于改革开放初期，市场经济蓬勃发展，许多地区的空调市场处于空白状态，朱江洪带领冠雄员工抓准时机，迅速进入空调市场，通过市场创新求得冠雄塑胶厂的生存和发展。

转任格力电器总经理后，新成立的格力电器必须拿出新的、高质量的产品提供给消费者，才能在强手如林的空调市场争得一席之地。面对这种局面，朱江洪采取了新的创新手段。首先，通过总结产品质量问题，强化解决质量问题的措施，通过颁布执行“总经理十二条禁令”，解决了困扰消费者的空调质量问题。其次，通过四期技术改造，实现格力电器的技术升级。最后，改革营销模式，通过与经销商合资成立经销公司，实现对营销渠道的绝对控制。通过以上创新手段的更新，使格力电器由一个名不见经传的空调小企业转变为一个全世界销量最大、具有多项核心技术的世界级大型空调企业。

5.6.2　朱江洪创新信仰的思维设计功能

创新信仰作为企业家创新动力的源泉，具有培养企业家创新思维的功能。朱江洪在百色矿山机械厂形成的创新信仰，帮助他进行了创新概念设计、创新蓝图设计、创新问题解决、创新决策设计等。

（1）创新概念设计功能

离开百色矿山机械厂之后，在创新信仰的作用下，朱江洪设计了一系列创新概念，这些概念有力促进了冠雄塑胶厂和格力电器的创新工作。

朱江洪担任冠雄塑胶厂总经理之后，在市场调研的基础上研发出冠雄自己的塑料电风扇。

在格力电器的质量管理中，朱江洪也提出过一系列适合格力电器特点的概念。如“精品战略”，就是要狠抓产品质量，瞄准国际上最好的空调，把它作为赶超目标，开展科技创新和一系列行之有效的质量提升活动，把空调“做精、做强、做好”。“总经理十二条禁令”，针对的是十二个在生产过程中对质量影响大而又比较容易被忽略的问题，特别是共通性的“小问题”，是高压线，任何人不得触犯，违者不讲理由，也不找借口，立即除名。“筛选分厂”，就是一个由300多人组成的工厂，它一不生产零件，二不装配产品，它的工作就是把买回来的重要零件在上线装配之前逐一检验筛选，不合格的剔除，退回原厂，并按情况严重程度给予协作厂一定的经济处罚，迫使协作厂家重视产品质量。

朱江洪根据自己多年的创新经验，提出“创新三部曲”概念，即“观察+灵感+实验”，成为格力电器创新的法宝。格力电器的很多新产品、新技术就是按照“创新三部曲”的思路进行的。朱江洪认为，中国科技落后的重要原因之一就是有些人存在焦虑浮躁的思想，急功近利，沉不下心，耐不住寂寞，没有深入研究事物的本质，观察力不强，观察不深入，因而产生不了创新灵感。创新来自灵感，灵感来自对世间事物的细心观察和缜密思考。朱江洪非常重视实验，格力电器投资2000多万元建成环境实验室，不出家门就可以模拟出春夏秋冬、电闪雷鸣、刮风下雨、结霜下雪等多种气候环境。环境实验室保证了格力电器许多科研实验活动的顺利进行。

在格力文化建设中，朱江洪提出“忠诚、友善、勤奋、进取”的格力文化概念，忠诚就是要求员工对企业、对领导、对父母、对同事、对朋友、对客户、对合作伙伴等都要忠诚，将忠诚作为做人的重要品德。友善就是要学会服从，尊重上司，与同事、合作伙伴保持协调的关系，搞好团队协作关系。勤奋就是勤勤恳恳地敬业工作，对事业有孜孜不倦的追求和抱负。进取就是精益求精。

（2）创新蓝图设计功能

在离开百色矿山机械厂之后，朱江洪先后执掌冠雄塑胶厂和格力电器，设计了两个企业的发展蓝图。

担任冠雄塑胶厂总经理后，朱江洪为“找米下锅”，先经过努力争取，为一家电视机厂生产塑件，又经过市场调研研发出冠雄自己的塑料电风扇，最后经过“九九八十一难”上马空调项目。朱江洪使冠雄塑胶厂的产品一步步由为别人配套，发展到独立的产品；由技术含量低的产品，发展到技术含量高的产品；由利润率低的产品，发展到利润率高的产品。朱江洪设计的冠雄塑胶厂发展蓝图切合实际、步伐稳定，为以后格力电器的成立奠定了良好基础。

1991年11月，朱江洪在担任格力电器总经理后，立即带领高层团队设计格力电器的发展蓝图，对格力电器的产品质量和技术创新发展规划进行了详细设计。

在质量管理方面，对格力电器成立前产品存在的质量问题进行深挖，共挖出质量问题400多个，将这些质量问题分为技术问题、设计问题、工艺问题、生产操作问题、质量检测问题等。同时，将问题分解到具体部门，落实解决，并成立“质量监督小组”，监督质量整顿的全过程，朱江洪亲自任组长。为进一步保证内部生产质量，朱江洪制定、颁布、执行了“总经理十二条禁令”，从工人的日常工作规范上保证生产质量。在内制部件质量得到保证后，朱江洪又成立“筛选分厂”，组织300多人对外购重要部件逐一检测，发现问题，立即剔除，并根据问题严重程度对协作厂进行经济处罚，倒逼协作厂提高配件质量。后来，又严抓设计工作，从设计环节开始就严把产品质量关。

在技术创新方面，朱江洪担任格力电器总经理后，有计划、有步骤地对格力电器进行了多期技术改造，到第四期技术改造结束时，格力电器的技术部门已经由原来的一个技术部，发展到家用空调技术部、商用空调技术部、技术标准部、家用空调工艺部、商用空调工艺部、技术管理部等分工详细的多个技术部门。同时，根据格力电器长远发展需要，又成立了制冷技术研究院、机电研究院、家电研究院三大研究院，把短、平、快的产品开发和日常的技术问题交给技术部完成，把公司长远性、战略性的产品技术研究交给研究院进行。每个研究院又根据研究课题设立若干个研究所。从此，格力电器走上了以科技求生存、以科技谋发展的康庄大道。

（3）创新问题解决与创新决策设计功能

朱江洪在执掌百色矿山机械厂和冠雄塑胶厂、格力电器过程中曾经遇到过许多创新问题，由于朱江洪具有坚定的创新信仰，这些问题都迎刃而解。

在冠雄塑胶厂上马空调项目时，总公司旗下已经有海利空调厂，专门生产空调。为了上马空调项目，朱江洪请泰国空调商古煌秀先生帮忙，先收10万元预付款，然后找总公司领导商量，迫使总公司领导同意冠雄塑胶厂也生产空调，并用于出口。

在营销模式创新过程中，1994年出现了全体营销人员跳槽的局面，但朱江洪没有因此停止营销创新的步伐，而是继续与经销商合作，在全国成立经销公司。通过大量经销公司的成立，以及对合资经销公司的控制，格力电器实现了对营销渠道的绝对控制，避免了受渠道商要挟和敲诈现象的出现。

在面对国企体制约束时，朱江洪一边按照国企程序向总公司打报告，一边积极准备条件。电机厂、控制器、压缩机等分厂的建立都经过许多周折，但最终还是建立起来，虽然进度慢了些，但是为格力电器以后发展奠定了良好基础。创新性的工作方法，使朱江洪兼顾了国企的体制特点和格力电器的长远发展。

5.6.3 朱江洪创新信仰的行为指导功能

朱江洪对创新的信仰有力指导了他的创新行为。同时，他的创新机会开发、创新团队建管、创新资源组合、创新规则设计、创新绩效管理等行为，也都深受创新信仰的影响。

（1）创新机会开发功能

1988年，已经到了改革开放的第10个年头，但身居广西百色深山中的百色矿山机械厂仍然变化不大。在这种情况下，朱江洪密切关注中国经济发展形势，特别是他的老家广东珠海，各种开放政策带来的机会引起了朱江洪的高度重视。于是，他申请辞去百色矿山机械厂厂长职务，回到珠海，渴望在珠海能够大显身手。后来格力电器的迅猛发展，既有格力内部朱江洪、董明珠等高层管理人员的因素，更有珠海作为开放城市各种开放政策的巨大作用。

1988年8月，朱江洪担任冠雄塑胶厂总经理后，发现了中国空调市场的机会。在成功开发出塑料电风扇之后，又开始开发空调模具。在海利空调厂上告到总公司的情况下，朱江洪表面说他们只是在做空调塑料配件，实际上继续做空调模具，继续做空调。通过与泰国空调商古煌秀先生合作，冠雄塑胶厂不但开发出了空调模具，而且做出了分体空调。这为后来冠雄塑胶厂与海利空调厂合并后朱江洪地位的确立奠定了基础。

1991年11月，朱江洪担任格力电器总经理，当时中国经济正处于飞速发展期，家用空调和商用空调的需求量都在急剧增加。朱江洪看准了格力电器腾飞的机会，在格力电器成立之初就首先整顿质量问题，并有计划、有步骤地进行了多期技术改造。通过技术改造，使格力电器由一个名不见经传的空调小厂，转变成为一个全世界销量最大、技术先进的空调大厂。

（2）创新团队建管功能

朱江洪是一个务实的人，在创新团队建立和管理方面，他一直坚持少说空话、多干实事，用“忠诚、友善、勤奋、进取”要求自己和团队成员。在朱江洪的带领下，格力电器的价值创新能力突飞猛进。2013年，格力电器营业收入超过千亿元，申请技术专利4100多项，平均每天有11项专利问世，累计专利数量超过1.4万项。

（3）创新资源组合功能

在创新信仰的作用下，朱江洪具有很强的资源组合能力。他在担任冠雄总经理期间，为了购买注塑机，找农业银行借款。尽管当时冠雄的经济效益不好，农业银行仍然借给冠雄20万元。这20万元成为后来格力上千亿元市值的重要源头。在冠雄上马空调项目时，朱江洪请泰国空调商古煌秀先生预付10万元，既解决了原材料用款问题，又争取到了做空调的资格。格力电器成立后，朱江洪想方设法筹集了4亿元资金，全部投入到第一期技术改造中。1996年11月，格力电器在深圳证券交易所上市，从此公司可以在资本市场进行低成本融资。

（4）创新规则设计功能

在创新信仰的作用下，朱江洪大胆制定各种创新规则。为了在员工素质低、执行力差的格力电器迅速提高产品质量，1994年，朱江洪颁布“总经理十二条禁令”，把影响产品质量的十二个关键问题作为高压线，任何人不得触犯，违者不讲理由，不找借口，一律开除。“总经理十二条禁令”以行政命令强化日常工作规范，在格力电器成立初期有力保证了产品质量，为格力电器良好社会形象的树立奠定了坚实基础。

在格力电器，为凝聚人心，朱江洪制定了简洁明了的格力文化，即“忠诚、友善、勤奋、进取”，要求全厂员工少说空话，多干实事。朱江洪用简洁的格力文化信条为格力员工提供了工作规范和行为规范，为格力电器各项工作的顺利开展提供了依据。

（5）创新绩效管理指导功能

在创新绩效管理方面，朱江洪兼顾企业各方利益。在股东权益保护方面，格力电器建立了规范的公司治理结构，确立了健全的内控体系，做到了信息披露透明、与投资者沟通及时、分红政策合理。在消费者权益保护方面，坚持严格的消费服务理念，向消费者提供品质卓越的产品和完善的售后服务。在供应商、经销商权益保护方面，坚持与经销商共建共赢，与供应商共谋发展。在职工权益保护方面，坚持员工工资和奖励随公司发展逐年提升，保证员工享受良好优厚的福利待遇，为员工提供良好的工作、生活环境，为员工提供科学合理的职业发展平台，坚持以人为本的企业文化。

5.6.4 朱江洪创新信仰的物质创新功能

在创新信仰的作用下，朱江洪不断在市场、技术、产品质量等方面实现创新突破，特别是担任格力电器总经理以后，在上述创新方面取得了一系列卓越成绩。

（1）市场创新功能

在创新信仰的指导下，格力电器的市场规模突飞猛进。格力电器2007—2016年的营业收入分别为380.09亿元、421.99亿元、426.37亿元、608.07亿元、831.55亿元、993.16亿元、1186.27亿元、1377.50亿元、977.45亿元、1083.02亿元，在2013年达到千亿元以后，继续上涨（见图5-8）。格力电器2007—2016年的利润总额分别为14.26亿元、24.06亿元、33.80亿元、27.46亿元、52.36亿元、93.79亿元、108.70亿元、141.55亿元、125.32亿元、154.20亿元，在2013年突破百亿元大关以后，继续上涨。通过图5-8可以看出，格力电器近两年的销售收入略有下降，但利润总额继续上涨，说明技术创新对格力电器市场价值所起的作用越来越大。

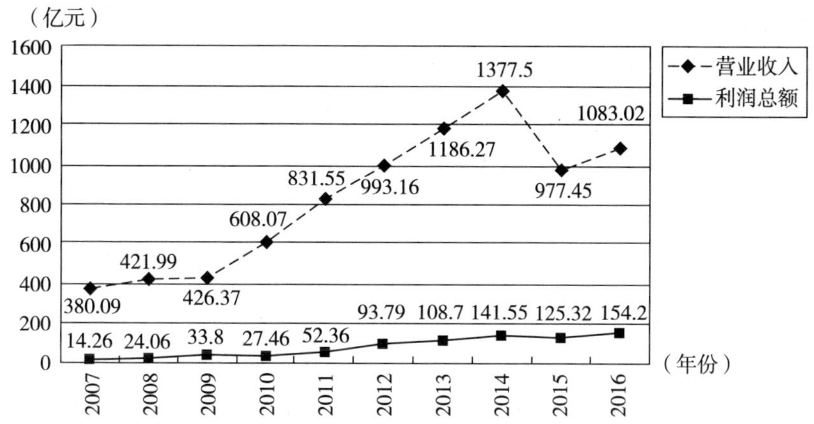

图5-8　2007—2016年格力电器营业收入和利润总额的变化趋势

2005年，格力家用空调销量突破1000万台（套），实现销售世界第一的目标，成为全球家用空调“单打冠军”。“格力空调，领跑世界”的时代在那个时候已经来临。在成功实现“世界冠军”的目标之后，2006年格力电器提出“打造精品企业、制造精品产品、创立精品品牌”战略，朝着“缔造全球领先的空调企业，成就格力百年的世界品牌”的愿望前进。

（2）技术创新功能

在创新信仰的驱动下，格力电器技术研发能力突飞猛进。截至2016年，格力电器已经成为全球最大的空调研发中心。目前格力电器拥有科研人员8000多名，国家级技术研究中心2个，国家级工业设计中心1个，省级企业重点实验室1个，设有7个研究院、52个研究所、632个实验室，累计申请技术专利27000多项，其中发明专利10000多项。

格力电器是中国家电行业唯一一个科研投入不设上限的企业，需要多少就投入多少。近年来，每年的科研投入均超过40亿元。格力电器把国家标准、国际标准作为门槛，以消费者的需求为最高标准，在研发上追求极致，厚积薄发，现拥有15项国际领先技术，尤其是光伏空调的首创为人类的生活和环境的美好做出了贡献。格力电器先后承担了29项国家重大科技项目，获得国家科技进步二等奖2项、国家技术发明二等奖1项、中国外观设计金奖2项、中国专利优秀奖10项。强大的技术创新能力正在对格力全球性的发展提供有力支撑。

（3）质量创新功能

坚定的创新信仰铸就格力电器优秀的品质，格力品牌已经成为享誉全球的知名品牌。目前格力电器是全球最大的集研发、生产、销售、服务为一体的国有控股上市公司，家用空调产销量从1995年起连续22年位居中国空调行业第一，自2005年起连续12年领跑全球，处于行业内的龙头地位。

良好的产品质量和信誉使格力电器以振兴“中国制造”为己任，围绕“大国重器”进行品牌推广和营销，品牌宣传效果和活跃程度均居行业前列。格力空调连续五年蝉联顾客满意度第一，在中国质量协会和全国用户委员会发布的2015年空调产品满意度测评结果中，格力空调以84.4分的成绩获空调品牌顾客满意度最高分，在“顾客满意度”“忠诚度”“整体品牌形象”“行业感知质量”等细分维度上都稳居行业第一。

5.7 小结

企业家创新信仰功能的层次性、放射性、递进性特点表明，企业家创新信仰具有促进企业家创新的功能。具体而言，企业家创新信仰可以通过塑造企业家的创新需求、创新意志、创新价值、创新手段等塑造企业家的创新意识，可以通过设计创新概念、创新蓝图、创新问题、创新决策等设计企业家的创新思维，可以通过创新机会开发、创新团队建管、创新资源组合、创新规则设计、创新绩效管理等指导企业家的创新行为，可以通过营销创新、技术创新、产品创新等促进企业家的物质创新。

第三篇

组织创新信仰

- 企业创新信仰的内涵
- 企业创新信仰的形成
- 企业创新信仰的结构
- 企业创新信仰的功能

第 6 章　企业创新信仰的内涵

企业创新信仰的概念是企业创新信仰研究的基础。要认识企业创新信仰，揭示企业创新信仰的形成、结构，首先需要明确企业创新信仰的含义、性质，彻底搞清楚企业创新信仰的本质。

6.1　企业创新信仰的含义

企业创新信仰是企业创新与企业信仰的集成（见图6–1）。要明确企业创新信仰的含义，首先需要明确企业创新和企业信仰的含义。

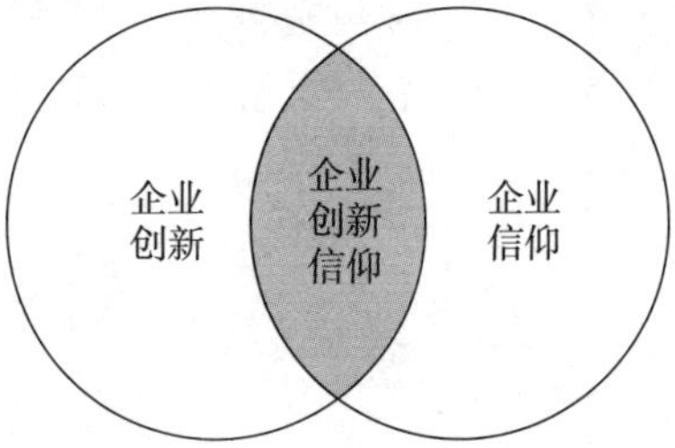

图6–1　企业创新信仰集成图

6.1.1　企业创新

自从约瑟夫·熊彼特（Joseph Alois Schumpeter）1910年提出创新概念以来，国内外许多学者对企业创新进行过不同定义。归纳起来，主要有以下几种观点。

（1）生产系统创新观

约瑟夫·熊彼特最早提出创新的概念，他认为创新就是发展，是生产要素的重新组合。创新包括五种情况：①采用一种新的产品，这种产品是消费者还不熟悉的产品，或者一种产品的一种新的特性。②采用一种新的生产方法，这种生产方法是在有关制造部门中尚未通过经验检定的方法，这种生产方法不需要建立在科学上的新的发现的基础上，这种生产方法可以存在于商业上处理一种产品的新的方式之中。③开辟一个新的市场，该市场是有关国家的某一制造部门以前不曾进入的市场，不管这个市场以前是否存在过。④掠取或控制原材料或半成品的一种新的供应来源，不管这种来源是已经存在过的，还是第一次创造出来的。⑤实现任何一种工业的新的组织，比如造成一种垄断地位，或者打破一种垄断地位。

熊彼特通过列举创新的形式解释创新。按照这种定义，企业创新是企业将一种新的生产要素引入生产系统。在国内外诸多对企业创新的定义中，熊比特的定义最早，在创新研究中影响也最大。

（2）过程创新观

20世纪50年代以后，随着演化经济学的逐渐兴起，人们越来越重视创新过程，国内外越来越多的学者开始用过程的观点解释企业创新。最具代表性的是英国的吉斯·帕维特（Keith Pavitt）教授和美国的艾莉（Allee）教授。吉斯·帕维特（Keith Pavitt）认为，企业创新过程包括三个范围较宽并且相互重叠的子过程（而不是阶段），第一个子过程负责知识的产生，第二个子过程负责将知识转化为“制品”——包括产品、系统、工艺和服务，第三个子过程负责将制品与市场需求不断地匹配。艾莉（Allee）认为，企业在技术创新过程中存在市场网络、研发网络、生产网络，上述三个网络是企业创新网络的三个子网络，企业创新是三个子网络的集成。

过程创新观重视创新对象产生经济效益和社会效益的创新产出，企业创新的重点由投入转向产出，进而以产出带动企业创新的整个过程。企业创新内涵的变化主要由两个原因引起：一是创新市场的权力由卖方转移到买方；二是互联网、物联网、人数据等新一代信息技术正在对企业创新模式产生变革。

（3）企业系统创新观

随着企业创新理论研究和实践的不断发展，企业创新的对象越来越广泛。企业创新的内涵日渐丰富。如英国的道格拉斯·诺斯教授通过对制度进行深入研究，将制度创新作为企业创新的一项重要内容。他认为制度创新是通过变革现有的制度，从而获得追加利益的过程；人们获取预期收益是制度创新的重要动力。世界经济合作组织（OECD）认为，企业创新是指企业的所有创新，是企业为达到某种目标或满足某种需求而产生的一些新思想、新理论、新方法、新技术和活动方式。企业创新既可以是商业性的，也可以是非商业性的。技术创新是企业创新的一种特殊形式，除此之外，企业创新还有多种形式。

综合国内外对企业创新的定义，企业创新应该是系统创新观与过程创新观的集成，是企业通过分析内部条件和外部环境，对技术、制度、产品等提出新的构想，经过研发、制造、营销等子过程，到获得实际应用，并产生经济效益、社会效益的商业化全过程。企业创新的对象非常广泛，既可以是一种技术，也可以是一种制度、一种产品、一种生产方式等任何对企业活动产生影响的因素。企业创新的本质强调要素组合的市场化行为，强调要素之间的整合，这是企业创新与技术发明、研究开发、创造、技术改造等相关概念的根本区别。

6.1.2 企业信仰

企业信仰的内涵随着信仰学的发展在不断丰富。在企业信仰发展过程中，曾经产生过很多关于企业信仰的定义，但不少定义对企业信仰内涵的揭示过于粗浅，从中很难看到企业信仰的全部内涵。综观国内外企业信仰研究，从信仰观、文化观、宗教观对企业信仰的定义最具代表性。

（1）宗教观的企业信仰

在宗教学发展早期，人们将信仰与宗教等同。就信仰主体而言，企业信仰是一种群体信仰，是企业所有成员共同的目标追求和价值选择，这种目标追求和价值选择是企业统摄其他意识形式的最高的意识形式。

将企业信仰的对象宗教化，将企业信仰的客体单一化，限制了企业信仰的范围，缩小了企业信仰的内涵和外延，与企业信仰的现实不相符合。根据宗教观定义企业信仰无法揭示企业信仰的全部内涵。

（2）信仰观的企业信仰

根据信仰学揭示的信仰内涵定义企业信仰，扩展了企业信仰对象的范围，丰富了企业信仰客体的内涵，为企业超越非理性信仰、构建理性信仰提供了可能，是企业信仰研究的一大进步。

（3）文化观的企业信仰

根据企业文化理论，企业文化是企业创造的物质财富和精神财富的总和。根据企业文化的形式，国内外学者曾经把企业文化分成不同层次，并对企业文化的形态和结构进行过形象描述。如冰山形企业文化（Pamela S. Lewis等）、睡莲形企业文化（Allan Willisms等）、同心圆形企业文化（Peg G. Neuhauser等）、三层企业文化（周三多等）、四层企业文化（王超逸等）。经过多年的争论，国内外企业文化学术界大多认为，企业文化由浅到深可以分为物质层、行为层、制度层、精神层四个层次。精神层是企业文化的核心层，对企业文化制度层、行为层和物质层具有决定作用。企业文化精神层由价值观、企业精神、经营管理理念等组成。企业价值观是企业员工共有的评价事物价值所持的观点，企业价值观中的核心价值观（core values）是企业拥有的终极信念，是企业哲学中起主导作用的部分，是企业解决内外部矛盾的行为准则，如企业对市场、对用户、对员工等的看法和态度，影响和表明企业生存的立场。

国内外企业文化理论关于企业文化结构的观点表明，企业核心价值观是企业文化的最高形式，是指导企业所有活动的行为准则。企业信仰就是企业对其核心价值观的信仰，企业信仰由主体定位、规范、秩序和信念、实践方式、价值本位等五个要素组成。

企业信仰的宗教观、信仰观、文化观综合表明，企业信仰是企业发展到一定历史阶段的产物，随着企业内部条件和外部环境的发展，企业信仰的内涵在不断变化。在网络经济背景下，企业信仰是企业对某种对象发自内心深处地信服、敬畏和遵守，并以此作为企业行为的规范和指引。企业信仰是企业文化的最高形式，对企业其他文化形式和活动具有统摄作用。随着现代企业制度的建立和发展，企业信仰逐渐由非理性走向理性，企业信仰的形式越来越多元化。

6.1.3　企业创新信仰

结合国内外学者对企业创新和企业信仰内涵的揭示，企业创新是从提出新的想法，经过营销、研发、制造等环节，到产生经济效益、社会效益的商业化的全过程。企业创新信仰是企业创新和企业信仰的集成，是企业对创新发自内心深处地信服、敬畏和遵守，并以此作为企业行为的规范和指引。企业将创新作为精神层的最高意识形式，并以创新作为企业所有活动的行为准则。在面对现实非创新机会的各种诱惑时，企业能够拒绝现实中的各种诱惑，以创新作为指导企业各项活动的准则。

6.2 企业创新信仰的性质

企业创新信仰是信仰主体与信仰客体的统一。从主体方面准确把握企业创新信仰的群体性与个体性，从客体方面准确把握企业创新信仰的理性与非理性，是科学认识企业创新信仰性质的关键。

6.2.1 企业创新信仰的群体性与个体性

企业创新信仰是群体性与个体性的统一。一方面，企业作为一种组织，企业成员对创新的信仰只有形成共识，才能形成企业创新信仰。另一方面，企业对创新的信仰只有落实到每个成员身上，企业创新信仰才能变成实际的创新实践活动。

（1）企业创新信仰的群体性

企业创新信仰是一种群体信仰，是企业成员对创新形成的共识，这种共识一般是自上而下形成的（见图6–2）。创新意识作为企业精神层的一种价值观，只有上升为企业信仰，才能取得企业组织上的保证，并变成企业成员的集体行动。

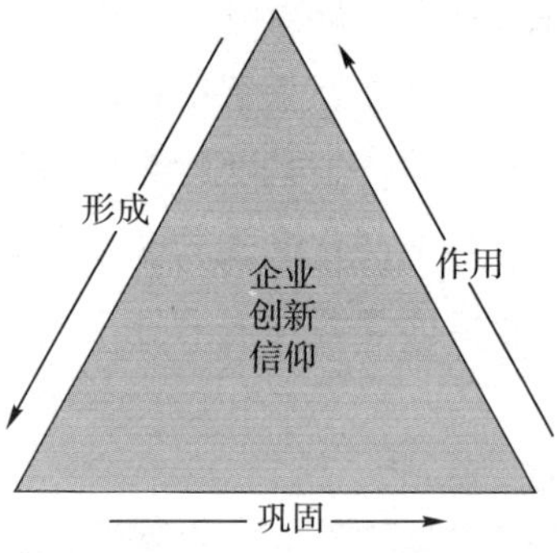

图6–2 企业创新信仰形成与作用过程

企业因为创新信仰，可产生强烈的集体凝聚力，形成共同的创新标识、旗帜、歌曲、服装等文化符号，企业基于创新的各种文化符号进一步强化企业成员个体的创新信仰。企业创新信仰是超越企业个人信仰的群体信仰。

信仰的形成是一个社会历史过程。随着人类社会的发展，迄今为止，信仰经历了原始信仰、宗教信仰、理性信仰、科学信仰四个阶段。企业创新信仰是随着知识和技术对社会生产力的贡献不断提高而形成的一种科学发展观，是一种理性信仰，是尊重科学的。企业创新信仰形成和发展的过程是一个群体过程，既需要企业与员工之间不断地循环互动，还需要企业与消费者、政府、社会之间不断地交流互动。

（2）企业创新信仰的个体性

企业创新信仰是一种个体信仰，是员工对其所处生活环境或生命存在的有限性的反思，是一种精神的寄托与安慰。企业员工以个体的形式现实地存在并生活着。每个员工都有自己特殊的物质生活环境和社会文化环境，因此塑造了不同的人生价值理想。

企业是企业实体和企业精神的重要塑造者，企业家的创新意识和创新价值观对企业创新信仰具有决定作用。由于人生经历和生活、工作的环境不同，每个企业家在一定历史时期信仰的对象不同，有时是理性的，有时是非理性的。研究表明，企业家的个人信仰对企业信仰和企业活动具有明显的影响作用。所以，企业家的创新信仰对企业创新信仰具有很强的决定作用。

员工是企业信仰赖以存在和发挥作用的微观主体，企业创新信仰只有变成所有员工的个人信仰，才能成为驱动企业发展的动力。员工个体信仰为企业信仰的形成提供条件，员工是否认可创新并将创新视为自己的信仰，关键取决于创新信仰的灵验性。灵验性既是信仰者观念的实在体现，也是一种能够被传播和再生产的集体记忆和社会行动过程。灵验经由文化、权力、历史经验等的多元形塑，通过仪式展演、口头传播等方式进行加工创造和再生产。

社会特别是政府对创新的态度对企业创新信仰的形成也具有重要影响。在当今网络背景下，企业及其员工对创新的认知都深受社会的影响。2015年3月，李克强总理针对我国经济发展形势提出“大众创新、万众创业”的口号，在全国掀起一股创新创业的高潮，这种氛围必将对企业创新信仰的形成产生巨大影响。

6.2.2 企业创新信仰的理性与非理性

就客体而言，企业创新信仰既具有理性特征，又具有非理性特征。准确把握创新信仰的理性特征和非理性特征，对认识企业创新信仰的内涵具有重要意义。

（1）企业创新信仰的理性

企业创新信仰的对象是创新，创新是人类社会创造价值的一种方式，也是人类社会发展到后工业社会必然出现的一种价值创造方式。当今社会的无数案例充分证明，创新是可以凭理性认知的，创新不是虚幻的存在；创新价值是可以自我说明和自我证成的，即创新的价值来源于自身。所以，企业创新信仰是一种理性信仰。

企业创新信仰是随着企业员工对创新的认知而逐渐形成的。根据心理学认知理论，企业员工对创新的认知要经过符号模仿、模糊懵懂、自我觉醒、自觉确证、调整完善等阶段。在符号模仿阶段，企业员工虽然能说一些创新语言，但并不理解创新的真实含义。在模糊懵懂阶段，企业员工经过初步学习，对创新有了一些似懂非懂的理解，能够初步感受创新的神圣性和庄严性，但对创新还无法作出深刻的解释。在自我觉醒阶段，企业员工开始主动探索对创新的信仰，尝试建立创新信仰，寻找创新信仰的自我归属感，初步形成具有自我意识的创新信仰。在自我确证阶段，企业员工开始主动寻求创新信仰的确证，开始追问创新信仰的理由。在调整完善阶段，企业员工能够普遍坚持自己的创新信仰，对创新信仰身体力行，并在实际生活中不断强化和践行创新信仰，体验到创新信仰的快乐。

（2）企业创新信仰的非理性

就信仰期望而言，企业创新信仰具有理想性。信仰的理想性是指对信仰主体来说，他所信仰的对象总是高于他它所处的现实，而具有理想的性质。企业创新信仰希望信仰的创新总是比现实更加完美，创新理想是企业员工信仰的创新的未来形象，是具体现实化了的创新信仰。创新理想比创新信仰更具有目标的明确性和情感意志的感召力。企业创新信仰之所以具有理想的特征而又不必然成为理想，是因为创新理想比创新信仰具有更强的现实的联系性，具有更强的和历史必然的联系性，而创新信仰比创新理想更多地具有虚幻性和泛化性。

就信仰目标而言，企业创新信仰具有虚幻性。虚幻性是信仰的重要特征。不管理性信仰还是非理性信仰，都具有虚幻性特征。根植于理性证实基础上的幻想可能导致理性信仰，根植于非理性证实基础上的幻想可能产生非理性的宗教信仰。根本原因在于人类认识具有无限性，人们虽然处在现实基础上，但经常借助幻想的力量追求无限、追求将来可以变为现实的理想。幻想超现实的理想性特点，构成了人类现实生活的价值追求和向往的基础。虚幻性使创新信仰在企业员工面前具有无穷的魔力。

6.3　企业创新信仰的本质

企业创新信仰作为一种理性信仰，其本质还是信仰，具有信仰的自我超越性本质特征。企业员工信仰创新实现自我超越的过程，同时又是排除现实诱惑的过程。自我超越性和诱惑排除性是企业创新信仰的本质。

6.4　小结

企业创新信仰是将创新作为自己的最高意识形式，从新的构想提出，到产生经济效益、社会效益的整个过程都发自内心深处地信服、敬畏和遵守创新，并以创新作为企业所有活动的规范和指引。企业创新信仰就信仰主体而言，既具有个体性特征，又具有群体性特征。企业创新信仰就信仰客体而言，既具有理性特征，又具有非理性特征。企业创新信仰的本质是自我超越性和对现实诱惑的排除。

第 7 章　企业创新信仰的形成

企业创新信仰并非一蹴而就的，其形成过程漫长而复杂。明确企业创新信仰形成的起源、动力和阶段，对企业构建创新信仰具有重要意义。本章应用周易成卦理论，剖析企业创新信仰形成过程，将企业创新信仰形成过程分为初态模型和终态模型两个阶段，更便于理解和认识企业创新信仰形成过程。

7.1　企业创新信仰形成过程

根据《周易》理论，宇宙万物的生成遵循如下规律：

$$y=2^n\ (n=0,\ 1,\ 2,\ 3,\ 4,\ 5,\ 6)$$

其中，y为宇宙万物的形态，n表示宇宙万物分裂的次数，n=0，1，2，3，4，5，6，万物生、旺分为六个阶段，逢七则变。

企业创新信仰的形成同样需要经过六个阶段（见图7–1）。当n=0时，y=1，是企业创新信仰的起源。与其他信仰一样，企业创新信仰是基于企业的生存意识产生的，生存意识是企业创新信仰产生的太极。太极之后，生存意识经过六次裂变形成企业创新信仰的不同形态。

当n=1时，y=2。企业生存意识分裂为“生存现实”和“生存目标”两种形态。其中“生存目标”是企业对自身生存现实的超越。这两种形态如同《周易》中的阴阳，生存现实和生存目标不可分离，相互作用，相互转化，是企业创新信仰形成的根本动力。

当n=2时，y=4。企业的“生存现实”分裂为“物质创新”和“行为创新”，企业的“生存目标”分裂为“规则创新”和“理念创新”。企业的“规则创新”“理念创新”是对“物质创新”“行为创新”的自我超越。企业的“物质创新”“行为创新”“规则创新”“理念创新”是对企业的“生存现实”“生存目标”的自我超越。

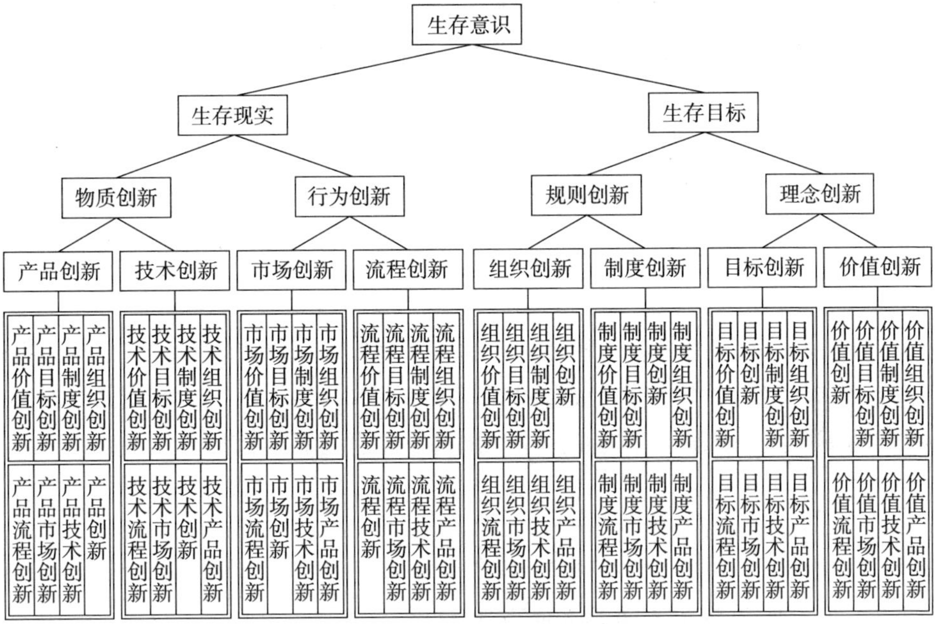

图7-1　企业创新信仰形成过程

当$n=3$时，$y=8$。企业的“物质创新”分裂为“产品创新”“技术创新”，企业的“行为创新”分裂为“市场创新”“流程创新”，企业的“规则创新”分裂为“组织创新”“制度创新”，企业的“理念创新”分裂为“目标创新”“价值创新”。至此，企业创新过程必须具备的八个关键要素——产品、技术、市场、流程、价值、目标、制度、组织已经形成，企业创新信仰的初态模型正式形成。

当$n=4$时，$y=16$。企业生存现实分裂为八种形态，企业生存目标超越企业生存现实，也分裂为八种形态，两者结合起来，呈现出十六种形态。

当$n=5$时，$y=32$。企业生存现实与生存目标形成十六对对应关系，各种生存目标通过超越生存现实得以实现。至此，企业创新信仰呈现出三十二种形态。

当$n-6$时，$y=64$。企业的“生存意识”经过六个步骤的分裂，分裂为六十四种形态。其中，与“生存目标”对应的三十二种创新，通过超越对应的生存现实，形成对应的创新。企业六十四种创新通过超越企业生存，形成企业创新信仰的六十四种形态。至此，企业创新信仰形成的外部市场条件已经形成，企业创新信仰的终态模型最终形成。

7.2 企业创新信仰形成的起源

企业同人一样，是一个生命体。生存是企业和企业中所有成员共同的精神支点，生存意识支撑着企业完成自己的生成过程，并据此获得无限生存下去的根据和动力。

由于历史渊源不同，企业可能存在多种信仰。生存不但是企业一般信仰的底色，也是企业创新信仰的底色。随着企业文化的发展，企业创新的目的越来越多样化，日渐丰富的企业文化隔离了生存与企业信仰之间的联系，使企业信仰衍生出种种复杂的形态，混淆了生存意识与企业信仰之间的关系，模糊了企业信仰的底色。

7.3 企业创新信仰形成的动力

企业是一种组织，企业创新信仰主要靠群体意识、发展意识、绝对意识驱动。企业创新信仰的动力机制对解释企业对创新信仰的拥有或放弃具有重要意义。

7.3.1 企业的群体意识

企业创新信仰是企业精神层的内容，人类精神世界的产生是以人的自我意识的产生为基础的。企业是由各种不同类型的人聚集在一起形成的组织，关系性和社会性是企业作为一种组织的本质特性。

企业群体意识是企业所有成员对某种理论、观点或信仰在精神上形成的共识。企业的群体意识是企业各项集体活动得以实现的纽带。企业创新信仰是企业成员对创新形成的一种共识，这种共识是对企业创新现实的终极超越。企业群体意识为企业信仰提供了方向。由于企业和员工的经历存在差异，由企业群体意识决定而形成的信仰，既可能是创新信仰，也可能是其他的信仰。如果企业群体意识的核心为创新，创新信仰就可能成为指导企业各项活动的指南。

企业群体意识的形成离不开个体意识。个体意识是企业员工对外部世界和自身在大脑中形成的印象。企业员工的个体意识是形成企业群体意识的基础，企业成员的个体意识差异性越小，企业的群体意识就越容易形成。

7.3.2　企业的发展意识

人类社会是不断发展的。企业只有不断发展，才能在社会上生存下来，企业及其员工的各项活动才能够持续。根据熊彼特对发展的定义，发展就是执行新的组合，这种组合包括五种情况：

（1）采用一种新的产品。这种产品是消费者还不熟悉的产品，或者一种产品的新的特性。

（2）采用一种新的生产方法。这种生产方法是有关制造部门中尚未通过经验检定的方法，这种方法不需要建立在科学上的新的发现的基础之上，这种方法也可以存在于商业上处理一种产品的新的方式之中。

（3）开辟一个新的市场。这个市场是有关国家的某一制造部门以前不曾进入的市场，不管这个市场以前是否存在过。

（4）掠取或控制原材料或半成品的一种新的供应来源，不管这种来源是已经存在过的，还是第一次创造出来的。

（5）实现任何一种工业的新的组织，比如造成一种垄断地位，或打破一种垄断地位。

所以，发展意识作为企业的一种群体意识，是企业创新信仰形成的重要决定因素。

7.3.3　企业的绝对意识

绝对意识是指人类精神指向某种终极实在，即指向完善完满结局的一种理想冲动或理想渴望。人类之所以会产生绝对意识，是因为人类作为一种生命，是无“根”的，人的“根”在人之外，人无法把握自己的过去，特别是出生也是无“果”的，人无法把握自己的未来。

信仰是在人类绝对意识和终极关怀的驱动下产生并实现的。人类社会早期产生的各种非理性信仰，比如宗教信仰，都是人类出于对自身生命的绝对意识和终极关怀产生的。企业创新信仰作为一种理性信仰，同样是企业出于对企业生存和发展的绝对意识和终极关怀才产生的。

绝对意识是信仰产生和发展的驱动力。目前社会上产生的各种信仰危机，是因为某种信仰形态出现了危机，并非信仰本身出现了危机。完善信仰形态，不断发展和创新信仰，是挽救各种信仰危机的根本举措。

7.4　企业创新信仰的初态模型

企业创新信仰模型的形成与宇宙万物模型的形成规律相似，经过了两个发展阶段。第一阶段的初态模型是企业创新信仰终态模型形成的基础。

同宇宙万物的初态模型一样，企业创新信仰的初态模型也是经过三次裂变形成的。生存意识是企业创新信仰形成的太极，人类出于对自身生命的终极关怀，形成生存现实和生存目标。生存现实进一步分解为行为创新和物质创新，生存目标进一步分解为理念创新和规则创新。物质、行为、规则、理念是构成企业文化的四个层次，以此为基础，形成企业创新信仰的物质层、行为层、规则层、理念层。理念创新进一步分解为价值创新和目标创新，规则创新进一步分解为制度创新和组织创新，行为创新进一步分解为流程创新和市场创新，物质创新进一步分解为技术创新和产品创新。价值、目标、制度、组织、流程、市场、技术、产品的代号分别为1、2、3、4、5、6、7、8。价值创新、目标创仰、制度创新、组织创新、流程创新、市场创新、技术创新、产品创新形成企业创新信仰的初态模型（见图7-2）。

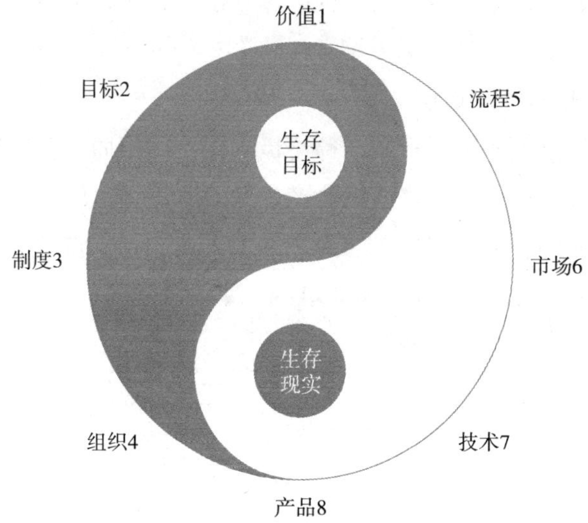

图7-2　企业创新信仰的初态模型

7.5 企业创新信仰的终态模型

借鉴周易宇宙万物形成过程理论，以圆代表企业与市场的边界。在圆内分别以价值、目标、制度、组织、流程、市场、技术、产品为行列，形成企业创新信仰的内部六十四种形态。在圆外按照企业创新信仰初态模型的顺序，用价值、目标、制度、组织、流程、市场、技术、产品中的每个要素与其他七个要素及自身组合，分别形成价值宫、目标宫、制度宫、组织宫、流程宫、市场宫、技术宫、产品宫中的八种创新，最终形成企业创新信仰的外部六十四种形态。通过上面程序形成的六十四种企业创新就是企业创新信仰的六十四种情景，是企业创新信仰的终态模型（见图7–3）。

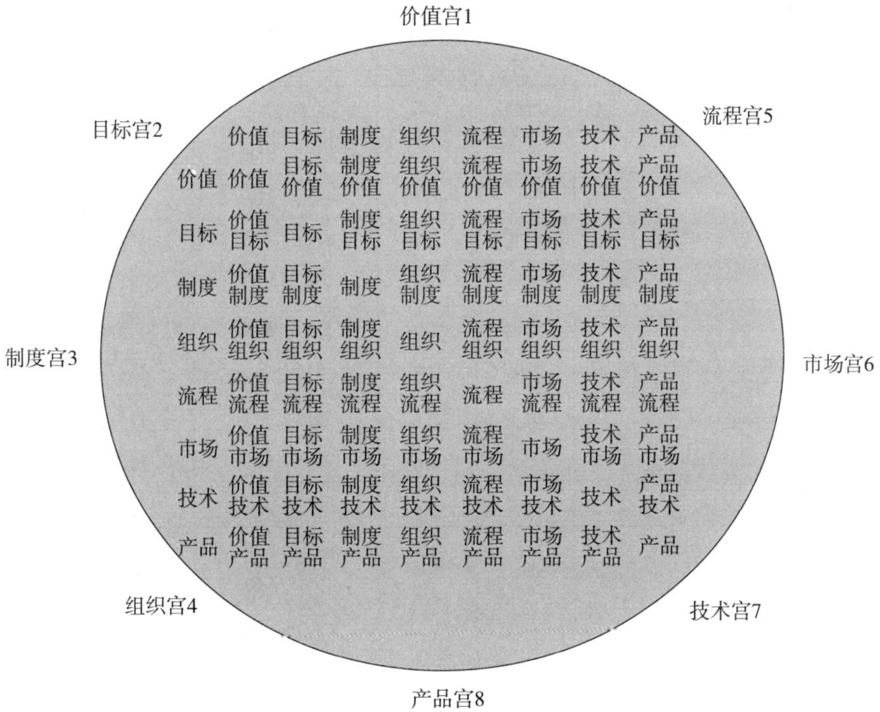

图7–3 企业创新信仰的终态模型

具体而言，在价值宫，企业价值创新分别与价值、目标、制度、组织、流程、市场、技术、产品等创新组合，形成企业创新信仰的价值、价值目标、价值制度、价值组织、价值流程、价值市场、价值技术、价值产品等形态（见表7–1）。

表7–1　企业创新信仰终态要素的形成

企业创新信仰八宫		企业创新信仰初态形式		企业创新信仰终态符号		企业创新信仰终态形式
序号	名称	代号	名称	代号	名称	
1	价值宫	1	价值	1/1	价值 / 价值	价值创新
		2	目标	1/2	价值 / 目标	价值目标创新
		3	制度	1/3	价值 / 制度	价值制度创新
		4	组织	1/4	价值 / 组织	价值组织创新
		5	流程	1/5	价值 / 流程	价值流程创新
		6	市场	1/6	价值 / 市场	价值市场创新
		7	技术	1/7	价值 / 技术	价值技术创新
		8	产品	1/8	价值 / 产品	价值产品创新
2	目标宫	1	价值	2/1	目标 / 价值	目标价值创新
		2	目标	2/2	目标 / 目标	目标创新
		3	制度	2/3	目标 / 制度	目标制度创新
		4	组织	2/4	目标 / 组织	目标组织创新
		5	流程	2/5	目标 / 流程	目标流程创新
		6	市场	2/6	目标 / 市场	目标市场创新
		7	技术	2/7	目标 / 技术	目标技术创新
		8	产品	2/8	目标 / 产品	目标产品创新
3	制度宫	1	价值	3/1	制度 / 价值	制度价值创新
		2	目标	3/2	制度 / 目标	制度目标创新
		3	制度	3/3	制度 / 制度	制度创新
		4	组织	3/4	制度 / 组织	制度组织创新
		5	流程	3/5	制度 / 流程	制度流程创新
		6	市场	3/6	制度 / 市场	制度市场创新
		7	技术	3/7	制度 / 技术	制度技术创新
		8	产品	3/8	制度 / 产品	制度产品创新
4	组织宫	1	价值	4/1	组织 / 价值	组织价值创新

续表

企业创新信仰八宫		企业创新信仰初态形式		企业创新信仰终态符号		企业创新信仰终态形式
序号	名称	代号	名称	代号	名称	
4	组织宫	2	目标	4/2	组织 / 目标	组织目标创新
		3	制度	4/3	组织 / 制度	组织制度创新
		4	组织	4/4	组织 / 组织	组织创新
		5	流程	4/5	组织 / 流程	组织流程创新
		6	市场	4/6	组织 / 市场	组织市场创新
		7	技术	4/7	组织 / 技术	组织技术创新
		8	产品	4/8	组织 / 产品	组织产品创新
5	流程宫	1	价值	5/1	流程 / 价值	流程价值创新
		2	目标	5/2	流程 / 目标	流程目标创新
		3	制度	5/3	流程 / 制度	流程制度创新
		4	组织	5/4	流程 / 组织	流程组织创新
		5	流程	5/5	流程 / 流程	流程创新
		6	市场	5/6	流程 / 市场	流程市场创新
		7	技术	5/7	流程 / 技术	流程技术创新
		8	产品	5/8	流程 / 产品	流程产品创新
6	市场宫	1	价值	6/1	市场 / 价值	市场价值创新
		2	目标	6/2	市场 / 目标	市场目标创新
		3	制度	6/3	市场 / 制度	市场制度创新
		4	组织	6/4	市场 / 组织	市场组织创新
		5	流程	6/5	市场 / 流程	市场流程创新
		6	市场	6/6	市场 / 市场	市场创新
		7	技术	6/7	市场 / 技术	市场技术创新
		8	产品	6/8	市场 / 产品	市场产品创新
7	技术宫	1	价值	7/1	技术 / 价值	技术价值创新
		2	目标	7/2	技术 / 目标	技术目标创新
		3	制度	7/3	技术 / 制度	技术制度创新
		4	组织	7/4	技术 / 组织	技术组织创新
		5	流程	7/5	技术 / 流程	技术流程创新
		6	市场	7/6	技术 / 市场	技术市场创新

续表

企业创新信仰八宫		企业创新信仰初态形式		企业创新信仰终态符号		企业创新信仰终态形式
序号	名称	代号	名称	代号	名称	
7	技术宫	7	技术	7/7	技术 / 技术	技术创新
		8	产品	7/8	技术 / 产品	技术产品创新
8	产品宫	1	价值	8/1	产品 / 价值	产品价值创新
		2	目标	8/2	产品 / 目标	产品目标创新
8	产品宫	3	制度	8/3	产品 / 制度	产品制度创新
		4	组织	8/4	产品 / 组织	产品组织创新
		5	流程	8/5	产品 / 流程	产品流程创新
		6	市场	8/6	产品 / 市场	产品市场创新
		7	技术	8/7	产品 / 技术	产品技术创新
		8	产品	8/8	产品 / 产品	产品创新

在目标宫，企业目标创新分别与价值、目标、制度、组织、流程、市场、技术、产品等创新组合，形成企业创新信仰的目标价值、目标、目标制度、目标组织、目标流程、目标市场、目标技术、目标产品等形态。

在制度宫，企业制度创新分别与价值、目标、制度、组织、流程、市场、技术、产品等创新组合，形成企业创新信仰的制度价值、制度目标、制度、制度组织、制度流程、制度市场、制度技术、制度产品等形态。

在组织宫，企业组织创新分别与价值、目标、制度、组织、流程、市场、技术、产品等创新组合，形成企业创新信仰的组织价值、组织目标、组织制度、组织、组织流程、组织市场、组织技术、组织产品等形态。

在流程宫，企业流程创新分别与价值、目标、制度、组织、流程、市场、技术、产品等创新组合，形成企业创新信仰的流程价值、流程目标、流程制度、流程组织、流程、流程市场、流程技术、流程产品等形态。

在市场宫，企业市场创新分别与价值、目标、制度、组织、流程、市场、技术、产品等创新组合，形成企业创新信仰的市场价值、市场目标、市场制度、市场组织、市场流程、市场、市场技术、市场产品等形态。

在技术宫，企业技术创新分别与价值、目标、制度、组织、流程、市场、技术、产品等创新组合，形成企业创新信仰的技术价值、技术目标、技术制度、技术组织、技术流程、技术市场、技术、技术产品等形态。

在产品宫，企业产品创新分别与价值、目标、制度、组织、流程、市场、技术、产品等创新组合，形成企业创新信仰的产品价值、产品目标、产品制度、产品组织、产品流程、产品市场、产品技术、产品等形态。

以上六十四种形态是企业创新信仰的最终形态。如果再继续组合，企业创新信仰六十四种形态中的某一种将重复出现。

7.6 案例分析

珠海格力电器股份有限公司（以下简称格力电器）是全球最大的集研发、生产、销售、服务于一体的空调上市公司。自1995年起，格力家用空调产销量连续22年居中国空调行业第一；自2005年起，连续12年领跑全球，处于行业内的龙头地位。下面以格力电器为例，解释企业创新信仰形成的过程。

7.6.1 格力创新信仰形成的起源

纵观格力电器的成长历程，"格力之父"朱江洪以企业生存为目的的产品质量信仰是格力创新信仰的起源。

1970年8月，朱江洪从华南理工大学毕业。系统的工学高等教育使朱江洪从一开始就重视产品质量，视产品质量如自己的生命，视产品质量如企业的生命。朱江洪参加工作后被分配到广西百色矿山机械厂，四年质检员的工作经历使朱江洪深刻认识到产品质量对企业、对消费者的重要性。之后，朱江洪又先后担任车间副主任、生产科副科长、质检科副科长、技术科副科长。1982年，朱江洪被任命为百色矿山机械厂厂长，在六年的厂长任期中，朱江洪一直诚惶诚恐，视产品质量为企业的生命。

1988年，朱江洪在百色矿山机械厂工作18年后回到老家珠海，被任命为珠海冠雄塑胶厂总经理。当时的冠雄塑胶厂濒临倒闭，朱江洪上任后走访珠三角多个县市，发现塑料电风扇销路不错，就上马该产品，并起名为"GLEE"，因为"GLEE"已被台湾一家企业抢注，就将生产的电风扇改名为"GREE"。后来，根据市场需求，又在极度艰难的条件下上马了"GREE"空调，并于1991

年11月18日与海利空调厂合并，改名为“珠海格力电器股份有限公司。”

新成立的格力电器举步维艰，产品存在噪音大、冷量小等毛病。面对存在的质量问题，朱江洪高度重视，并强调“产品质量不好，等于谋财害命”。为了保证空调质量，消除质量问题，他发动全体职工，总结了400多个问题，并召集技术人员对这些问题进行深入研究、分析，哪些属于技术问题，哪些属于设计问题，哪些属于工艺问题，哪些属于生产操作问题，哪些属于质量检测问题，哪些属于管理问题，等等。然后组织有关人员，立下军令状，限期解决，否则以渎职论处。为了搞好整顿，公司成立了“质量监督小组”，朱江洪亲自任“组长”。最终，消除了发现的主要质量问题。

在消除常见质量问题之后，朱江洪及时提出精品战略，且为保证精品战略实施，制定了“总经理十二条禁令”，该禁令后来发展为二十条。这二十条禁令是高压线，任何人不得触犯，违者不讲理由，也不找借口，立即除名。二十条禁令如下：

第一条，严禁违反充氮焊接工艺。

第二条，严禁擅自减少工序、改变工艺、改变技术参数和工艺参数。

第三条，严禁未经检验或经检验不合格的零部件转入下道工序。

第四条，严禁违反生产过程氟利昂回收工艺。

第五条，严禁强拉电机、电器导线。

第六条，严禁未经评审合格的产品上线批量生产。

第七条，严禁违反真空氦检工艺。

第八条，严禁擅自改变调整专用工具、检测仪器。

第九条，严禁擅自更改成品包装箱。

第十条，严禁安排未经培训或培训不合格人员直接上岗。

第十一条，严禁安排关键重点岗位无证上岗。

第十二条，严禁造谣生事，恶意诽谤。

第十三条，严禁非对外人员未经批准与供应商往来。

第十四条，严禁撕毁、伪造标识，伪造或擅改记录，伪造签名。

第十五条，严禁在供方公司兼职。

第十六条，严禁虚报、瞒报、弄虚作假。

第十七条，严禁违反海绵粘贴工艺。

第十八条，严禁违反制冷系统防尘、防水操作规范。

第十九条，严禁违反压缩机过载线插接工艺。

第二十条，严禁违反控制器防静电工艺。

近乎不近人情的“禁令”在产品质量上发挥了强大的约束力，彻底纠正了全厂职工的质量工作习惯。

7.6.2　格力创新信仰形成的动力

（1）生存目标对生存现实的超越

《易经》有“孤阳不生、孤阴不长”的说法，阴阳既对立又统一，是事物发展的根本动力。随着时间的流逝和工作岗位的变化，格力电器面临的现实情况在不断变化。面对困难复杂的现实，朱江洪不断设立生存目标，并使生存目标不断超越生存现实。生存目标对生存现实的超越是格力电器创新信仰形成的重要动力（见图7–4）。

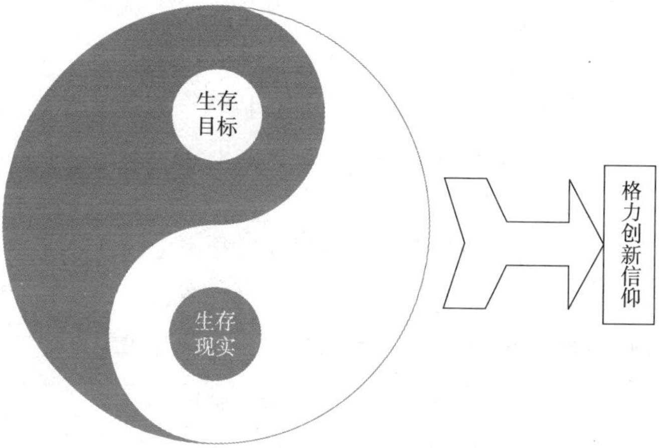

图7–4　格力创新信仰的动力

由于冠雄塑胶厂和海利空调厂同时生产空调，1991年11月18日，珠海市政府决定将两家公司合并，改名为“珠海格力电器股份有限公司”。新成立的格力电器，面对着国内外强势竞争对手如春兰、华宝、三菱、松下、东芝、开利等。朱江洪带领全公司员工，决定从基础做起，尽快提升空调质量，建立质量保证体系。

在狠抓质量管理的同时，狠抓技术创新。1993年初，格力电器第一期技术改造投资4亿多元。后来，又抓紧时机，进行了第二期、第三期、第四期技术改造。通过技术改造，扩大了生产规模，建立了以科研开发为核心的三大研究院，还建立了环境实验室，大大提高了整个企业的技术创新能力，为格力电器成为行业老大奠定了雄厚的技术基础。

（2）技术与营销的持续互动

朱江洪分管的技术与董明珠分管的营销，也如同格力创新信仰的阴阳，是格力创新信仰发展的重要动力。格力电器成立之前，原来的冠雄塑胶厂和海利空调厂就已经在生产空调，但为什么举步维艰？根本原因在于原企业中缺少“营销”与“技术”这对根本动力。

1990年，经历了丧夫之痛的董明珠来到深圳，后因为到珠海看望朋友而来到海利空调厂做营销业务员。董明珠从陌生的营销业务员做起，凭着非凡的毅力，很快在合肥、芜湖、铜陵站稳脚跟，并成功占领安徽市场。此后，又奉命到南京开拓江苏市场。1992年，格力空调在江苏的销量只有300万元。经过董明珠的努力，到1993年格力空调在江苏的销量达到3650万元，1994年达到1.6亿元。安徽与江苏市场的销量相加，1994年董明珠一个人就卖了格力整个市场1/6的空调。到1995年，这个比例变成了1/5。董明珠非凡的营销业绩奠定了她在格力的营销地位。

正在董明珠的销售事业如日中天的时候，格力内部营销员的一场哗变为董明珠掌管格力营销提供了机会。1994年秋冬之际，主管销售的副总和营销人员集体跳槽到竞争对手那里，使格力的销售系统几乎完全瘫痪。朱江洪第一时间给董明珠打电话，让她回总部接管混乱中的经营部。董明珠接管经营部后，大刀阔斧地改革，对内调整营销人员，对外实施营销模式创新，实行先付款后发货，与经销商合资成立经销公司，构建格力营销体系，对抗国美等大商家的价格挑战。通过改革，格力仅保留23名业务员，每人负责一个省，只负责协调，不负责发展经销商网络。此举等于剥夺了过去的业务员可以用发货作为交换条件来从经销商处为自己谋取利益的权利，防止出现市场失控和营销政策的不稳定。到2001年，格力电器的业务员进一步下降到15名，省下来的业务人员费用全部拿来补贴经销商。对业务员考核不再以销售额衡量，而是看与经销商沟通的工作量，以及市场调研、价格监督的工作量的多少。

董明珠在营销上的出类拔萃，使朱江洪有时间把全部精力放在技术创新上。格力以科技创新为纲，通过调研市场，根据广大消费者的需求进行科技创新。为不断提高产品质量，格力电器建立环境实验室，成立筛选分厂，对外进部件严格把关。同时，要求科技人员自主创新，先后有了自主研发的压缩机，控制器可以完全根据自己的设计要求来开发；有了自主研发的电容器，解决了原先采购的CBB电容寿命短的问题，变频模块的封装生产，为变频机的制造提供了核心部件。在朱江洪的严格要求下，格力先进的技术保证了产品质量，保证了产品竞争力，为格力迅速占领国内外市场提供了坚实的技术保证。

技术和营销犹如阴阳，此生彼长，互为依存，共同推动格力创新信仰的发展，共同推动格力生产、经营、管理等各方面的发展，成为格力蓬勃发展的重要力量。

7.6.3　格力创新信仰的初态模型

从1991年11月28日格力电器股份有限公司成立，到1996年11月格力股票在深圳证券交易所上市，格力创新信仰的初态模型基本形成。

格力创新信仰初态模型形成的主要标志是代表格力生存现实的产品创新、技术创新、市场创新、流程创新的形成，以及代表格力电器生存目标的价值创新、目标创新、制度创新、组织创新的形成。

在产品创新方面，格力电器成立后，产品创新力度大大加强。1993年，研制出节能分体机“空调王”，它是当时世界上制冷效果最好的空调，能效比超过3.3（当时的国家标准是2.3）。“空调王”投放市场后，立即引起轰动。1996年11月，格力电器向市场推出“更冷、更静、更省电”的分体空调“冷静王”，能效比高达3.35，噪声仅为34.2分贝，是当时国内噪声最小、制冷效果最好的空调。

在技术创新方面，格力电器的技术创新能力不断加强。1992年9月，格力电器在中国专利、新技术、新产品博览会上获得金奖。1996年1月，格力电器被广东省经委授予“企业技术进步奖”。

在市场创新方面，格力电器的市场创新能力不断加强。1992年，时任格力电器华东片区业务经理的董明珠率先打破“代销”这条僵硬的市场规则，确定“先付款后发货”的原则。1993年11月8日，格力电器投资2亿元、占地10万平方米的格力电器厂完工，生产线试车成功，新厂落成剪彩，正式投入生产。1994年9月，格力电器决定成立售后服务部，在全国各大城市设立10个维修点，建立了售后服务信息网。1995年，董明珠上任满一年，格力电器销售业绩翻了7倍，格力空调产销量跃居全国首位。

在流程创新方面，1995年9月，朱江洪签发“总经理十二条禁令”，“左手拿鞭，右手拿刀”，用强制手段强行更正错误工作流程，确保产品质量。后来，这十二条禁令又发展为“二十条禁令”，保证了产品质量。1994年，董明珠针对主管销售的副总和营销人员集体跳槽事件，创新营销流程，裁减营销人员，重新定义营销人员工作范围。格力电器与经销商合资成立经销公司，董事长由格力电器任命，实现对营销渠道的绝对控制。通过营销流程和制造流程的创新，保证了格力电器产品生产和销售的正常进行。

在价值创新方面，经过百色矿山机械厂18年的历练，朱江洪从普通工人，到质检员、技术员，再到生产科副科长、技术科副科长、质检科副科长，一直到最后的厂长，其创新信仰基本形成。到1991年11月格力电器成立时，创新已经成为朱江洪性格中最主要的元素，他的价值观已经从生产价值观转变为创新价值观。

在目标创新方面，格力电器在1991—1993年的创业阶段，将企业的目标确定为抓产品。在1994—1996年的发展阶段，将企业的目标确定为抓质量。在1997—2001年的壮大阶段，将企业的目标确定为抓市场、抓成本、抓规模。在2002—2005年的国际化阶段，将企业的目标确定为争创世界第一。在2006年至今的全球品牌阶段，将企业的目标确定为“让全球爱上中国造”。格力电器根据企业内部条件和外部市场环境的变化，不断进行目标创新，引领企业朝着正确的方向不断前进。

在制度创新方面，格力电器强化制度建设，以保证产品质量。1991年8—10月，全公司停产两个月进行产品质量整顿，对产品设计、工艺、检验、外协外购件、员工培训等方面进行全面整改，准备在1992年以全新外观、全优的内在质量向用户推出“格力”牌空调器。1992年9月，总经理朱江洪签发

“总经理十二条禁令”，在质量上“大开杀戒”。1995年7月，格力电器成立空调行业独一无二的“筛选分厂”，对进厂的零部件进行全面检测，严格控制外协外购件质量。1996年7月，格力电器通过ISO9001国际质量体系认证，标志着格力电器具备进入国际市场的资格。

在组织创新方面，格力电器根据企业发展需要，不断进行组织创新。1991年8月，海利空调厂与冠雄塑胶厂合并，成立珠海格力电器股份有限公司。1993年11月18日，投资2亿元、占地10万平方米的新厂建成投产。1995年7月，成立空调行业独一无二的“筛选分厂”，对进厂的零部件进行全面检测，严格控制外协外购件质量。1996年11月18日，格力股票在深圳证券交易所上市。

7.6.4　格力创新信仰的终态模型

纵观格力电器的发展历史，经历了创业、发展、壮大、国际化、全球品牌几个阶段。在格力电器发展壮大过程中，到2001年，格力创新信仰的终态模型基本形成。

格力创新信仰终态模型形成的标志是构成企业创新信仰初态模型的产品创新、技术创新、市场创新、流程创新，以及价值创新、目标创新、制度创新、组织创新已经相互融合。不但企业创新信仰的显性形态与隐性形态相互融合，而且企业显性创新信仰的产品创新、技术创新、市场创新、流程创新之间，企业隐性创新信仰的价值创新、目标创新、制度创新、组织创新之间也相互融合。

格力创新信仰终态模型形成的最终结果是使格力电器由原来的一个地方小厂，发展成为一个国际性大型企业。

在产品宫，产品与技术融合形成的产品技术创新，使格力电器将技术创新的重点放在产品上，从针对现有产品存在的问题进行技术创新，到针对消费者需求进行技术创新。产品与营销结合形成的产品营销创新，使格力电器根据市场需求安排企业的产品类型。产品与价值结合形成的产品价值创新，使格力电器不断提高产品的功能，通过提高产品的价值，扩大市场占有率。产品与目标结合形成的产品目标创新，使格力电器根据市场需求不断调整自己的市场目标。产品与制度结合形成的产品制度创新，使格力电器通过建立各种制度，保证产品质量，如针对中国国情，提出“总经理禁令”，强制产品质量保证。产品与组织结合形成的产品组织创新，使格力电器的组织建设围绕产品进行，由原来的本部扩大，到收购同行企业。产品与流程结合形成的产品流程创新，使格力电器不断通过智能化优化产品生产流程，提供产品生产效率。

在技术宫，技术与产品结合形成的技术产品创新，使格力电器围绕产品进行技术创新。技术与营销结合形成的技术营销创新，使格力电器在重视自主研发的同时，不断从技术市场购买核心技术，缩短技术创新的时间。技术与价值结合形成的技术价值创新，使格力电器重视技术的实用价值，将近期技术和远期技术协同发展，有重点地配置资源。技术与目标结合形成的技术目标创新，使格力电器根据内部条件和外部市场环境的变化，不断调整自己的技术目标。技术与制度结合形成的技术制度创新，使格力电器通过制度规范自己的技术创新，确保技术对产品功能的有力支撑。技术与组织结合形成的技术组织创新，使格力电器不断完善自己的技术创新组织，从只有一个技术部门，发展到家用空调技术部、商用空调技术部、技术标准部、家用空调工艺部、商用空调工艺部、科技管理部等，还组建了三大研究院，把短、平、快的产品开发和日常的技术问题交由技术部完成，而公司长远性、战略性的产品技术研究交由研究院进行。技术与流程结合形成的技术流程创新，使格力电器重视技术创新流程，格力电器的环境实验室保证了新技术在进入市场前的实验，坚决不拿消费者做试验品。

在市场宫，市场与价值结合形成的市场价值创新，使格力电器一直将市场作为格力一切活动的风向标。市场与产品结合形成的市场产品创新，使格力电器将市场创新与产品创新统一起来，通过产品创新实现市场创新。市场与技术结合形成的市场技术创新，使格力电器将技术创新的重点放在市场上急需的技术上。市场与目标结合形成的市场目标创新，促进格力电器不断调整自己市场创新的目标，由分体空调到中央空调，由空调到空气净化器，由一般空调到车用空调，将市场创新的目标定得越来越高，并始终围绕专业化进行。市场与制度结合形成的市场制度创新，促进格力电器遵守市场规则，不断履行企业对社会的责任。市场与组织结合形成的市场组织创新，促进格力电器的市场由国内发展到国外，成为世界销量最大的空调企业。市场与流程结合形成的市场流程创新，促进格力电器市场营销的流程不断创新，先通过股份制经销公司，实现对渠道的绝对控制，然后有步骤地与有关销售商合作。

在流程宫，流程与价值结合形成的流程价值创新，促使格力电器重视生产经营流程的价值，不断提高生产经营流程的效率。流程与产品结合形成的流程产品创新，促使格力电器不断优化产品生产流程和产品营销流程。格力电器与经销商合资成立经销公司，实现对渠道的绝对控制，就是营销流程优化的明显例子。流程与技术结合形成的流程技术创新，促使格力电器通过智能化，优化技术创新流程，提高技术创新效率。流程与营销结合形成的流程营销创新，促使格力电器不断优化市场开拓流程。流程与目标结合形成的流程目标创新，促使格力电器将流程建设作为企业建设的重要目标之一。流程与组织结合形成的流程组织创新，促使格力电器不断优化组织运行效率。

在价值宫，格力电器的价值创新渗透到产品、技术、市场、目标、制度、组织、流程的各个方面。价值与产品融合形成的价值产品创新，促使格力电器不断拓宽融资渠道，独立研制开发出包括家用空调、家庭中央空调和商用中央空调在内的二十大类、400多个系列、7000多个品种规格的产品，空调品种规格之多、种类之全居全国同行首位。价值与技术融合形成的价值技术创新使格力电器自主研发的技术不断增多，格力核心技术G-Matrik直流变频技术、直流变频离心机、EVI超低温数码多联中央空调、“智能化霜”技术已经对其产品形成强有力的支撑。价值与营销融合形成的价值营销创新促使格力成为世界销量最大的空调企业。价值与目标融合形成的价值目标创新使格力电器的目标由“好空调　格力造”发展到“掌握核心科技”，再发展到“让世界爱上中国造”。价值与制度融合形成的价值制度创新，使格力电器更加重视制度对企业价值创造的贡献，将“少说空话　多干实事”作为格力文化的核心内容。价值与组织融合形成的价值组织创新，使格力电器重视组织的效率，砍掉中间商，形成直销制。价值与流程融合形成的价值流程创新，使格力电器用强制手段保证产品质量的流程，从“总经理十二条禁令”到“总经理二十条禁令”，用高压的行政命令规范企业工作流程。

在目标宫，目标与价值结合形成的目标价值创新，促使格力电器将为消费者创造价值作为企业的重要目标。目标与产品结合形成的目标产品创新，促使格力电器根据市场需求，确定自己的产品目标，从一般分体空调到一拖多空调就是明显的例子。目标与技术结合形成的目标技术创新，促使格力电器不断调整自己的技术目标，始终走在行业技术创新的前列。目标与营销结合形成的目标营销创新，促使格力电器不断调整自己的目标市场，以目标市场作为企业工作的重要导向。目标与制度结合形成的目标制度创新，促使格力电器不断完善自己的目标制度，通过规范化的制度保证格力电器各项工作有计划地进行。目标与组织结合形成的目标组织创新，促使格力电器不断完善自己的目标组织，保证组织的效率。目标与流程结合形成的目标流程创新，促使格力电器目标实施的流程不断创新，目标实施的速度不断加快。

在制度宫，制度与价值结合形成的制度价值创新，促使格力电器重视制度的价值，特殊时期制定特殊的制度，比如“总经理禁令”就是以高压制度保证产品质量的例子。制度与产品结合形成的制度产品创新，促使格力电器把制度作为一种特殊的产品。格力营销模式被誉为“二十一世纪的营销模式创新”，这种营销模式创新掀起了中国空调行业的“销售革命”，有力促进了我国空调行业的发展。制度与技术结合形成的制度技术创新，促使格力电器将制度创新与技术创新统一起来，用两股力量同时推动格力电器的发展。制度与营销结合形成的制度营销创新，促使格力电器重视制度和营销两种规则的作用，同时通过制度创新和营销创新促进企业发展。制度与目标结合形成的制度目标创新，促使格力电器将制度建设作为企业的重要工作目标之一。制度与组织结合形成的制度组织创新，促使格力电器用制度约束企业内的各种组织，实现整个企业的制度化运作。制度与流程结合形成的制度流程创新，促使格力电器不断优化制度运作流程，由特殊时期的“总经理禁令”逐渐到规范的制度化。

在组织宫，组织与价值结合形成的组织价值创新，促使格力电器重视企业各种组织的价值，不断优化组织，提高组织效率。组织与产品结合形成的组织产品创新，促使格力电器不断发展产品创新组织，由珠海到全国，再由国内到国外。组织与技术结合形成的组织技术创新，促使格力电器不断完善自己的技术创新组织，由原来单一的技术部门，到后来的各种技术部明显分工，再到技术部与研究院的明显分工。组织与营销结合形成的组织营销创新，促使格力电器通过健全内部组织，弥补市场的不足。组织与流程结合形成的组织流程创新，促使格力电器不断优化企业各级部门的工作流程，从而不断提高工作效率。组织与价值结合形成的组织价值创新，促使格力电器不断创新和发展格力电器的价值观，丰富企业价值观的创新内容。组织与目标结合形成的组织目标创新，促使格力电器根据企业内部条件和外部市场环境的变化，不断调整组织建设目标。组织与制度结合形成的组织制度创新，促使格力电器不断完善各级组织，保证各项制度的有效贯彻执行。

7.7　小结

本章应用周易成卦理论，解释企业创新信仰形成过程。企业创新信仰经过六个阶段、两种形态最终形成。生存意识是企业创新信仰形成的起点，企业各项信仰活动都是为了对自身生存的终极关怀。生存现实和生存目标是企业创新信仰形成的根本动力，生存现实和生存目标之间的相互转化，是企业创新信仰实现可持续发展的根本动力。企业文化的四种形式是企业创新信仰由生存现实和生存目标两种形式进一步分化出来的更细的形式。企业创新信仰的产品、技术、市场、流程、价值、目标、制度、组织等创新形态，是企业创新信仰的初级形态。企业创新信仰八种初级形态的每一种与其他七种及自身结合，形成企业创新信仰的最终形态，即六十四种创新。

第 8 章　企业创新信仰的结构

企业创新信仰是企业通过创新实现自我超越的过程。企业通过创新实现自我超越需要具备一定的条件，这些条件的构成及状态形成企业创新信仰的结构，是企业创新信仰发挥作用的重要组织基础。本章试图引入张力场概念，应用时空结构理论，分析企业创新信仰的结构，揭开企业创新信仰结构的神秘黑箱。

8.1　企业创新信仰市场

8.1.1　信仰张力

信仰张力（belief tension）是指一个信仰组织内部各组成部分，以及信仰组织与外部世界相区别、分离和对抗的程度。企业创新信仰的张力是指企业作为一种信仰创新的组织，与外部世界相区别、分离和对抗的程度。罗德尼·斯达克和罗杰尔·芬克的实证研究结果表明，信仰张力是信仰组织（如教会）发展的重要的群体动力；一个信仰组织的张力与其信徒排他性具有对应关系，一个信仰组织与周围环境的张力程度越高，信徒对该信仰组织的依附程度就越排他、越深广和越昂贵；在信仰组织中，信徒的信仰代价和回报价值之间有对应关系；信仰组织的增长率与其张力密切相关，低张力的信仰组织增长率较低，高张力的信仰组织增长率较高；随着信仰组织的高张力倾向被压制，信徒对该信仰组织的平均委身程度将由于最高委身成员的退出或开除而降低。

同样道理，企业创新信仰的张力与企业、员工之间密切相关。揭示企业创新信仰的张力对企业、员工作用的规律，对充分发挥企业创新信仰功能、调动企业员工的创新积极性、提升企业创新能力具有重要意义。

8.1.2　企业创新信仰市场

根据罗德尼·斯达克和罗杰尔·芬克提出的信仰市场理论，构建企业创新信仰市场模型（见图8-1）。在企业创新信仰市场模型中，创新教会、创新学会、创新协会等创新文化提供者是企业创新信仰的供给方，国家创新激励政策、地方创新激励政策、创新精英的示范作用、社会公众信仰习惯等是影响企业创新信仰供给的重要因素。企业是企业创新信仰市场的需求方，企业家信仰习惯、企业员工信仰习惯、创新逆向选择机会、企业家创新风险好恶、创新收益等是影响企业创新信仰需求的主要因素。创新意识、创新思想等创新文化是企业创新信仰市场供需双方交易的对象。

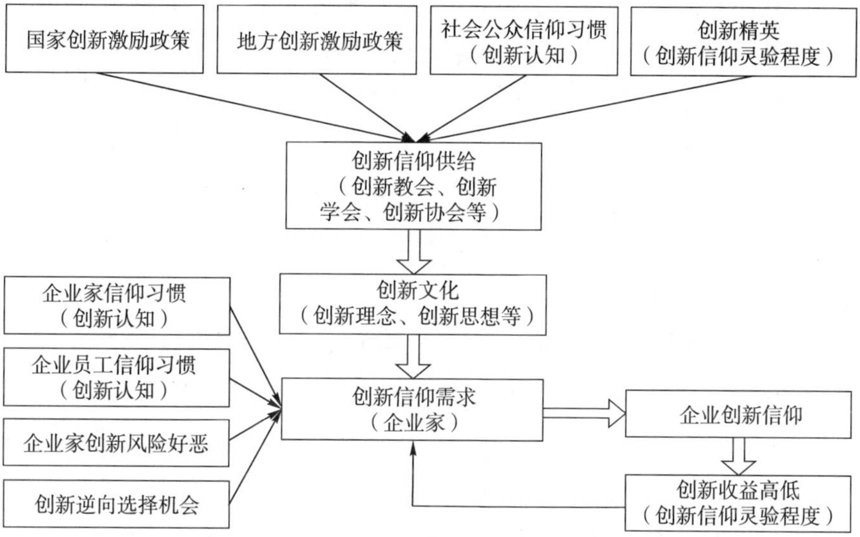

图8-1　企业创新信仰市场模型

8.1.3　企业创新信仰张力场

将信仰张力与信仰市场结合起来，就形成信仰张力场（belief tension field）。信仰张力场是由许多张力对子所营造的张力系统和氛围。信仰张力场不仅是信仰张力发挥作用的静态的互补结构，而且是人们能动地把握信仰市场作用对象的重要手段。

企业创新信仰张力场是企业在创新信仰市场的张力，由企业创新信仰的内部张力和外部张力构成，是企业创新信仰对内、对外发挥作用的张力系统和张力氛围。企业创新信仰张力场是企业创新信仰张力与企业创新信仰市场的集成，是企业创新信仰群体动力的根本。

8.2 企业创新信仰的内部张力场

根据企业创新信仰作用的范围，企业创新信仰张力场可以分为内部张力场和外部张力场。企业创新信仰的内部张力场是指企业创新信仰在企业内部各创新子过程之间相互区别、分离和对抗所形成的氛围，是企业创新信仰的“内三角张力”。

8.2.1 企业创新信仰内部张力场的性质

在企业精神层中，信仰与怀疑构成一对张力，这对张力是企业整个精神意识世界运作的态势。就企业对创新的态度而言，对创新的信仰与怀疑是企业创新信仰的重要内部决定因素。企业创新是从提出新的构想开始，经过研发、制造、营销等子过程，到产生经济效益、社会效益的商业化的整个过程。根据企业创新过程，企业创新信仰主要表现为对市场创新、技术创新、产品创新等的信仰。企业创新信仰的内部张力场是通过企业创新过程中各子过程之间的相互区别、分离和对抗的张力形成的。

（1）企业市场创新信仰与技术创新信仰的张力

市场创新的主要功能是开辟一个新的市场，这个市场是一个国家或地区的企业以前未曾进入过的。技术创新的主要功能是创造新的技术知识，这种技术知识可能以前未曾出现过，或者虽然出现过，但又发现了它的新的用途。实践证明，从事市场创新的人群以企业家为主，从事技术创新的人群以技术专家为主。由于知识结构的差异，企业家往往认为市场创新是企业创新过程中最重要的内容，技术专家常常认为技术创新是企业创新过程中最重要的内容。这样，由于认知的差异，便产生了市场创新信仰与技术创新信仰的张力，市场创新信仰与技术创新信仰的张力程度对企业创新信仰的形成意义重大。当企业市场创新信仰与技术创新信仰的张力较大，企业家与技术专家的冲突较为严重时，创新信仰很难在企业内部形成共识；当企业市场创新信仰与技术创新信仰的张力较小，企业家与技术专家的冲突比较缓和时，创新信仰在企业内部比较容易形成共识。同时，企业市场创新信仰与技术创新信仰的张力程度实质上是用户需求与技术先进程度匹配的问题。当用户需求能够被转化为创意，并进一步转化为技术时，创新信仰容易在企业和用户之间形成共识；当用户需求不能转化为技术时，创新信仰很难在企业和用户之间形成共识。

（2）企业技术创新信仰与产品创新信仰的张力

企业产品创新的主要功能是将技术知识转化为产品。企业技术创新信仰与产品创新信仰的张力实质上是技术与产品的匹配问题。在产品创新过程中，既可以通过嵌入新的技术实现产品创新，也可以通过采用新的制造工艺实现产品创新。当采用新的技术实现产品创新时，技术的先进程度与产品制造的接受程度密切相关，当技术先进程度超过产品制造的接受程度时，新的技术很难嵌入产品并支撑产品创新；当技术先进程度落后于产品制造的接受程度时，新的技术也很难嵌入产品创新并支撑产品创新。只有当新的技术与产品制造能够很好地匹配时，技术知识才能顺利转化为产品。上述技术知识转化为产品的程度与企业创新信仰的形成密切相关，当技术知识顺利转化为产品时，利于企业创新信仰的形成；当技术知识难以转化为产品时，不利于企业创新信仰的形成。

（3）企业产品创新信仰与市场创新信仰的张力

企业产品创新信仰与市场创新信仰的张力实质上是企业产品与用户需求的匹配问题。由于企业与用户之间的信息不对称性，企业对用户需求的理解程度总是大打折扣。当企业对用户需求的理解深刻时，企业生产出的产品或者提供的服务与用户需求的匹配程度相对较高；当企业对用户需求的理解比较肤浅时，企业生产出的产品或者提供的服务与用户需求很难实现完美匹配。企业产品与用户需求的匹配程度直接影响到企业产品创新信仰与市场创新信仰的张力，当企业产品与用户需求的匹配程度较高时，企业市场创新信仰与产品创新信仰的张力相对较小，创新信仰更容易在企业内部形成共识；当企业产品与用户需求的匹配程度较低时，企业市场创新信仰与产品创新信仰的张力相对较大，企业创新信仰形成的难度相对较大。

综合起来，形成企业创新信仰的内部张力场模型（见图8–2）。其中，H1

表示市场创新信仰与技术创新信仰之间的张力，H2表示技术创新信仰与产品创新信仰之间的张力，H3表示产品创新信仰与市场创新信仰之间的张力。

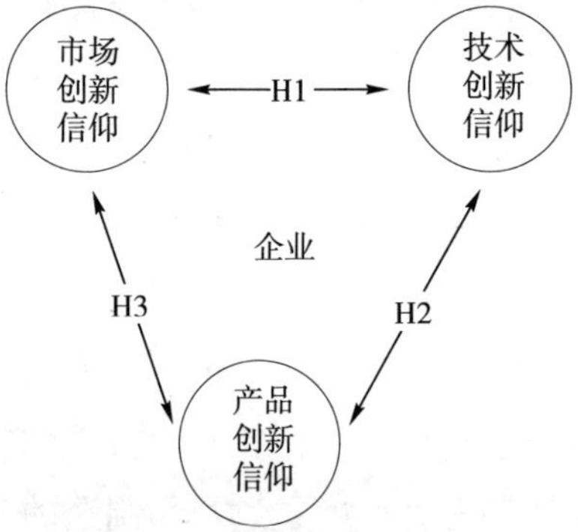

图8-2　企业创新信仰的内部张力场模型

8.2.2　企业创新信仰内部张力场的度量

在企业创新过程中，市场创新、技术创新、产品创新三个关键子过程的每个子过程与其他子过程之间密切相关。各子过程之间的创新信仰张力对企业创新信仰的形成和发展具有决定作用。用双相关分析法分析企业创新过程三个子过程之间的关系。由于两变量之间的张力与它们之间的相关系数具有反向关系，用两变量之间的相关系数确定企业创新信仰形成过程中各子过程之间的张力程度。定义：

张力系数=–相关系数

现在用R表示两变量之间的张力系数，用r表示两变量之间的相关系数，则两变量之间张力系数与相关系数的关系可以表示为：

$$R=-|r|$$

通过两变量之间张力系数的大小，可以衡量两变量之间张力的大小，从而判断企业创新信仰的状况。

现在对两变量之间的张力系数做如下规定：

（1）张力系数R是一个无单位的变量，其取值范围为$-1\leqslant R\leqslant 0$。

（2）R的绝对值越接近于0，表示两变量之间的张力越小；R的绝对值越接近于-1，表示两变量之间的张力越大。

（3）$-1 \leqslant R \leqslant -0.8$时，两变量之间不存在张力；$-0.8 < R < -0.5$时，两变量之间具有低度张力；$-0.5 \leqslant R \leqslant -0.3$时，两变量之间具有中度张力；$R > -0.3$时，两变量之间具有高度张力。

8.3　企业创新信仰的外部张力场

企业创新信仰的外部张力场，是指企业创新信仰与企业外部市场要素之间相互区别、分离和对抗所形成的氛围，是企业创新信仰的“外十字张力”。企业创新信仰的外部张力场是决定企业创新信仰形成和发展的重要外部因素，对企业构建创新信仰和补救创新信仰缺失具有重要意义。

8.3.1　企业创新信仰外部张力场的性质

就企业生存的市场环境而言，企业的用户、竞争企业、供应商、互补主体等相关机构对企业创新的信仰和怀疑是企业创新信仰的重要外部决定因素。企业创新信仰的外部张力场是企业与用户、竞争企业、供应商、互补机构等市场主体相互区别、分离和对抗的张力所形成的张力系统和氛围。

（1）企业创新信仰与用户创新信仰的张力

在市场上，企业与用户是一对共生关系。当用户产生某种需求时，通常是由于工作或生活中存在的某种问题影响到用户工作效率的提高或生活质量的改善。用户通过各种渠道了解企业产品的信息，并据此做出购买决策。当用户认可企业宣传的创新信仰，与企业创新信仰之间的张力较小时，就购买企业的产品；当用户不认可企业宣传的创新信仰，与企业创新信仰之间的张力较大时，就不购买企业的产品。企业通过供应产品和创新信仰与用户实现沟通，用户通过购买产品实现工作效率的提高和生活质量的改善。

（2）企业创新信仰与竞争企业创新信仰的张力

在市场上，竞争企业与在位企业生产同样的产品，面对同样的用户。企业和竞争企业为保证占有更大的市场，经常采取不同的竞争战略。成本领先、差异化、集中差异化是企业经常采用的三种竞争战略。不管是成本领先战略，还是差异化战略、集中差异化战略，都体现出企业与竞争企业的差异性。这种差异性不仅表现在企业的物质层、行为层、制度层，更表现在企业的精神层，特别是企业信仰。时至今日，创新已经成为企业竞争成功的核心能力，企业对创新的态度，即能否把创新上升为自己的最高意识形式，并以其作为企业行动的指南，已经成为决定企业竞争成败的重要决定因素之一。当企业创新信仰与竞争企业创新信仰的张力较大时，企业创新的差异化相对突出，企业的竞争力相对较强；反之，企业的竞争力则相对较弱。

（3）企业创新信仰与供应商创新信仰的张力

由于分工的不同，企业在生产或服务过程中不可能独自生产产品或服务需要的一切部件。企业只要从其他企业采购原材料或半成品，就存在供应商。在市场竞争中，供应商和企业是“一根绳上的蚂蚱”，荣辱与共。企业与供应商一方面通过产品，共同面对用户；另一方面，又在价格、技术、文化等方面存在不同程度的张力。就对待创新的态度而言，企业与供应商也存在差异。企业为提升产品竞争力需要不断创新，需要采用技术性能好的原材料或零部件，但供应商出于成本等考虑，不愿意主动创新。这样，企业与供应商之间便存在创新信仰的差异，存在创新信仰张力。

（4）企业创新信仰与互补机构创新信仰的张力

企业在市场上的竞争表面上是单个企业之间的竞争，实质上是以企业为代表的整个支撑系统之间的竞争。企业向用户提供满意的产品或服务需要人力资源、政府政策、资本等要素的支持，这些支撑要素对企业产品的质量和技术水平具有重要影响。由于种种原因，企业与高校、政府、金融机构等互补机构在对待创新的态度方面经常存在差异，这种差异成为企业与互补机构之间的创新信仰张力，对企业创新信仰的形成和发展具有重要影响。

综合起来，形成企业创新信仰的外部张力场模型（见图8-3）。其中，H4表示企业创新信仰与用户创新信仰之间的张力，H5表示企业创新信仰与竞争企业创新信仰之间的张力，H6表示企业创新信仰与供应商创新信仰之间的张力，H7表示企业创新信仰与互补主体创新信仰之间的张力。

8.3.2 企业创新信仰外部张力场的度量

企业创新信仰的形成和发展受到市场外部环境的约束。在企业创新信仰形成过程中，用户、竞争企业、供应商、互补机构等同时对企业创新信仰的形成产生影响。参考企业创新信仰内部张力场确定张力系数的方法确定企业创新信仰外部张力场的张力系数。用r_1表示市场创新信仰与技术创新信仰之间

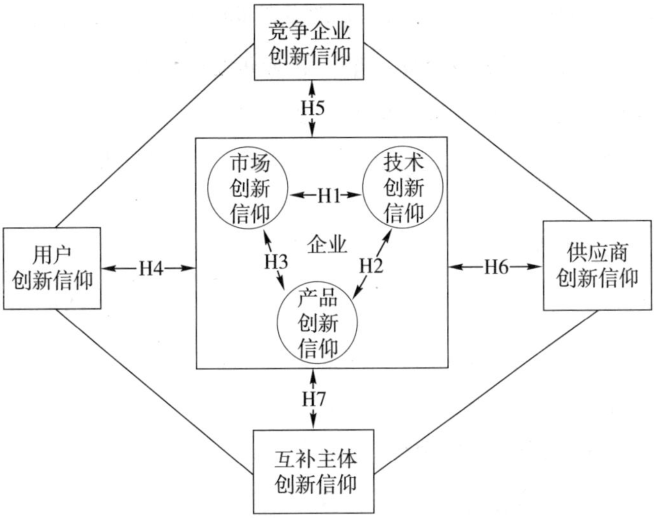

图8-3　企业创新信仰的外部张力场模型

的相关系数，用r_2表示技术创新信仰与产品创新信仰之间的相关系数，用r_3表示企业产品创新信仰与市场创新信仰之间的相关系数。则

企业创新信仰与外部市场主体的张力系数

$$R'=\frac{\Sigma\text{企业创新过程各子过程的相关系数}}{n}$$

用R'表示企业创新信仰与外部市场主体之间的张力系数，R'_1表示企业创新信仰与用户创新信仰之间的张力系数，R'_2表示企业创新信仰与竞争企业创新信仰之间的张力系数，R'_3表示企业创新信仰与供应商创新信仰之间的张力系数，R'_4表示企业创新信仰与互补机构创新信仰之间的张力系数。

为了研究方便，用偏相关分析企业与用户、竞争企业、供应商、互补机构等市场主体之间的关系。偏相关分析是在排除了其他因素的影响后，考察两个因素的关联程度，目的在于消除其他变量关联性的传递影响。分析企业创新信仰与某一市场主体的张力时，设定该市场主体为协变量，设定企业创新过程的各种创新信仰为变量。

8.4　企业创新信仰的二级张力场

通过前面企业创新信仰的张力场结构可知，企业创新信仰的形成既受到企业内部因素的影响，也受到企业外部因素的影响。内部因素和外部因素是企业创新信仰的空间结构。除此之外，企业创新信仰从现实到一般超越目标，再从一般超越目标到终极超越目标的二级结构，形成企业创新信仰的二级张力场，也是构成企业创新信仰张力结构的重要内容（见图4–4）。

8.5 案例分析

格力电器是当今世界销量最大的空调企业，坚守创新信仰是其取得成功的根本。下面通过分析格力电器创新信仰的内部张力场、外部张力场、二级张力场，揭示格力电器创新信仰的结构。

8.5.1 格力创新信仰的内部张力场

营销、研发、生产是企业创新过程中最核心的三个子过程。由于分工的存在，在企业创新过程中，营销、研发、生产经常由不同的员工操作。发生在营销环节的市场创新信仰与发生在研发环节的技术创新信仰、发生在生产环节的产品创新信仰之间的张力程度决定了企业创新信仰的状况，因为企业创新信仰是市场创新信仰、技术创新信仰和产品创新信仰的集成。市场创新信仰、技术创新信仰、产品创新信仰各自内部的凝聚力越强，三者之间的张力越小，企业创新信仰就越强。格力电器作为集空调设计、制造、销售为一体的空调企业，其创新信仰的内部结构具有特殊性，通过分析格力电器创新过程中三种重要子信仰——市场创新信仰、技术创新信仰、产品创新信仰之间的张力，能够明确格力电器创新信仰的内部结构。

（1）格力市场创新信仰与技术创新信仰的张力

在格力电器，有两个高管，他们分别掌控着格力电器的市场创新和技术创新。这两个高管就是大家熟知的原格力电器董事长朱江洪和现任董事长董明珠。格力市场创新信仰与技术创新信仰的张力主要体现为朱江洪与董明珠之间的张力。

朱江洪，广东珠海人，毕业于华南理工大学，在掌管格力电器之前，曾经在广西担任过百色矿山机械厂的质检员、质检科副科长、车间副主任、生产科副科长、技术科副科长、厂长，曾经在珠海担任过冠雄塑胶厂的总经理。朱江洪工科科班出身，谙熟制造技术，但为人低调，不善交际。专业特长和性格的原因使朱江洪坚守技术创新信仰，深知技术创新对格力电器的重要性。他认为，企业必须以科技创新为纲，有些企业艰难度日，是因为产品不好卖，产品不好卖的原因是企业拿不出能使消费者动容的、能改变他们生活的创新产品。企业之所以拿不出高质量的产品，是因为企业没有从科技创新的角度去分析、探讨，去攻克影响产品质量的方方面面的问题。正是由于朱江洪的专业特长和性格特点，使他不擅长营销，必须靠别人去做企业的营销工作。

董明珠，江苏南京人，毕业于安徽芜湖干部教育学院统计学专业，毕业后被分配到南京一家化工研究所工作，主要做行政管理工作。董明珠从小性格要强，伶牙俐齿，交际能力强。她30岁丧夫，丧夫六年后南下打工进入格力电器前身的海利空调厂工作。董明珠的专业特长和性格特点决定了她在格力电器的定位，她自己选择从营销开始挑战自己。她深知营销对一个制造企业的重要性，笃信市场创新信仰。在原营销副总和营销人员集体跳槽的紧急关头，她与朱江洪一起，大胆改革营销模式，通过与经销商共建经销公司，实现对营销渠道的绝对控制。也正是董明珠的专业特长和性格特点，使她对空调技术知之较少，必须依靠别人做企业的技术工作。

就专业特长和性格特点而言，朱江洪与董明珠之间异质性高、同质性低，存在很强的互补性。当今“营销+技术”的技术创新模式决定，朱江洪和董明珠都很难单独支撑起格力电器的技术创新，而两人合作则形成完美的现代企业创新模式。所以，以朱江洪为代表的格力电器的技术创新信仰和以董明珠为代表的格力电器市场创新信仰之间的引力强、张力小，因此为格力电器技术创新信仰与市场创新信仰的集成提供了天然条件。

（2）格力技术创新信仰与产品创新信仰的张力

格力电器的产品创新信仰与产品质量信仰是紧密联系的。朱江洪工科出身，又长期分管生产和产品质量检测，深知质量对产品的重要性。他认为企业是为了制造产品而生存的，产品的核心是质量。为此，1994年朱江洪在公司大会上首次提出“精品战略”的构思。他认为所谓“精品战略”，就是要狠抓产品质量，瞄准国际上最好的空调，把它作为赶超目标，开展科技创新和一系列行之有效的质量活动，把空调“做精、做强、做大”。

朱江洪认为，质量管理存在国情，国内员工的思想素质相对较低，特别是自觉性、纪律性、服从性比起欧美、日本等发达国家相对较差。针对格力电器员工素质的这一现实，朱江洪及时提出“总经理十二条禁令”，后发展为“总经理二十条禁令”，用行政命令高压保证产品质量，违者一律除名，不讲理由。为了保证产品质量，格力电器建立了质量管理体系。格力电器的质量管理体系由格力管理部、筛选分厂、质量控制部三个部门组成。格力管理部负责建立、监控、完善公司内综合管理系统；筛选分厂负责所有外协外购件的入厂检测和实验；质量控制部负责整个生产流程的质量检验、质量监控和整机可靠性试验，建立对供方的质量管理体系，全面推行质量管理工作，不断提升公司及供方整体质量管理水平。

朱江洪认为，我国制造业已经解决了几乎所有产品的生产问题，但还没有解决把产品做精做好的问题，这个“做精做好”很大程度上指的是产品的可靠性。中国产品与西方发达国家的产品相比，很多时候不是输在性能上，而是输在可靠性上。为保证产品的可靠性，必须从可靠性设计、可靠性工艺、可靠性制造、可靠性检测等基础工作做起，可靠性先从设计做起，再在制造过程中严格要求。

保证产品可靠性，就企业高层而言，主要靠什么？主要靠良心，靠对消费者负责的良心，实质上就是靠产品质量信仰，靠产品创新信仰。

在格力电器，技术和生产都由朱江洪一人分管，两项工作之间配合得天衣无缝。朱江洪的专业特长和性格特点决定了格力电器的技术创新信仰与产品创新信仰或产品质量信仰之间引力大到极限，不存在张力。所以，格力电器技术创新信仰与产品创新信仰之间的关系现状为格力创新信仰的形成提供了天然条件。

（3）格力产品创新信仰与市场创新信仰的张力

由前面对格力技术创新信仰与市场创新信仰之间的关系，以及格力产品创新信仰与技术创新信仰之间的关系分析可知，格力产品创新信仰与市场创新信仰之间的关系，实质上也主要体现在朱江洪与董明珠两人的关系上。

董明珠作为营销主管，高度重视产品质量和产品创新。为了保证产品质量，董明珠不断提高格力电器的服务标准。首先，提出“一流的产品品质+一流的服务=零烦恼消费”的理念，强调要想使消费者对品牌保持忠诚，过硬的产品品质和服务都是最佳手段。其次，强调全过程服务，让服务贯穿于产品研发、生产、销售等环节，把服务前移，将服务做在产品消费之前。她认为优质的产品才是最好的服务，不需要售后服务的服务才是最好的服务。真正实现顾客零烦恼，是格力产品和服务的追求，争取在产品售出后不与消费者见面。最后，打造全球最高服务标准，2005年初，格力电器开始执行“整机免费包修六年”的服务标准，而此前国家对家用空调器的强制性标准是“整机保修一年，主要零配件保修三年”，这意味着格力电器的服务标准大大超过了国家的强制标准。2010年4月，格力电器又提出“完美变频12年包修”的服务标准。

格力电器通过挑战自己，不断提高服务标准，靠提高质量标准不断降低售后服务时间，足以证明格力电器的产品创新信仰和产品质量信仰在不断提高。

在格力产品创新信仰与市场创新信仰之间的关系方面，2012年以前，朱江洪分管生产，董明珠分管市场营销，朱江洪与董明珠两人的专业特长和性格特点决定了格力电器产品创新信仰与市场创新信仰之间引力大、张力小；2012年5月，朱江洪退休，董明珠接任董事长，在分管市场营销的同时，也分管生产，格力电器产品创新信仰与市场创新信仰之间的引力趋向极大，张力几乎为零，从而为格力创新信仰的确立提供了天然条件。

8.5.2　格力创新信仰的外部张力场

用户、竞争企业、供应商、互补机构是企业在市场环境中需要面对的重要机构或人员，上述机构或人员对企业创新信仰的态度直接影响到企业创新信仰的形成、发展和消亡。格力电器属于空调行业，该企业面对的用户、竞争企业、供应商、互补机构有自己的特殊性。通过分析格力电器与用户、竞争企业、供应商、互补机构之间的张力关系，可以明确格力创新信仰的外部结构。

（1）格力创新信仰与用户创新信仰的张力

企业创新信仰与用户创新信仰的张力集中体现在企业对用户利益的关心程度。格力创新信仰的三个子信仰——市场创新信仰、技术创新信仰、产品创新信仰与用户的张力均较小，因此，用户数量不断增加，企业从用户获取的收益不断增加，对格力创新信仰的牢固形成正反馈作用。

格力电器从成立起始终坚持用户利益至上。董明珠认为，销售的核心就是诚信与共赢。消费者关心的是空调的质量和价格，空调企业关心的是稳定的销售收益，只有两者实现共赢，企业创新信仰与用户创新信仰之间的张力才能实现最小。为了与消费者实现共赢，格力电器采取了以下几种措施。

格力电器将优质产品作为营销的前提，明确营销的重点。朱江洪认为，营销救企业的神话早已过去，只有科学技术才能救企业，才能保证企业的生存和发展，才能在与实力雄厚的跨国企业竞争中幸存下来。企业好不好最终体现在产品上，体现在技术和质量上。董明珠同样赞成朱江洪的重视核心技术的理念。作为一个资深营销成功人士，董明珠认为，营销不过是一个服务工具而已，科技才是改变企业命运的关键因素。企业营销做得再好，如果产品质量不好，营销就是骗术，营销永远是服务于市场的。为了保证对营销渠道的绝对控制，格力电器与经销商合资建立经销公司，经销公司的董事长一律由格力委派，总经理由经销地比较大的经销商担任。格力电器坚持好空调才有好销路。为保证产品质量，格力把"质量第一"作为格力电器的核心价值观，提出"打造精品企业，制造精品产品，创立精品品牌"的战略思想，坚持实施"精品战略"。董明珠始终强调，品质才是战略，除此之外都是战术。

为了稳定价格，格力电器采取一切措施保障经销商的合理利润。在销售淡季，实行"淡季贴息"，避免经销商将淡季损失和成本转嫁给消费者。"淡季贴息"是指在销售淡季，产品的出货价格较销售旺季要低一些，经销商在销售淡季向格力打款不但可以拿到有竞争力的价位，而且淡季打款旺季提货也享受淡季优惠价。格力电器还实行"年终返利"的营销策略，根据销售业绩向经销商返还利润，这一措施不但保证了经销商的利润空间，而且也维系了经销商的黏性。格力电器通过善待经销商，保证了消费者的利益。

格力电器坚决不参与价格战。董明珠认为，一个真正好的企业，价格战是不可取的。价格战的实质是一种低于产品成本销售的竞争行为，价格战表面看起来是一种市场行为，但从长远来看，真正在价格战中遭受损失的是消费者。在价格低于成本时，企业唯一的办法是偷工减料，保证企业不亏损经营。消费者买走的低价格产品，同时往往也是低质量的产品，买回之后各种质量问题会在使用过程中反复爆发，从而继续增加消费者的使用成本。所以，格力电器坚决不打价格战，实际上是对消费者负责，是为了保证消费者的利益。董明珠认为，只要有核心技术，就不怕打价格战，也坚决不参与价格战。

（2）格力创新信仰与竞争企业创新信仰的张力

格力电器作为空调行业的知名品牌，是一步一步成长起来的，是在与同行企业春兰、美的、海尔、格兰士、科龙等竞争中成长起来的。俗话说，同行是冤家，作为同行企业，相互之间自然存在巨大张力，每个企业都在时刻提防着对方。格力电器也一样，其创新信仰与同行竞争企业之间存在很大张力，但这种张力并没有表现为绝对的对抗，而是根据自己的发展战略，不断战胜自己。格力电器从一个弱小空调企业发展成为今天的巨无霸，从一开始就选择避免与竞争对手直接对抗，而是根据专业化发展战略，一种产品一种产品地发展，每一种产品都瞄准世界最高标准，脚踏实地地把每一种产品在质量和技术上都做到极致。

在我国空调行业大浪淘沙过程中，好些知名空调品牌一个个都销声匿迹了，表面上看是格力打败了它们，其实是它们自己被市场打败了，或者说是自己被自己打败了。日系空调品牌曾经在我国风靡一时，但今天在我国集体败北。在改革开放初期，中国经济较为落后，日本企业凭借庞大的资金和相对先进的技术迅速占领了中国市场，日立、松下、索尼等品牌在20世纪80年代到21世纪初的30年时间成为我国知名的空调品牌。但日企领导始终认为中国是一个落后国家，中国市场上需要的技术从来都是二流的，甚至是被淘汰的。在日本企业经营者的意识中，一流的技术留在日本，二流的技术和产品出口欧美，只有几乎淘汰的产品和技术才出口到中国。结果日本企业由于自我傲慢和偏见被一步一步成长起来的中国企业打败。

春兰曾经是中国知名的空调品牌，但因为财务决策、经营、管理等方面的不足，逐渐被格力战胜。在战略选择方面，春兰坚持向多元化方向发展，过于宽泛的投资领域消耗了春兰大量资金，没有形成集中的拳头产品。在财务决策方面，春兰采用相对冒险的财务政策，举债较大，企业财务负担沉重。在品牌营销方面，春兰没有注重品牌营销，几乎所有产品都共享春兰品牌，春兰品牌在家电行业无人不知，但在汽车、摩托车等领域没有任何知名度，明显削弱了其主营业务的专业度，对品牌造成非常不利的影响。在营销渠道方面，春兰从经营承包和单一的工厂直销方式转为受控代理制，最终宣告失败。在公司治理方面，春兰董事会和监事会频频易主，对春兰的发展非常不利。

科龙于1984年开始生产冰箱，是中国最早生产冰箱的企业之一，1999年被世界经济论坛推举为1999年全球新兴市场100家最佳企业之一，2001年被《财富》杂志评为“中国上市公司百强企业”之一。但2006年，海信收购科龙集团，海信同时拥有海信、科龙、容声三个中国驰名商标，主导产品涵盖冰箱、空调、冰柜、洗衣机等多个领域，科龙成为海信多样化经营中的一种。

格力电器在与同行企业竞争过程中，坚持专业化发展战略，只做空调一类产品。对所做的每一种产品，都瞄准世界最高标准，打造全球最高标准。2015年5月，格力以56.8%的市场占有率，在国内市场独占鳌头，与第二名美的的营业收入相差400亿元，开始领跑中国空调一线品牌。在变频空调市场，格力拥有核心技术，从2013年开始成为变频空调市场的领导者。在中央空调市场，格力击败洋品牌，在2013年成为名副其实的中央空调霸主。

（3）格力创新信仰与供应商创新信仰的张力

从长远来看，企业与供应商面对共同的终端客户，企业与供应商休戚相关。因为产品质量是一个系统工程，不仅需要生产厂家的努力，也需要社会的配合，特别是供应商的配合。但从近期来看，企业和供应商都是自负盈亏的独立经营单位，它们各有自己的利益。所以，制造企业与供应商在创新信仰方面之间既存在引力，又存在张力。

一台空调所用的零部件既有自制零件，也有外购零件。自制零件的质量容易控制，但外购零件的质量很难控制。格力电器在成立早期对外购零件采用抽检的方法控制其质量，但实践证明，抽检并不能保证外购零件的质量达到百分之百合格。千里之堤，溃于蚁穴。1995年5月，格力电器有一批空调出现大面积“死机”现象，空调开动不久就突然停止工作，需要关机重新启动，工作一会就会重复原来的故障。消费者纷纷投诉，售后部门应接不暇，焦头烂额。最后追查原因，原来故障出在一个小小的片状电容上。格力工作人员找到供应商，他们说该批电容由于原来的材料一时缺货，工厂擅自更换新材料所致。这次故障虽然找到了原因，但对格力电器造成的负面影响是永远无法弥补的。为了严格把关外购配件质量关，格力电器决定成立筛选分厂，该厂成立于1995年下半年，由300多人组成，基本工作就是把买回来的重要零配件在上线装配之前逐一检验筛选，不合格的剔除，退回原厂，并按问题严重程度给予协作厂一定的经济处罚，迫使协作厂重视产品质量。“筛选分厂”是格力电器质量管理的特色，用严格细密的筛子把供应商不合格的零配件堵在空调产品之外，迫使供应商在创新信仰上与自己保持一致。这一制度缩小了格力电器与供应商之间在创新信仰方面的张力，促使格力电器与供应商在创新信仰方面逐渐取得一致。

“筛选分厂”既是格力电器在质量管理方面的一大创新，也是格力电器在与供应商创新信仰管理方面的一大创新。经过改革开放30多年的发展，我国许多行业都取得了突飞猛进的发展，市场竞争秩序逐渐规范，企业社会责任和道德品质有了很大提高，但还有一定数量的企业存在急功近利心理，这种心理给消费者的生命财产安全造成了极大伤害。在中国当今国情下，特别是供应商存在急功近利心理情况下，作为制造企业，如何减少与供应商在创新信仰方面的张力，逐步与供应商在创新信仰方面取得一致，格力“筛选分厂”的过渡性做法值得许多制造企业借鉴。

（4）格力创新信仰与互补机构创新信仰的张力

高校、金融机构、政府等通过向企业提供人才、技术、资本、政策等资源支持企业发展，它们与企业之间形成一种互补关系。企业与互补机构之间在创新信仰方面的张力与企业创新信仰的形成和影响存在密切关系。

格力电器从1991年8月成立到现在的20多年时间，从一个名不见经传的小企业成为如今年产值超过千亿元，销售量全球第一的空调企业，离不开全国高校对格力电器人才的支撑。从G-Matrik直流变频技术到直流变频离心机技术、EVI超低温数码多联中央空调技术、智能化霜技术，都与高质量的创新人才密切相关。正是格力电器与高校输送的创新人才在创新信仰上的高度契合，才造就了格力电器技术创新的突飞猛进。

董明珠入职格力后，要账的艰难使她深刻领会到资金对格力电器的重要性。为了减少应收账款，董明珠与朱江洪一起改革营销模式，与经销商合资成立经销公司，要求经销商先打款后发货。充足的资金保证了格力电器技术创新、质量管理等各项业务的进行，也减少了格力电器对金融机构的依赖。所以，格力电器与金融机构联系较少，在创新信仰方面没有什么张力。

格力电器作为一家国有企业，之所以能够快速发展，与珠海市政府的大力支持密不可分。但面对格力电器在广州市政府的政府采购中以投标价1707万元，比中标公司投标价2151万元低的失败，董明珠坚持原则与政府“死磕”，最终将政府告上法庭。董明珠认为，她这样做不但是在为格力讨说法，更重要的是要为政府讨回损失，是在促进政府采购更加阳光。这一举措说明格力电器在创新信仰方面与政府存在一定张力。

在环境保护和产品质量方面，格力电器的创新信仰与社会公众是一致的，相互之间存在的张力很小。董明珠认为，一家企业的社会责任，不仅是为消费者提供好的产品，更是全球低碳经济的发展贡献自己的力量。多年来，格力电器不计成本地投入技术研发，以自主创新的核心技术打破了国外的技术垄断，填补了行业空白，在变频、节能、降噪、智能等技术领域获得“国际领先”认证，为消费者提供了值得信赖的产品，也为创造低碳经济的环境做出了贡献。

8.5.3 格力创新信仰的二级张力场

格力电器作为当今全世界销量最大的空调企业，其创新信仰并非一下就形成的。格力电器的创新信仰随着时间的流逝而不断变化。通过分析格力电器创新信仰的二级张力场，可以明确格力电器创新信仰的时间结构。企业营销、研发、制造是企业创新过程中的三个核心子过程，下面通过分析这三个子过程的营销创新、技术创新、质量创新解释格力创新信仰二级张力场形成的过程。

（1）格力创新信仰的一级张力场

在质量创新信仰方面，格力电器通过实现“保质期内没有故障”对“保质期内有故障”的超越，形成格力质量创新信仰的一级张力场。格力电器在1991年由冠雄塑胶厂和海利空调厂合并而成，无论当时的冠雄塑胶厂，还是当时的海利空调厂，都是名不见经传的小厂。所以，格力电器成立初期的产品质量是存在故障的。1995年5月，格力电器卖出去的一批空调出现大面积的“死机”现象，空调启动不久就突然停机，需要关机重新启动，工作不长时间又出现原来的故障。消费者纷纷投诉，厂方售后部门应接不暇。这就是格力质量创新信仰的一级张力场现状。那么，格力电器如何在信仰上超越质量现状呢？格力电器通过严格控制零配件质量和严格控制生产过程实现了产品质量在保质期内不再出现故障。为提高生产效率，格力电器用条形码对生产线进行自动化管理，可同时生产和测试不同机型，电脑对测试产品进行自动定位和识别，该系统具有业界“国际领先”水平。同时，格力电器引进精益管理和六西格玛管理，对生产过程进行规范管理。为了实现精品战略，格力电器制定“总经理十二条禁令”，后来发展到“总经理二十条禁令”，用高压强制的行政命令保证产品质量，违者一律除名，不讲理由，不找借口。

在技术创新信仰方面，格力电器通过实现“集成创新”对“模仿创新”的超越，形成格力技术创新信仰的一级张力场。1991年，格力电器成立时，表面上是由两个企业合并成立的公司，但实质上是一个“三无工厂”：无设备、无核心技术、无配套能力。空调除塑料壳、钣金壳是自己做的以外，其他的零部件全部靠采购。当时的格力电器，偶尔有一点技术创新，也是模仿其他空调产品的创新，属于最低层次的创新。那么，格力电器是如何实现对技术现实的超越的呢？

1992年，格力电器通过股份制改造，筹集资金2亿多元，加上企业从其他途径筹集的资金，共计4亿多元，进行第一期技术改造。通过技术改造，格力电器增添了各种急需的设备，初步建立了科研、产品试验、质量测试的体系，为企业腾飞奠定了坚实的基础。为实现技术创新对现实的超越，1995年格力电器紧接着又进行了第二期、第三期的扩建改造，初步形成了一个建筑面积达12万平方米、功能齐全的“格力空调城”，并跻身全国空调企业的前列。1996年11月，格力电器在深圳证券交易所成功上市，终于有机会在资本市场进行低成本融资。

在营销创新信仰方面，格力电器通过实现“企业控制渠道”对“业务员控制渠道”的超越，形成格力营销创新信仰的一级张力场。在格力电器成立初期的三年里，格力电器的营销模式基本实行的是“业务员控制渠道”的模式。随着格力电器的飞速发展，这种营销模式存在的弊端越来越突出。针对这种情况，格力电器不得不对营销模式进行改革，但改革触动了部分业务员的核心利益。1994年秋冬之际，主管销售的副总和营销人员集体跳槽到竞争对手那里，使得格力电器的销售系统几乎完全瘫痪。在这种情况下，格力电器如何实现对营销现状的超越?

针对格力电器营销团队集体跳槽事件，朱江洪第一时间就给董明珠打了电话，让她回总部接管混乱中的经营部。为了克服当时传统营销模式的弊端，董明珠和朱江洪一起，决定与经销商共同成立“股份制经销公司”，董事长由格力电器任命，总经理由比较大的经销商担任。这一营销模式被称为“21世纪经济领域的全新营销模式”，格力电器通过营销模式创新，实现了对营销渠道的绝对控制，为格力电器日后销售收入的飞速发展奠定了基础。

（2）格力创新信仰的二级张力场

在质量创新信仰方面，格力电器通过实现“没有售后服务”对“保质期内没有故障”的超越，形成格力质量创新信仰的二级张力场。经过十多年的努力，到2003年，格力电器基本实现了产品质量创新信仰的一般目标，即保修期内产品不再出现故障。但格力电器并没有因为产品达到质量创新信仰的一般目标就停止不前。紧接着，格力电器提出不需要售后服务的质量创新信仰终极目标。为实现质量创新信仰的终极目标，2005年1月，格力电器提出执行“整机免费包修六年”的售后服务标准，当时国家的强制性标准规定，家用空调器“整机保修一年，主要零配件保修三年”。“包修”和“保修”虽然只有一字之差，但“包修”是免费的，“保修”是收费的。这说明格力电器在产品质量创新信仰方面，在不断实现自我超越。2011年1月，格力电器又提出执行“完美变频12年包修”的服务标准，不断打造全球最高质量的服务标准。格力电器在质量创新信仰方面，逐渐在接近自己的终极信仰目标。正是由于格力电器对产品质量创新信仰的不断超越，到2013年，格力电器的营业收入已经达到1200.43亿元，成为全世界销量最大的空调企业。

在技术创新信仰方面，格力电器通过实现“原始创新”对“集成创新”的超越，形成格力技术创新信仰的二级张力场。原始创新是级别最高的自主创新形式，也是最具竞争力的创新形式，是技术创新的终极目标，但原始创新对企业的人才和设备等科研条件要求较高。为了实现原始创新，2001年，格力电器不失时机地进行了规模最大的第四期扩建改造，单期建筑面积达到22万平方米，拥有20多条生产线，形成全国单体产量最大的“空调王国”。又建立了以科研开发为核心的三大研究院：制冷技术研究院（专门从事制冷、变频技术、节能技术、可靠性的研究）、机电研究院（专门从事压缩机和机电技术的研究）、家电研究院（专门从事与空调制冷相关联的电器产品和国际前沿家电产品的研究）。每个研究院又根据研究课题设立若干个研究所。新成立的研究院与原来由一个技术部门扩建成的家用空调技术部、商用空调技术部、技术标准部、家用空调工艺部、商用空调工艺部、科技管理部分工明确，短、平、快的产品开发和日常的技术问题由技术部完成，而公司长远性、战略性的产品技术研究由研究院完成。同时，格力电器投资2000多万元建立了环境试验室，不出厂门就可模拟进行春夏秋冬、电闪雷鸣、狂风暴雪等恶劣环境下的各种科学实验和测试。

通过长期不懈努力，格力电器终于实现了技术创新的突破。2008年以后，格力电器相继突破G-Matrik直流变频、直流变频离心机、EVI超低温数码多联中央空调、“智能化霜”等一系列具有自主知识产权的核心技术。一系列技术创新终极目标的实现，为格力电器产品质量和功能的提升，以及竞争力的提升奠定了雄厚的技术基础。

在营销创新信仰方面，格力电器通过实现“顾客依赖”营销模式对“企业控制渠道”营销模式的超越，形成格力营销创新信仰的二级张力场。“企业控制渠道”的营销模式使格力电器成为世界销量最大的空调企业，但随着网络经济的飞速发展，这种模式存在的弊端逐渐显现：面临电子商务的冲击。针对这种情况，格力电器提出自己的最终营销目标：让全世界都依赖格力空调。同时，董明珠在2013年曾经与雷军进行过格力与小米的“10亿豪赌”，即如果五年内小米模式的营业额击败格力，董明珠愿赔雷军10亿元。董明珠与雷军进行“10亿豪赌”，重在强调实体经济，特别是制造业实体经济的重要性。因为董明珠率领的格力电器从来没有拒绝过互联网，相反，董明珠根据网络经济和格力电器的发展，逐步“触网”，通过“O2O”实现对“企业控制渠道”营销模式的超越。2014年，“双十一”购物节上，格力电器第一次与天猫合作，当天即实现1.32亿元的销售业绩。2014年12月5日，格力官方网上商城试运营，格力电器开始实施“O2O”营销模式。2015年3月4日，格力电商平台官方商城正式上线。格力电器致力于将格力官方商城建造成国内最大的、最专业的企业家电类购物平台。格力官方商城上线后已经对格力业绩产生很大影响。

8.6 小结

企业创新信仰的结构是企业创新信仰的构成要素和构成状态。根据企业创新信仰的空间和时间，将企业创新信仰的结构分为企业创新信仰的内部张力场结构、外部张力场结构和二级张力场结构。在企业创新信仰形成过程中，企业创新信仰内部张力场的三个关键变量——“市场创新信仰”“技术创新信仰”“产品创新信仰”之间的张力作用过程表明，企业创新信仰主要通过“市场创新信仰”“技术创新信仰”“产品创新信仰”之间的相互作用形成。在企业创新信仰的外部张力场中，企业创新信仰与用户、竞争企业、供应商、互补主体等创新信仰的张力作用过程表明，企业塑造创新信仰，需要加强与用户、竞争企业、供应商、互补主体等的相互作用，努力在创新信仰方面形成共识。在企业创新信仰的二级张力场中，从生存现实到一般生存目标的超越，与从一般生存目标到终极创新目标的超越同时进行。

第 9 章　企业创新信仰的功能

创新信仰作为企业精神层的核心内容，对企业的创新投入、创新产出等创新过程起着决定作用，而这种决定作用是通过对企业创新制度、创新行为、创新物质的决定逐层发挥作用的。企业创新信仰的主要功能是塑造企业的创新理念、创新制度、创新行为、创新物质，进而为企业的创新能力提供持续的精神动力支持。

9.1　企业创新信仰的功能原理

企业创新信仰是企业创新的原动力。为解释企业创新信仰这种原动力是怎样发挥作用的，现结合企业文化结构和企业创新信仰结构，构建出企业创新信仰的功能模型。

9.1.1　企业文化的结构

企业文化是企业创造的物质文明和精神文明的总和，企业所有的物质财富和精神财富都可以通过企业文化反映出来。明确企业创新信仰对企业文化作用的过程，有助于解释企业创新信仰的功能。

根据SCP理论，企业文化的结构（structure）决定企业文化的行为（conduct），企业文化的行为决定企业文化的绩效（performance），企业文化的结构是认识企业文化的基础。

关于企业文化的结构到底呈现何种形态，国内外学者曾经提出过多种观点。多数学者认为企业文化的结构具有层次性，深层次的文化对浅层次的文化具有决定作用。至于企业文化分为几个层次，曾经存在争议，有的学者认为企业文化分为两个层次，有的学者认为企业文化分为三个层次，有的学者认为企业文化分为四个层次。其中，坚持“四层论”的学者认为，企业文化由浅到深，分别由物质层、行为层、制度层、精神层构成，精神层是企业文化的最深层，是企业文化的深层决定因素；物质层是企业文化的浅层表现，是人们可以直接观察到的企业文化；制度层和行为层属于中间层的企业文化，为企业文化精神层向物质层过渡的层次。

9.1.2 企业创新信仰的结构

根据SCP理论，企业创新信仰的结构是企业创新行为和企业创新绩效的基础。第4章从空间和时间两方面对企业创新信仰的结构进行了横向和纵向划分。就空间而言，企业创新信仰的结构分为内部结构和外部结构，其中，内部结构主要围绕企业创新过程的三个关键子过程——市场创新、技术创新、产品创新展开。就时间而言，企业创新信仰的结构分为一级张力结构和二级张力结构。一级张力结构是生存目标对生存现实的超越，这种超越是企业创新信仰形成的基础；二级张力结构是终极创新目标对一般生存目标的超越，这种超越是企业创新信仰形成的必经阶段。

9.1.3 企业创新信仰的功能模型

企业文化的结构是从空间上对企业文化进行横向划分的。企业创新信仰的结构是同时从空间和时间两方面对企业创新信仰进行划分的，两者结合起来，可以实现对企业创新信仰功能的立体认识。

根据企业文化结构理论和企业创新信仰结构理论，构建出企业创新信仰的功能模型（见图9-1）。在企业创新信仰的功能模型中，企业创新能力由深到浅分为理念层、规则层、行为层和物质层四个层次。其中，理念层是企业对各种问题的看法，是企业文化精神层的重要组成部分，是企业创新能力的最深层；物质层是企业创新能力的最表层，是人们能够直接看到的企业创新能力；规则层和行为层是企业能力由理念层向物质层过渡的层次。企业创新信仰的功能模型如同一座漂浮在海面上的冰山，露出水面的物质层和行为层只是冰山的一小部分，规则层和理念层是隐藏在水下的冰山的大部分。在企业创新能力理念层中，企业创新信仰是核心，对企业创新能力理念层起着决定作用。企业能力理念层决定企业能力规则层，企业创新能力规则层决定企业创新能力行为层，企业创新能力行为层决定企业创新能力物质层。由此可知，企业创新信仰对企业创新能力的决定作用是经过企业

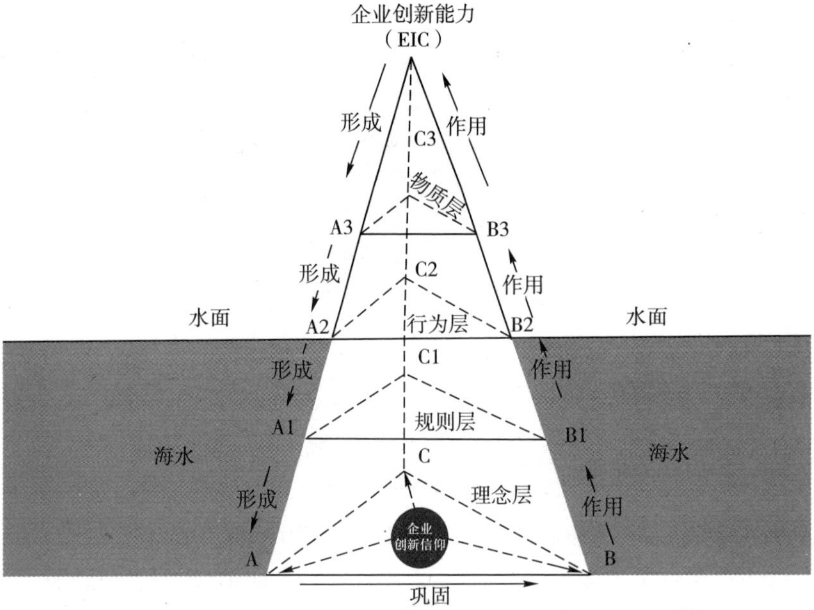

图9-1　企业创新信仰的功能模型

创新能力理念层由核心向外围，从下层向上层逐层传递的。企业创新信仰对企业各项创新活动都具有决定作用，但这种决定作用有的是直接决定作用，有的是间接决定作用。

企业创新信仰功能的冰山模型告诉我们，企业创新信仰的功能是由核心向外围、由深层向浅层逐级发挥作用的，发挥企业创新信仰对企业创新能力提升的作用，需要从企业创新能力理念层、规则层、行为层、物质层同时采取措施，而且从企业内外同时塑造企业创新信仰是根本。

9.2　企业创新信仰的理念塑造功能

企业创新信仰是企业创新能力理念层的核心。通过对专家进行深度访谈，并对访谈结果进行分析发现，企业创新能力理念层根据表现形式可分为创新信仰、创新愿景、创新价值观、经营理念、商业模式、创新精神等形式，企业创新信仰对企业创新能力理念层的其他形式具有塑造功能（见图9-2）。

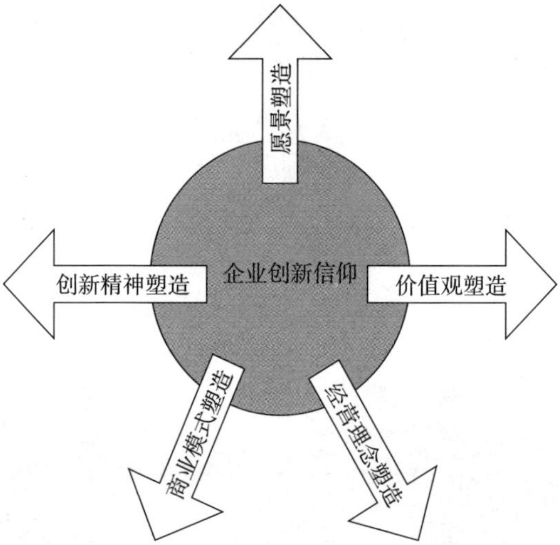

图9-2 企业创新信仰的理念塑造功能

9.2.1 愿景塑造功能

企业愿景是企业全体员工共同期望实现的意愿和看到的景象。信仰作为企业的终极目标，是企业全体员工期望实现的终极意愿和看到的终极景象。如果企业将创新作为自己的信仰，那么创新将成为企业期望实现的终极目标。企业创新信仰作为企业的终极愿景，既能对企业一般愿景实现超越，又能对企业的一般愿景起到诱导作用。

企业创新信仰对企业创新愿景具有塑造功能。企业创新信仰作为企业的终极目标，是企业一切活动的行动指南。企业创新信仰塑造企业创新愿景的内容，框定企业愿景的范围。

9.2.2 价值观塑造功能

企业价值观是企业判断事物重要性先后次序的标准，主要包括主体定位、社会规范、社会秩序、实践方式、价值本位五个要素。其中，主体定位是企业在社会结构中的位置关系，是价值观中最基本的核心问题；社会规范是企业受到约束的行为规范；社会秩序是企业的社会结构和运行方式；实践方式是企业的选择目标和选择手段，是企业的价值行为模式；价值本位是企业将何种价值作为本位，其他价值均服从该本位价值。

企业创新信仰对企业价值观的主体定位、社会规范、社会秩序、实践方式、价值本位都有重要影响。企业创新信仰决定企业是人类社会核心的创新主体决定其在创新活动中需要遵守政治规范、经济规范、道德规范、创新规范等。企业创新信仰决定企业以市场为导向，企业创新以商业化、产业化，并实现经济效益、社会效益为最终目的。企业创新信仰决定企业的实践活动以创新为主，决定企业以创新为价值本位，当其他价值与创新相遇时，其他价值必须服从和服务于创新。企业创新信仰既然具有塑造企业价值观要素的功能，企业创新信仰当然也具有塑造企业价值观的功能。

9.2.3　经营理念塑造功能

企业经营理念是企业在一定价值观指导下，为实现企业最高目标而确定的经营宗旨、经营原则和经营思路等。由于企业创新信仰是企业创新能力理念层的核心，对企业价值观具有决定作用，所以，企业经营理念服从企业创新信仰。如果企业把创新作为自己的信仰，那么企业必然将创新作为经营管理理念的核心内容。否则，企业会用其他信仰约束企业的经营管理理念和经营管理活动。不同的企业信仰塑造不同的企业经管理念，在不同经管理念指导下，必然产生不同的经营管理活动。创新信仰指导下的经营管理理念以创新作为企业经营管理活动的指导原则。其他信仰指导下的经营管理理念以其他信仰作为企业经营管理活动的指导原则。

9.2.4　商业模式塑造功能

企业商业模式是企业各部门之间、企业与企业之间、企业与用户之间、企业与供应商之间、企业与互补主体之间所存在的各种交易关系的总和。企业商业模式包括很多内容，其中用户、盈利模式、业务是企业商业模式的核心内容。

企业创新信仰作为企业创新能力理念层的核心内容，决定了企业用户是谁，决定了企业靠创新盈利，决定了企业的特色是创新。在创新信仰指导下，企业商业模式的核心是创新。企业创新信仰对其商业模式具有塑造功能。

9.3　企业创新信仰的规则设计功能

约束企业生产经营活动的规则有制度、流程、组织、风俗等，上述规则在决定企业生产经营活动的性质和内容的同时，也受到企业信仰的约束。如果企业将创新作为自己的终极目标，那么企业创新信仰就会具有规则设计功能（见图9-3）。

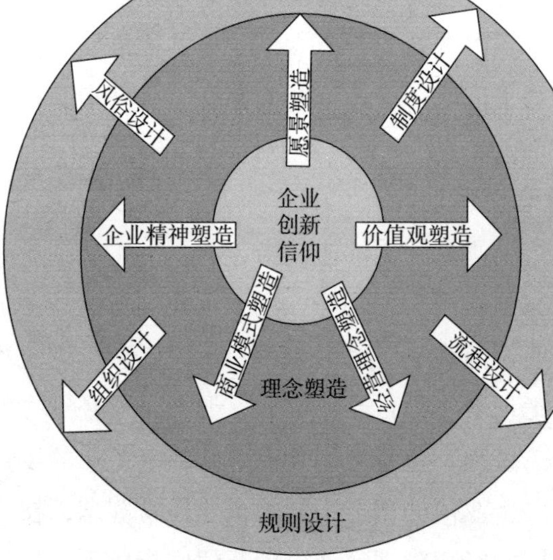

图9-3　企业创新信仰的规则设计功能

9.3.1　制度设计功能

企业制度是企业所有人员必须遵守的行为规范，这种行为规范包括产权制度、工作制度、分配制度、奖惩制度等。企业创新信仰作为企业创新能力理念层的核心内容，具有制度设计的功能。

（1）产权制度设计

企业将创新作为自己的信仰，创新成为企业最高的价值标准。信仰创新的企业，重视知识产权，知识产权在企业产权构成中占有一定比重，知识产权成为企业产权制度设计的重要原则。而不信仰创新的企业，往往重视资本、设备、厂房等有形资产，在企业产权制度设计中重视有形资产的地位和比重。

（2）工作制度设计

企业工作制度是约束企业生产经营活动的规范。信仰创新的企业，重视创新工作规范，鼓励创新工作，创新活动相对活跃。不信仰创新的企业，创新工作规范在企业工作制度中所占的地位相对较低。

（3）奖惩制度设计

企业奖惩制度是企业通过奖励企业希望做的事情，惩罚企业不希望做的事情，促使企业活动朝着企业设定的目标进行。哪些事情属于企业希望做的事情，哪些事情属于企业不希望做的事情，受到企业价值观的影响，而企业价值观是由企业信仰决定的。信仰创新的企业，创新是企业希望做的事情，企业会在奖惩制度中鼓励创新，与创新违背的事情则会受到限制。

同样道理，其他各项制度的设计也受到企业创新信仰的影响。企业创新信仰通过各项制度变成企业成员的行为规范，鼓励或限制企业成员的各项创新活动。

9.3.2　流程设计功能

企业业务流程是企业活动轨迹的记录。企业业务流程反映企业的期望，信仰创新的企业，企业的业务流程体现企业创新的期望，企业业务流程的定义者、设计者的活动均按照创新的规则设计。不信仰创新的企业，企业业务流程按照非创新的规则设计。另外，企业业务流程作为企业业务活动轨迹的记录，并非一成不变。企业在一定时期设计的业务流程，之后会随着内部条件和外部环境的变化出现问题，企业业务流程只有不断创新，才能成为促进企业发展的业务规则。

9.3.3　组织设计功能

组织是人们为实现一定目标而结成的集体。企业采用何种组织模式，主要取决于企业的目标，而企业目标存在阶段性，最终由企业的信仰所决定。如果企业信仰创新，会将创新作为企业的重要目标，企业进行组织设计时，需要根据创新的需要设计组织。同一般组织相比，创新型组织具有更大的开放性。创新型组织各种岗位的设置都没有固定的模式和人员，具体岗位随着创新目标的变化不断进行调整。创新型组织的半径可以到达世界任何地方，凡是能够被企业利用的组织和人员，都可以纳入企业的创新组织。如果企业不信仰创新，而信仰权力或财富，企业组织设计的依据将倾向于权力和财富，而远离创新。所以，企业创新信仰具有组织设计功能，是企业组织设计的根本依据。

9.3.4　风俗设计功能

风俗是企业内部由于历史、区位等原因所形成的非正式制度。企业制度对企业成员的行为具有强制约束作用，企业风俗不强制约束企业成员的行为，但企业成员如果不遵守风俗将会受到企业公众的抵制。同企业制度相比，企业风俗不具有强制作用，不要求企业成员必须遵守，主要靠企业成员的自愿执行。

一个企业形成什么样的风俗有多种原因，企业信仰是决定企业风俗走向的重要因素。企业信仰的类型决定了企业风俗的类型，企业信仰的内容决定了企业风俗的内容。如果企业把创新作为自己的信仰，企业风俗中创新的成分会更多；反之，则会更少。企业创新信仰对企业风俗具有设计功能。

9.4 企业创新信仰的行为指导功能

根据组织行为理论，需求产生欲望，欲望产生行为。企业成员的行为是在一定需求和欲望驱使下产生的。企业创新信仰作为企业精神层的核心内容，是企业成员产生各种行为的主要精神动力。企业创新信仰对企业成员的行为具有指导功能（见图9-4）。

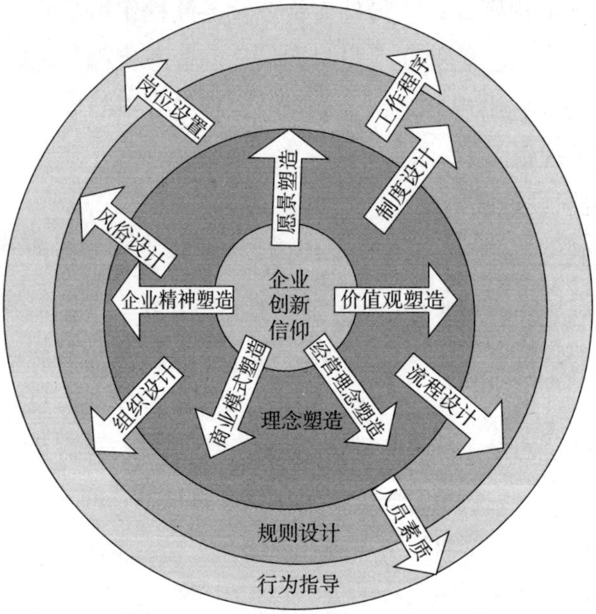

图9-4 企业创新信仰的行为指导功能

9.4.1 岗位纪律指导功能

为保证员工保质保量地完成各个岗位的工作，企业制定了工作制度、请假制度、保密制度、内部控制制度等岗位纪律，这些纪律是企业目标能够顺利完成的重要保证。

企业岗位纪律对企业员工的工作具有约束作用，也对企业员工的工作起到指导作用。但企业到底制定哪些岗位纪律指导员工的工作，主要取决于企业的信仰。企业认为有价值的事情，会通过岗位纪律鼓励员工去做；企业认为没有价值的事情，会通过岗位纪律限制员工去做。如果企业把创新作为自己的信仰，将会通过岗位纪律鼓励创新，同时，通过岗位纪律限制非创新活动。

9.4.2　工作程序指导功能

工作程序是企业员工从事业务工作的先后顺序。企业员工的工作程序一般分为接受上级命令、执行上级命令、独立工作、召集和参加会议、配合工作、尊重和沟通、报告和汇报等步骤。但企业员工的工作程序并非一成不变，不同企业员工的工作程序不同，同一企业员工不同时期的工作程序也不同。企业信仰不同，企业的终极目标就不同，指导企业工作程序的导向也就不同。如果企业把创新作为自己的信仰，企业员工的工作程序就明显不同于一般企业员工的工作程序。一般企业员工是按照层级制工作的，强调上下级之间的命令和服从；创新型企业是按照扁平制工作的，强调员工的自主创新和能动创新，领导对成员所起的只是服务和监督作用。

9.4.3　人员修养指导功能

企业员工修养是企业员工的综合素质。由于企业业务性质不同，企业员工需要具备的能力和素质不同。而企业的业务性质和工作目标取决于企业的愿景，企业的愿景则取决于企业的信仰。如果企业把创新作为自己的信仰，必然强调员工的创新素质；反之，则会强调企业员工的其他素质。从根本上讲，企业创新信仰对企业员工的修养具有指导作用，虽然这种指导是间接的。

9.5　企业创新信仰的物质创新功能

物质层是企业文化的最表层，也是人们最容易观察到、最重视的企业文化。正因为物质层的这种特点，许多企业既把物质作为企业生存和发展的目的，也把物质作为企业生存和发展的手段，以致忽视企业文化行为层、制度层、理念层建设，造成企业发展的短期化、表面化。

通过图9–1企业创新信仰功能的冰山模型可知，企业创新信仰具有创造物质的功能。根据企业创新过程，营销创新、技术创新、产品创新是企业创新过程的关键子过程。如果企业把创新作为信仰，企业创新信仰就具有营销创新、技术创新、产品创新的功能（见图9–5）。

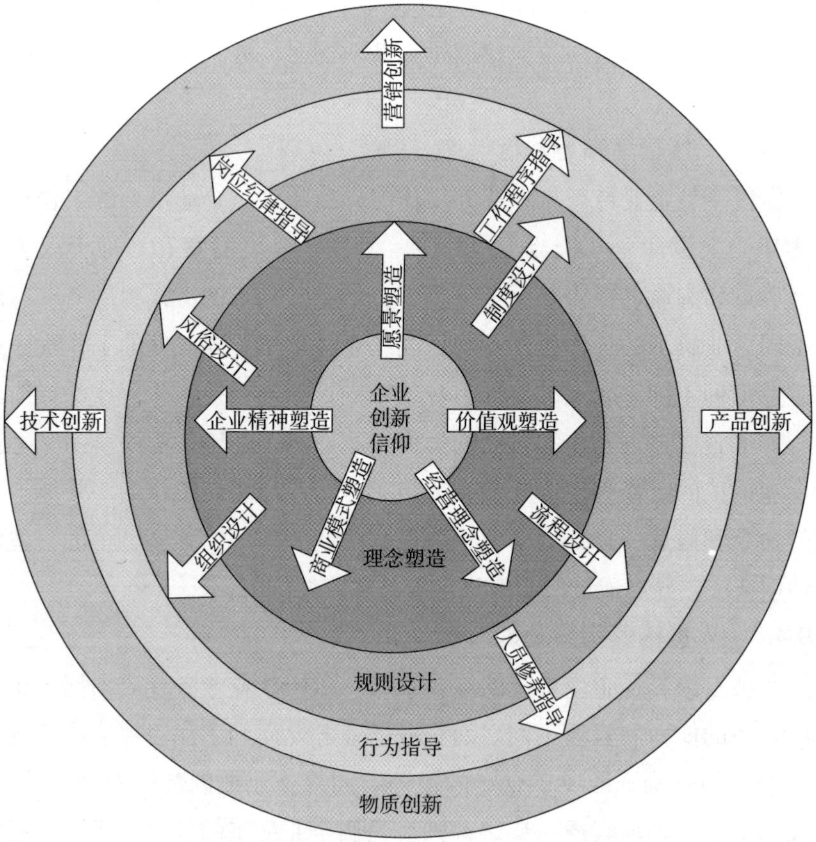

图9–5　企业创新信仰的物质创新功能模型

9.5.1　营销创新功能

当今市场处于买方市场，买方控制着市场的主动权，卖方经常被动地跟随买方的需求变化采取不同的营销策略。

产品策略、价格策略、渠道策略、传播策略是企业经常采取的市场营销策略。企业为了最大限度地获取市场，经常根据自身实际，选择一个最优的营销策略。但企业采用什么样的营销策略组合，深受企业创新能力理念层的影响。特别是企业创新信仰对企业的营销策略组合起着根本的决定作用。

由于企业信仰对企业理念层具有决定作用，企业信仰不同，企业的营销策略组合也不同。以创新为信仰的企业，创新是企业一切活动的行动指南，当然创新也是企业营销活动的指南。创新要求企业采取其他企业没有用过的营销策略营销企业的产品或服务，与一般企业采取的营销策略具有本质的不同。

9.5.2　技术创新功能

技术是内嵌在企业产品或服务中的关键要素。技术的性能、创新程度和稀缺性，决定了企业产品或服务的功能，决定了企业产品或服务的竞争力。

就技术来源而言，企业技术分为自主创新的技术和从外部购买的技术。企业信仰不同，企业生存和发展的理念也不同，因此决定企业技术的来源不同。以创新为信仰的企业，重视创新对技术的作用，主要通过自主创新的途径获取技术。根据企业实际情况，采用原始创新、集成创新、引进消化吸收再创新等途径获取技术。不信仰创新的企业，则主要通过从外部购买获取技术。企业创新信仰具有技术创新功能。

9.5.3　产品创新功能

产品是联系企业和消费者之间的纽带，企业和消费者通过产品各取所需，共同发展。消费者通过使用企业提供的产品，提高自己的工作效率和生活质量；企业通过向消费者提供产品，从消费者手里获取价值，实现企业生存和发展的目标。企业和消费者通过上述这种生态关系互相促进、共同发展。

企业信仰不同，决定企业提供给消费者的产品不同。以创新为信仰的企业，通过向消费者提供本企业创新的产品提高消费者的工作效率和生活质量；不管是产品的外观，还是产品的功能，信仰创新的企业均强调其创新性。不信仰创新的企业，向消费者提供的产品也能够达到提高消费者工作效率和生活质量的目的，但企业向消费者所提供的产品不是本企业创新的，其产品功能与其他竞争企业大同小异。

企业创新信仰通过影响企业产品制造理念影响企业产品制造过程，进而影响企业产品的功能、创新性和稀缺性。企业创新信仰具有产品创新功能。

9.6 企业创新信仰的市场创新功能

市场是由企业、用户、竞争企业、供应商、资源提供者等组成的产品或服务交易体系，企业、用户、竞争企业、供应商、资源提供者是构成市场的核心要素。企业作为市场的主要参与者，如何处理与用户、竞争企业、供应商、资源提供者之间的关系，直接关系着企业在市场中的地位，以及企业在市场中的竞争力。企业信仰对企业如何处理与市场其他主体的关系具有决定作用。如果企业信仰创新，企业将用创新的理念处理与用户、竞争企业、供应商、资源提供者之间的关系；反之，则应用其他理念处理与用户、竞争企业、供应商、资源提供者之间的关系。企业创新信仰具有市场创新的功能（见图9–6）。

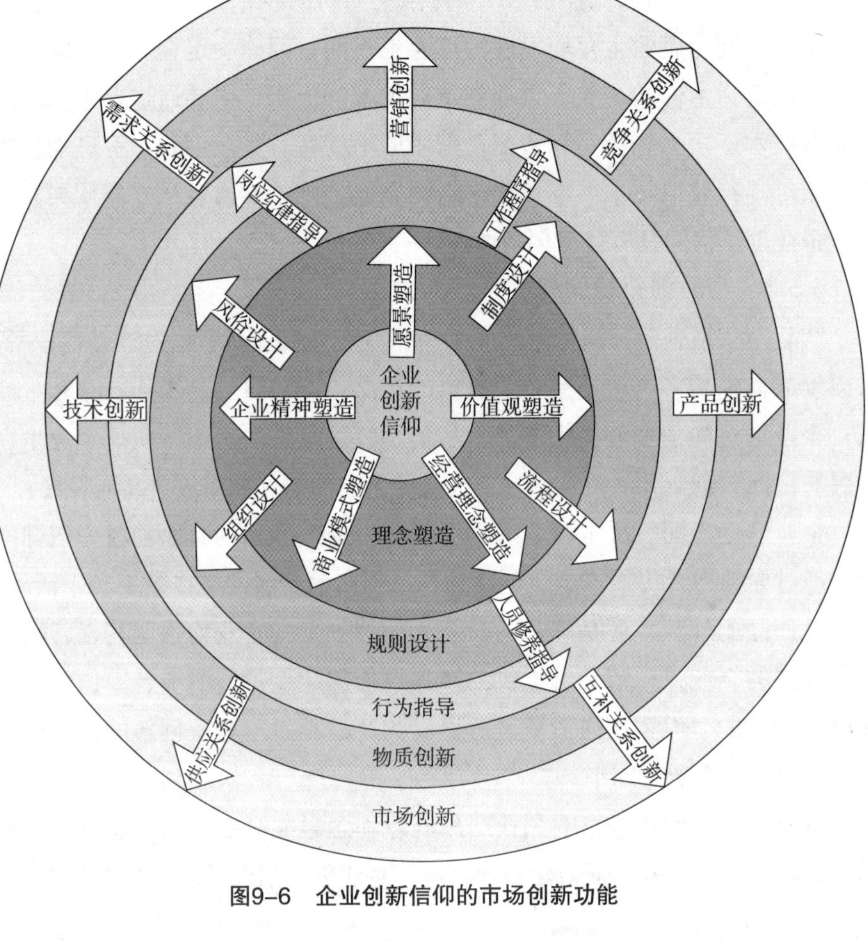

图9–6　企业创新信仰的市场创新功能

9.6.1　需求关系创新功能

企业与用户之间的关系是产品或服务的需求与供应关系。由于用户所处的社会环境是不断变化的，用户的需求也是不断变化的。企业要在市场竞争中一直成为用户产品或服务的供应者，就需要建立可持续的营销体系，观察、收集用户需求变化的信息，判断用户需求变化的类型，总结用户需求变化的规律，从而能够及时、准确地预测用户需求变化的趋势。

如果企业信仰创新，就会通过不断创新产品或服务，满足用户不断变化的需求。如果企业不信仰创新，就会通过其他方法不断满足用户不断变化的需求。企业信仰不同，企业所建立的可持续营销体系的性质就不同，企业与用户之间的产品或服务供应与需求关系就不同。

9.6.2　竞争关系创新功能

企业与竞争企业同处一个市场，面对同样的用户和供应商，是同行竞争对手，同行是冤家。如何处理与竞争企业之间的关系，是企业在市场中生存和发展的关键。

由于信仰不同，企业对待竞争企业的态度明显不同。信仰创新的企业，在处理与竞争企业之间的关系时，避开竞争企业已经占领的市场，开发和创造竞争企业从来没有进入的市场。不信仰创新的企业，在处理与竞争企业之间的关系时，选择竞争和对抗的策略，通过凸显自己产品或服务的差异性，或者增强营销力度等策略，从竞争企业手里争夺用户和市场。企业创新信仰具有竞争关系创新功能。

9.6.3　供应关系创新功能

企业与供应商同处一个产业链上，同呼吸，共命运。企业与供应商之间的关系如何，对企业的生存和发展影响巨大。虽然目前许多市场都属于买方市场，市场的权利控制在买方手里，但供应商供应原材料或半成品的技术性能、质量水平对企业在市场中的竞争力仍然有很大影响。

企业如何处理与供应商之间的关系，受企业信仰影响巨大。信仰创新的企业，不但自己创新，还要求供应商创新，企业与供应商之间的关系不仅是原材料或半成品的买卖关系，还是原材料或半成品的创新合作关系，要求供应商根据企业要求提供不断创新的原材料或半成品。不信仰创新的企业，仅仅把与供应商之间的关系视为一种原材料或半成品的买卖关系，只要求供应商提供其他供应商均能提供的同质原材料或半成品。企业创新信仰具有供应关系创新功能。

9.6.4 互补关系创新功能

高校、银行、政府等资源提供者通过向企业提供人才、资本、政策等支持企业的生存和发展，是企业在市场中重要的互补主体。企业与高校、银行、政府等资源提供者之间的关系不同，从这些机构获取的人才、资本、政策等资源的数量和质量就不同。

企业如何处理与高校、银行、政府等资源提供者之间的关系，直接受到企业信仰的影响。信仰创新的企业，通过创新从高校、银行、政府等资源提供者手里获取其他竞争企业无法获取的资源。不信仰创新的企业，通过竞争，从高校、银行、政府等资源提供者手里争夺现存的有限资源。企业创新信仰具有互补关系创新功能。

9.7 案例分析

企业创新信仰是企业最高层次的智慧，这种智慧对企业的生存发展至关重要。下面以格力电器为例，分析企业创新信仰的理念塑造、规则设计、行为指导、物质创新、市场创新等功能。

9.7.1 格力创新信仰的理念塑造功能

创新信仰是格力电器创新能力理念层的核心，对格力电器创新能力理念层的愿景、价值观、经营理念、商业模式具有塑造作用。

（1）对格力愿景的塑造

格力的愿景是：缔造全球领先的空调企业，成就格力百年的世界品牌。格力电器信仰创新，格力电器的创新信仰是营销创新信仰、技术创新信仰和质量创新信仰的集成。正是由于格力电器有了创新信仰，才有了技术创新过程中三个核心子过程——营销创新信仰、技术创新信仰和质量创新信仰，才能保证格力电器技术创新的顺利完成。在现实中，也有不少企业拥有创新信仰，但其创新信仰是不完整的。缺少营销创新信仰支持的技术创新，将很难实现技术创新产品的商业化、产业化，很难最终达到技术创新的目的。缺少技术创新信仰的创新过程，存在技术空心化现象，最终将缺乏核心技术竞争力。缺乏质量创新信仰的创新过程，产品质量无法得到保证。格力电器的创新信仰是完整的创新信仰，该创新信仰能够确保格力电器整个创新过程的顺利完成，从而实现创新的目的。有了创新信仰的有力支撑，格力电器才能成为全球领先的空调企业，才能成就百年的世界品牌。所以，格力创新信仰有力塑造了格力电器的愿景。

（2）对格力价值观的塑造

格力电器的价值观是一个包括工作态度、质量主张等方面内容在内的体系（见图9–7）。格力电器的价值观是：少说空话，多做实事；质量第一，顾客满意；忠诚友善，勤奋进取；诚信经营，多方共赢；爱岗敬业，开拓创新；遵纪守法，廉洁奉公。

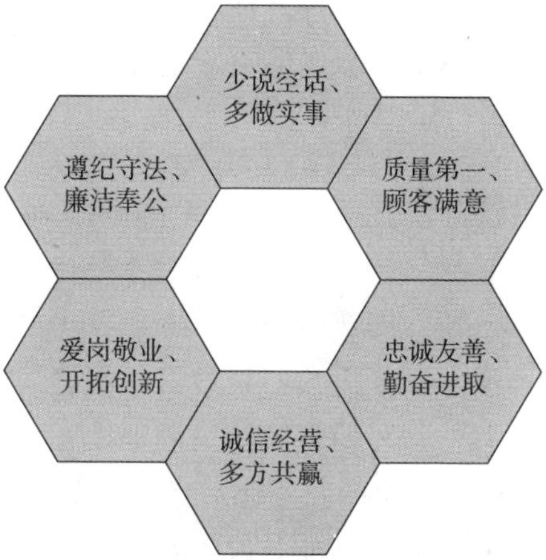

图9–7　格力电器的价值观体系

格力电器的价值观体系是由格力创新信仰塑造的。格力创新信仰是一种务实的信仰，强调实实在在做事。格力电器在做事态度上强调“少说空话、多做实事”，认为企业是做出来的，不是喊出来的，更不是吹出来的。朱江洪董事长在位时长期提倡低调做人，高调做事。格力创新信仰本质上就是质量创新信仰，强调产品的核心是质量。为保证产品质量，格力电器对内制定了“总经理十二条禁令”，后来发展到“总经理二十条禁令”，用高压强制执行的行政命令保证产品质量；对外成立“筛选分厂”，对从外部购买的零配件在上线装配之前逐一检验筛选。格力创新信仰作为格力最高层次的智慧，强调创新无止境，但创新的态度一定是“忠诚友善、勤奋进取”。格力创新信仰涉及创新过程的方方面面，既包括格力电器内部，也包括格力电器外部，因此，强调“诚信经营、多方共赢”。格力创新信仰最终要靠全体员工去落实执行，只有全体员工“爱岗敬业、开拓进取”，才能保证创新任务的最终完成。格力创新是在法律允许下的创新，格力创新信仰强调“遵纪守法、廉洁奉公”。

（3）对格力经营理念的塑造

格力电器的经营理念是：创造最好的空调奉献给广大消费者。格力经营理念的核心是格力空调的质量，而质量创新信仰既是格力创新信仰的起点，也是格力创新信仰的核心。在格力创新信仰的指导下，格力电器制定了精品战略，狠抓产品质量，瞄准国际上最好的空调，把它作为赶超的目标，开展科技创新和一系列行之有效的质量提升活动，把空调“做精、做强、做大”。为了不断提高产品质量，格力电器不断自我加压，努力打造全球最高的服务标准，倒逼自己不断提高空调质量。

（4）对格力商业模式的塑造

格力商业模式的核心包括三个方面：通过专业化，只把空调使用者作为客户；在价值获取方面，靠产品品质获取价值；在差异化方面，不断打造全球最高的服务标准，倒逼空调质量不断提高。格力商业模式三个方面的核心内容都是格力创新信仰的产物。格力创新信仰强调专业化创新，由此产生格力产品的专业化，以及格力用户的专业化。格力创新信仰的核心是质量信仰，由此产生靠产品品质获取用户的价值获取方式。格力创新信仰强调创新永无止境，不断提高的技术水平，能够保证格力产品的优良性能和稳定性，从而减少格力产品的售后服务时间，提高格力电器的服务标准。

9.7.2 格力创新信仰的规则设计功能

制度、流程、组织、风俗是格力电器重要的规则，严格约束着格力电器的运行和发展，格力创新信仰对上述规则的设计具有重要的决定作用。

（1）对格力制度的设计

营销管理制度、技术管理制度和质量管理制度是格力电器创新过程中最重要的三种制度，三种制度的设计均受到格力创新信仰的影响。

格力电器的营销制度分为两个阶段。1995年以前，实行的是业务员控制营销渠道，业务员按照销售收入的2%提成的营销制度；1995年以后，实行的是格力与经销商共建经销公司的营销制度。格力电器这两个阶段的营销制度是随着格力营销信仰从现实到一般目标，再到终极目标的变化而变化的。1991年格力电器成立时的现状是格力电器的营销现实，为超越现实，格力电器确定了营销信仰的一般目标，即营业收入最大化，与此相适应，建立了业务员提成，进而控制营销渠道的营销制度。随着格力生产规模的扩大，以及产品质量的不断提高，格力又将“全世界依赖格力空调”作为格力营销创新信仰的最终目标，与此相适应，建立了经销公司这一独具特色的营销制度。

格力电器的技术管理制度以2001年为界限，分为两个阶段。2001年以前，格力电器实行的是以技术引进为主的技术管理制度。2001年以后，实行的是以自主创新为主的技术管理制度。格力电器的技术管理制度之所以这样演变，是其技术创新信仰由一级张力场向二级张力场的跃升所致。在格力电器创建初期，格力电器基本上属于“无设备、无核心技术、无配套能力”的三无工厂，当时技术创新信仰的现实是技术和配件完全引进，创新完全靠模仿。随着格力电器的发展，格力电器为超越当时的现实，确定了技术创新信仰的一般目标，即集成创新，与之相适应，格力电器当时实行的是以技术引进为主的技术管理制度。2001年以后，随着技术改造的逐渐完成，格力电器提出了技术创新信仰的最终目标，即原始创新，与之相适应，格力电器实行的是以原始创新为主的技术管理制度。

以1995年为界，格力电器的质量管理制度分为两个阶段。1995年以前，格力电器主要靠行政命令代替质量管理制度。先是实行“总经理十二条禁令”，后来实行“总经理二十条禁令”。1995年以后，格力电器开始推行ISO9000质量管理体系，并逐渐开始推行ISO9001质量管理体系、精益生产管理、六西格玛管理等科学管理制度。在强化内部质量管理制度的同时，成立“筛选分厂”，严格控制外购零配件的质量。格力电器的质量管理制度之所以发生上述演变，与其质量创新信仰的升级密不可分。1995年以前，格力电器的生产设备和技术条件相对较差，为超越当时不断出现故障的质量管理现状，格力电器确立了“保修期内无故障”的一般质量创新信仰目标，与此相适应，实行主要靠行政命令保证产品质量的质量管理制度。1995年以后，随着生产条件的不断改善，格力电器开始提出“全生命周期无故障”的终极产品质量信仰目标，与此相适应，实行的是各种科学质量管理制度。

（2）对格力流程的设计

企业业务流程深受其创新信仰的影响。格力电器的营销流程和技术流程都深受其创新信仰的影响。

以2000年为界，格力电器的营销流程分为两个阶段。2000年以前，格力电器总部向各区域股份制经销公司供货，各区域股份经销公司再分别向百货商场、大卖场、工程渠道、二级销售分公司、格力经销商供货。其中，格力电器在各区域经销公司中只是参股，在二级经销分公司中也没有股份（见图9-8）。

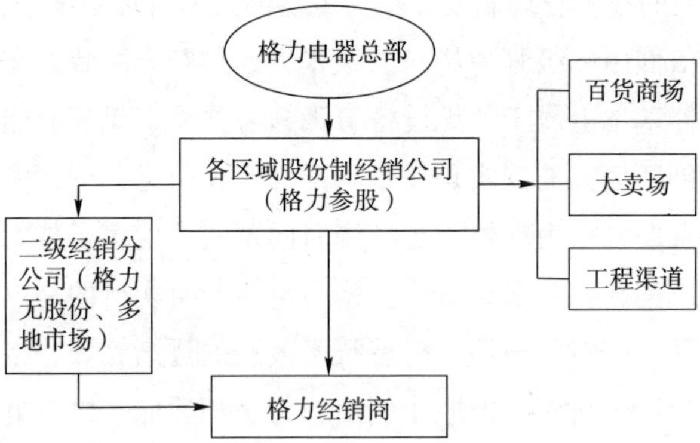

图9-8　2000年前格力电器的营销流程

2000年以后，格力电器总部向各区域经销公司供货，各区域经销公司直接向格力SA连锁店/精品店/社区、百货商场大卖场、大型集团、全国或区域家电连锁、格力代理商、二级经销分公司供货，或者通过电子商务直销。其中，格力电器在各区域经销公司中控股，实现了对各区域销售渠道的绝对控制；格力电器在二级经销分公司中也没有股份（见图9-9）。

格力电器的营销流程之所以发生上述演变，与其营销创新信仰密不可分。2000年以前，格力电器营销的一般目标是增加营业收入，为实现营销一般目标对营销现实的超越，格力电器采取了如图9-8所示的营销流程。2000年以后，随着格力电器产品质量的逐步提高，格力电器将全球依赖格力空调作为自己营销的终极目标。为实现营销终极目标对一般目标的超越，格力电器采取了如图9-9所示的营销流程。

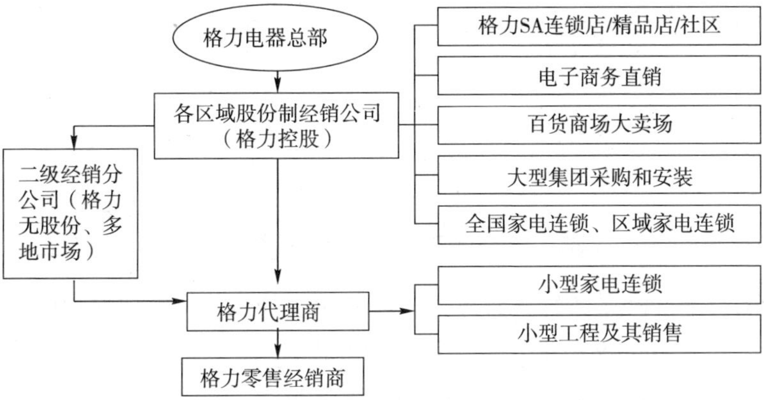

图9-9　2000年后格力电器的营销流程

以2000年为界，格力电器的技术流程分为两个阶段。2000年以前，格力电器只有技术部，因为人员和研发能力有限，无力从事原始创新，仅从事一些集成创新，即技术部将产品图纸交给制造车间，制造车间完成产品制造安装后交给仓库，或者直接发给区域经销公司（见图9-10）。2000年以后，随着

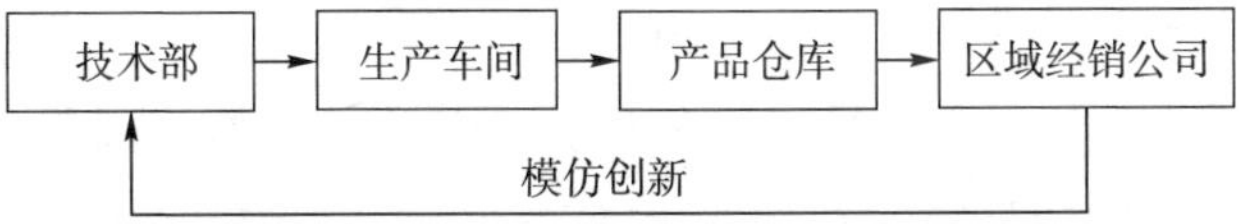

图9-10　2000年前格力电器的技术流程

研发能力的发展，格力电器开始考虑长期技术发展战略，技术部由原来的一个部门发展到家用空调技术部、商用空调技术部、技术标准部、家用空调工艺部、商用空调工艺部、科技管理部等多个部门，技术分工越来越细。同时，成立制冷技术研究院、机电研究院、家电研究院，负责公司长远性、战略性的产品技术研究。基于产品项目，上述技术部门按照分工分别完成自己的工作，最后将图纸交给生产车间，生产车间完成经质量测试合格后交给仓库，或者直接送给各区域经销公司（见图9-11）。

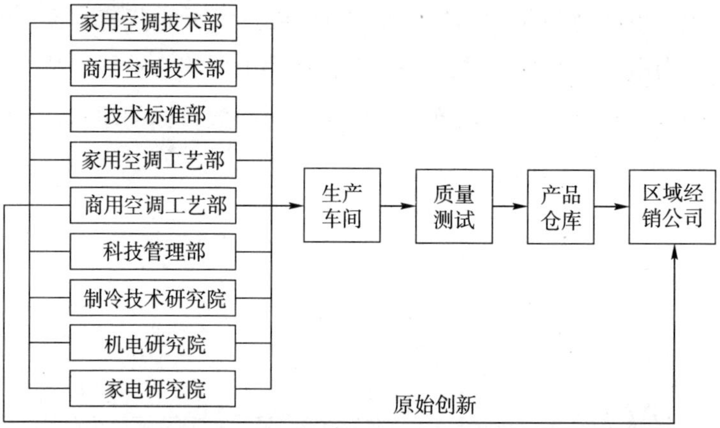

图9-11　2000年后格力电器的技术流程

格力电器的技术流程之所以发生上述演变，与其技术创新信仰的目标变化密不可分。2000年以前，格力电器将集成创新作为技术创新的一般目标，与此对应，执行的是如图9-10所示的技术流程。2000年以后，格力电器根据内部条件和外部市场环境的变化，将原始创新作为技术创新的终极目标，在对技术创新一般目标超越的过程中，执行的是如图9-11所示的技术流程。

（3）对格力组织的设计

格力创新信仰对格力营销组织的设计具有重大影响。1995年以前，格力电器的营销组织只有经营部一个部门，由经营部向全国各地派业务员，负责各区域的产品营销。1995年以后，格力电器的营销部门除经营部以外，还有格力电器与经销商合资成立的经销公司。随着格力电器营销业务的发展，格力电器逐渐收缩业务员的规模，扩大各区域经销公司对产品销售的权利。

格力电器的营销组织之所以发生上述演变，与其营销创新信仰两个阶段的超越密不可分。1995年以前，格力电器营销的一般目标是扩大营业收入，与此相适应，格力电器设立经营部这样的营销组织进行营销。随着营业收入的不断扩大，特别是格力电器的营业收入超过千亿元以后，可供开发的市场越来越少，格力电器及时确立了营销的最终目标，即让全世界依赖格力空调。与此对应，格力电器开始实行以经销公司为主，电子商务、代理商等多种形式为辅的营销组织形式。

格力创新信仰对其研发组织具有重要影响。2000年以前，格力电器只有技术部一个部门负责企业的技术研究与开发。2000年以后，随着格力电器内部条件和外部环境的变化，格力电器开始扩大研发组织，由原来的一个技术部，扩展为家用空调技术部、商用空调技术部、技术标准部、家用空调工艺部、商用空调工艺部、科技管理部等，并成立了制冷技术研究院、机电研究院、家电研究院三个研究院，专门负责公司长远性、战略性的产品技术研发。

格力电器的研发组织之所以发生上述演变，是因为格力电器技术创新信仰的目标由一般目标向终极目标不断跃升。2000年以前，格力电器技术创新信仰的一般目标为集成创新，与之相对应的研发组织是当时格力电器的技术部。2000年以后，随着格力电器空调技术的飞速发展，能够从市场上集成的技术越来越少，所以，格力电器及时将原始创新作为公司技术创新的终极目标。与此相适应，格力电器及时扩大研发组织，将研发组织进行细分、深化，采用专业化分工、远期与近期分工相结合的研发组织形式。

格力电器的生产组织深受格力创新信仰的影响。以1995年为界，格力电器的生产组织的发展可以分为两个阶段。1995年以前，格力电器主要在珠海扩建生产线。1995年以后，格力电器开始在全国各地和国外建设生产线。1995年12月19日，格力（丹阳）电器有限公司建成。2002年5月18日，格力电器（马鞍山）有限公司揭牌仪式在马鞍山皖通公司举行。2002年5月18日，格力电器重庆空调生产基地一期厂房竣工暨生产线开工典礼在重庆高新区二郎科技新城举行。2004年4月18日，珠海格力电器重庆生产基地二期工程投产典礼在重庆高新技术开发区二郎科技新城举行。2001年6月6日，格力电器（巴西）有限公司在巴西玛瑙斯市正式开工剪彩。

格力电器的生产组织之所以发生上述演变，是因为格力电器的质量创新信仰目标在从一般目标向终极目标跃升。1995年以前，格力电器质量创新信仰的一般目标是在保质期内不出现故障，此时的格力产品质量还没有形成完善的管理制度，主要靠“总经理十二条禁令”等行政命令强制执行。与此相适应，格力电器的生产组织主要位于珠海本地。1995年以后，格力电器的质量创新信仰终极目标逐渐确立，即全生命周期没有故障，企业管理由人治走向法治。逐步完善的质量管理制度使格力的生产组织可以脱离企业高管，走向全国各地，甚至走到国外。

（4）对格力风俗的设计

在格力电器，有一些风俗，如不接收从竞争企业跳槽来的员工，上下班时人走人行道，车走车行道，等等。这些风俗乍听起来比较让人费解，但主要是格力电器的创新信仰所致。格力电器崇尚忠诚，无论朱江洪还是董明珠，都十分重视忠诚，都把忠诚作为格力人才的重要标准之一。朱江洪认为，世界上并不缺少有能力之人，但缺少既有能力又忠诚的人。忠诚不只是表现在员工对企业的忠诚，还表现在对父母、对同事、对朋友、对领导的忠诚，下级对上级要忠诚，上级对下级也要忠诚，员工对企业要忠诚，企业对员工、客户也要忠诚，忠诚是人与人之间相处的最基本的准则。董明珠认为，格力文化就是一种忠诚文化，这种忠诚文化可以用“公平公正、公开透明、公私分明”12个字来概括。董明珠还认为，管理只有一种，就是制度。企业文化管理也需要制度，不存在人性。只要有了制度，人们自然知道哪些事情可以做，哪些事情不可以做。

9.7.3 格力创新信仰的行为指导功能

格力电器员工的行为也是受其创新信仰支配的，人员的岗位纪律、工作程序、人员修养均受到格力创新信仰的指导。

（1）对格力岗位纪律的指导

格力岗位纪律最明显的表现就是总经理禁令。1994年，时任格力电器总经理的朱江洪在意大利对用户进行考察，当时一台格力空调因为一块海绵没有粘紧，掉落在风叶上，空调运行时发出哗哗的响声。看到当时的情景朱江洪非常尴尬，亲自动手拆机检查。回国后，朱江洪立即起草“总经理十二条禁令”。时至今日，“总经理十二条禁令”已经发展壮大，正在为格力的精益生产保驾护航。

格力电器之所以能形成上述严格的岗位纪律，与朱江洪坚定的基于质量的创新信仰密不可分。朱江洪长期领导制造企业，对中国制造企业的执行力非常清楚。他认为，中国员工的思想素质相对较低，特别是自觉性、纪律性、服从性比起欧美、日本等发达国家相对较差。在这种国情下，执行岗位纪律还没有成为所有员工的自觉行为，而用行政命令代替质量管理制度是一种行之有效的办法。

（2）对格力工作程序的指导

工作程序即工作流程。格力电器是一个空调制造企业，营销、研发、制造是格力电器创新过程中最主要的三个子过程，上述三个子过程的工作程序都深受格力创新信仰的影响。

格力电器的营销创新信仰分为两个阶段，从现实到一般目标为格力电器营销创新信仰的第一个超越阶段，从一般目标到终极目标为格力营销创新信仰的第二个超越阶段。格力电器营销创新信仰的一般目标是“营业收入最大化”，格力电器营销创新信仰的终极目标是“让全世界依赖格力空调”。在“营业收入最大化”超越现实的过程中，格力电器营销工作的程序主要是业务员营销，主要靠业务员开拓市场，企业的营销渠道完全取决于业务员。在“让全世界依赖格力空调”超越“营业收入最大化”的过程中，格力电器调整了营销工作程序，与经销商合资成立经销公司，主要通过对经销公司的控制，实现对营销渠道的绝对控制。

格力电器的技术创新信仰也分为两个阶段。集成创新对现实的超越为格力技术创新信仰的第一个阶段，原始创新对集成创新的超越为格力电器技术创新信仰的第二个阶段。在格力电器技术创新信仰的第一个阶段，技术创新的程序主要是从外部引进技术；在格力电器技术创新信仰的第二个阶段，技术创新的程序主要是强化内部研发，将技术部由原来的一个部门细分为家用空调技术部、商用空调技术部、技术标准部、家用空调工艺部、商用空调工艺部、科技管理部等，通过成立制冷技术研究院、家电研究院、机电研究院三个研究院，专门负责公司长远性、战略性的技术研发。更细的专业化分工和近期与远期分工改变了格力电器技术创新的工作程序，使格力电器技术创新的程序更加科学化、专业化。

随着格力电器信息化建设的加快，格力电器的生产程序的自动化程度在不断提高。现在格力电器的生产线全部采用条形码自动化管理，可同时生产和测试不同机型。所有机组的测试全部实现了条形码自动化管理，电脑对测试产品进行自动定位和识别，计算机根据条形码自动设定控制参数和合格判定参数，测试数据自动记录，对不合格项进行实时报告并打印出不合格标签，具有快速、准确的特点。制造过程的自动化管理不仅提高了功效，而且有效消除了人为主观判断失误的风险，使产品质量更有保障。只有制造过程实现自动化，才能实现格力产品在全生命周期无故障的质量目标。

（3）对格力人员修养的指导

格力电器由营销创新信仰、技术创新信仰、质量创新信仰三者集成的创新信仰，指导着格力企业精神的形成，“忠诚、友善、勤奋、进取”作为格力企业精神，正在成为格力员工的基本修养标准。忠诚标准要求员工必须对公司忠诚，对同事忠诚，对消费者忠诚。友善标准要求员工以友善和真诚对待所有人，对待每一位员工、每一位消费者。勤奋标准要求格力员工勤奋学习，勤奋工作。进取标准要求格力员工以不断进取的精神，在观念、技术、管理、质量、营销、服务等方面大胆创新，保持和拓展格力电器日新月异、精益求精的核心竞争力。随着格力创新信仰由一级张力场向二级张力场的过渡，企业和市场对格力员工素养要求的标准在不断提高。“忠诚、友善、勤奋、进取”作为格力企业精神的基本标准，正在不断深化、不断细化。

9.7.4 格力创新信仰的物质创新功能

格力创新信仰不但对企业的理念层、规则层、行为层产生了很大影响，而且对物质层的营业收入、利润总额等价值指标，以及技术和产品质量也产生了深刻影响。由于物质创新是企业家和企业创新的最终目的，所以，格力创新信仰的物质创新功能与朱江洪创新信仰的物质创新功能相同，具体内容请参阅第5章案例分析“5.6.4 朱江洪创新信仰的物质创新功能”。

9.7.5 格力创新信仰的市场创新功能

创新信仰不但在格力电器内部促进了理念层、规则层、行为层、物质层的发展，而且促进了企业与外部用户、竞争企业、供应商、互补机构之间的联系，优化了格力电器的市场环境，大大提高了格力电器市场创新的能力。

（1）与用户关系的改善

以1995年为界，格力电器与用户的关系可以分为两个阶段。1995年以前，格力电器与用户之间的关系时而紧张，时而缓和。在这段时期，格力电器在营销上实行的是业务员营销，企业的营销渠道控制在业务员手里；格力电器在研发上，主要以技术引进为主，主要从外部购买配件，自己没有核心技术；在产品质量方面，产品质量没有保障，经常出现产品质量故障。之所以如此，主要是因为1995年以前格力电器的创新信仰正处于从现实向一般目标的过渡阶段，格力电器营销创新信仰的一般目标是营业收入最大化，格力电器技术创新信仰的一般目标是集成创新，格力电器产品质量创新信仰的一般目标是产品在保质期内没有故障。格力电器创新信仰的高度决定了格力电器与用户之间的关系性质，格力电器与用户之间的关系时而紧张，时而缓和。

1995年以后，格力电器与用户之间的关系逐渐趋于缓和，格力品牌成为国内空调知名品牌。2005年以后，格力品牌更是成为世界空调知名品牌。在这段时期，格力电器在营销创新信仰方面与经销商成立了经销公司，逐渐实现对营销渠道的绝对控制；在技术研发方面，格力电器扩大技术部门，将原来的一个技术部扩大到家用空调技术部、商用空调技术部、技术标准部、家用空调工艺部、商用空调工艺部、科技管理部等多个技术部门，又成立了制冷技术研究院、机电研究院、家电研究院三个研究院，专门负责企业长远性、战略性的技术研发任务；在产品质量方面，格力电器的质量标准超越国家质量标准，不断创造国际最高质量标准。之所以发生上述变化，主要是因为格力电器的创新信仰发生了变化。1995年以后，格力电器的各项工作逐渐步入正轨。特别是1996年上市之后，融资问题得到解决，格力电器根据情况及时调整了自己的创新信仰目标：在营销创新信仰方面，将全世界依赖格力空调作为最终营销目标；在研发方面，将原始创新作为技术创新信仰的最终目标；在产品质量方面，将全生命周期无故障，即零服务作为产品质量信仰的最终目标。

（2）与竞争企业关系的改善

格力电器与竞争企业的关系表现在两个方面：一个是与空调制造企业春兰、科龙、美的等同行竞争企业的关系，另一个是与渠道商国美、苏宁等渠道竞争企业的关系。

1995年以前，格力电器在技术创新方面以集成创新和模仿创新为主，实验设备和技术条件比较差，在技术上遭到春兰、科龙、美的等竞争对手的多方打压，生存环境极其恶劣。1995年以后，格力电器坚持自主创新，将世界最高标准作为超越目标，在各款产品上都不断实现自我超越，从1995年起连续22年成为家用空调产销量全国第一的企业，从2005年起连续12年成为家用空调产销量全世界第一的企业。之所以这样，主要是因为格力电器坚持走专业化发展的道路，在创新信仰方面，将最终目标作为企业的奋斗目标，通过实现自我超越稳步发展，踏踏实实走自己的路。而同行的春兰、科龙等空调制造企业，有的因为实行多样化战略，有的被其他企业收购，均被格力电器超越，但是，它们是自己打败了自己，并非被格力电器直接打败。格力电器通过自主创新一步步超越了春兰、科龙等同行竞争企业。

在同渠道同行企业竞争方面，1995年以后，格力电器不断与经销商合资成立经销公司，逐渐通过经销公司实现对销售渠道的绝对控制。在稳定自己的销售渠道后，格力电器面对国美、苏宁等渠道企业的降价压力才敢于说不。可以说，格力电器是通过营销创新，自建渠道，逐渐摆脱对国美、苏宁等渠道商的依赖，逐渐改善了格力电器与渠道竞争企业之间的关系。

（3）与供应商关系的改善

以1995年为界，格力电器与供应商的关系分为两个阶段。1995年以前，格力电器主要通过抽样检查控制供应商供应零配件的质量，很难对供应商供给的零配件的质量进行全面控制。格力电器与供应商在产品出现故障时关系非常紧张，当售出的产品出现故障时，损失则很难挽回。1995年以后，格力电器成立了“筛选分厂”，组织300多人对供应商供给的零配件逐件检测，发现质量问题立即剔除，并根据情节轻重对供应商进行处罚。格力电器的“筛选分厂”制度将供应商可能造成的损失杜绝在生产线之外，实现了格力电器“永不拿用户做试验品”的承诺。格力电器的“筛选分厂”制度倒逼供应商严格控制产品质量，因为这种制度根除了供应商可能存在的侥幸心理。

格力电器之所以能够与供应商之间形成协同创新的关系，主要原因在于格力电器在创新信仰方面的高目标要求。1995年以后，格力电器将“全世界依赖格力空调”作为格力营销创新信仰的最终目标，将“原始创新”作为格力技术创新信仰的最终目标，将“零服务”作为产品质量创新信仰的最终目标。格力电器对创新信仰最终目标的高标准要求促使格力电器成立“筛选分厂”，严格控制外购零配件可能存在的质量问题。

（4）与互补机构关系的改善

格力电器崇高的创新信仰目标促使格力电器改善同政府、金融机构、高校等为其提供支撑资源的机构之间的关系。

在与政府的关系方面，格力电器过硬的产品质量已经使格力电器成为实施“制造强国”战略的典范企业。朱江洪认为，中国制造企业同欧美等发达国家制造企业相比，很多时候不是输在性能上，而是输在可靠性上。企业做出的产品不是对消费者负责，不是从可靠性上严格要求，而是从企业成本方面考虑过多，甚至以牺牲消费者利益为手段偷工减料，达到赚钱的目的。这都是制造商丧失良心的重要表现。

此外，国家实施创新驱动发展战略，最终要靠企业去落实。格力电器崇高的创新信仰，已经成为格力电器实施国家创新驱动发展战略的重要驱动力量。政府推动企业实施创新驱动发展战略，要从确立创新信仰做起。格力电器二十多年的创新历程已经为国家实施创新驱动发展战略做出了良好榜样。

制造企业需要资本，格力电器的生存和发展也需要大量资本，但格力电器解决资本问题是靠营销创新实现的。在1995年以前，格力电器的资金相当紧张，大量资金滞留在应收账款形态，长期无法收回变现，根本原因在于个别业务员为了自己个人利益而置企业利益于不顾。他们在销售完成，自己的销售提成拿到后，根本不把催要账款当回事。格力电器实行“先打款后发货”制度后，保证了货款的及时到位，杜绝了坏账损失的出现，为企业生产、科研等工作的正常进行提供了充足的资金保障。这在一定程度上也改变了企业与金融机构之间关系的性质，摆脱了银行等金融机构对企业生产经营活动的限制。

格力电器坚持创新信仰，把创新信仰的最终目标作为企业的奋斗目标，对营销、研发、制造等方面的人才提出了严格要求，这在一定程度上倒逼有关高校提高毕业生质量，使企业与高校之间通过创新信仰的确立和实施实现协同创新。格力电器与有关高校的协同创新为我国实现经济发展方式转型和创新驱动发展提供了原动力。

9.8 小结

企业文化的层次性决定了企业创新信仰的层次性。企业创新信仰具有促进企业创新的功能。企业创新信仰通过塑造企业的愿景、价值观、经营理念、商业模式、企业精神等，塑造企业理念。企业创新信仰通过设计企业的制度、流程、组织、风俗等，设计企业规则。企业创新信仰通过指导企业的岗位纪律、工作程序、员工修养等，指导企业员工行为。企业创新信仰通过创新企业的营销策略、技术、产品等，创新企业物质。企业创新信仰通过创新企业与用户之间的需求关系、企业与竞争企业之间的竞争关系、企业与供应商之间的供应关系、企业与资源提供者之间的互补关系等，创新企业市场。

第四篇

创新信仰对象

- 企业家与企业创新信仰的对象

第 10 章　企业家与企业创新信仰的对象

通过前文介绍的企业创新信仰的形成、结构和功能可以看出，创新信仰是企业精神的核心，是企业最高层次的智慧，企业创新信仰可以为自身生存和发展创造源源不断的精神动力。但是，企业创新信仰到底应该信仰什么？本章通过总结东西方世界生成思想，应用周易创新理论，介绍企业创新信仰的具体对象。

10.1　周易创新之道

10.1.1　创新信仰的起源

企业创新信仰起源于天地生成思想和人类生成思想。自从人类社会产生以来，天地和人类的起源一直是困扰人们思想的重要问题。围绕这一问题，不同地区的人们曾经展开过种种联想。

相传《周易》成书在商末周初完成，《周易》作者主要是伏羲、姬昌、姬旦等，伏羲创造先天八卦，周文王姬昌根据先天八卦和洛书创造后天八卦、六十四卦及其卦辞，周公姬旦创造六十四卦爻辞。

《周易》认为，由天、地、人组成的世界是自然生成的。世界由太极开始，经过两仪、四象、八卦、十六卦、三十二卦、六十四卦六个阶段形成。人取法地，地取法天，天取法道，道取法自然，自然规律是世界生成的本源。宇宙是自然界在自然规律的作用下，从太极开始，经过六次裂变最终形成的。

第一次裂变，宇宙由太极分化成阳仪、阴仪“两仪”，两仪不可分离，互相为用。

第二次裂变，“两仪”分解为老阳、少阴、老阴、少阳“四象”，形成东、南、西、北四个方位和春、夏、秋、冬四个季节。

第三次裂变，“四象”分解为坎、离、兑、震、乾、坤、巽、艮“八卦”，“八卦”代表东、南、西、北、东北、东南、西南、西北八个方位，代表立春、春分、立夏、夏至、立秋、秋分、立冬、冬至八个季节，代表天、泽、火、雷、风、水、山、地八种物质，代表父亲、长子、中子、少子、母亲、长女、中女、少女八种人员。经过前三次裂变，宇宙的基本框架初步形成，这就是我们常说的伏羲先天八卦（见图10-1）。

图10-1　伏羲先天八卦图

第四次裂变，“八卦”分解为“十六卦”，宇宙中的时间、空间、物质、能量等由八种形态分解为十六种形态，“八卦”中的每一卦分解成两卦，宇宙中的“两仪”和“四象”也同时分解为两组。

第五次裂变，“十六卦”分解为“三十二卦”，宇宙中的时间、空间、物质、能量等分解为三十二种形态，“十六卦”中的每一卦分解成两卦，宇宙中的“两仪”和“四象”也同时分解为两组。

第六次裂变，“三十二卦”分解为“六十四卦”，宇宙中的时间、空间、能量、物质等分解为六十四种形态。从第一次裂变到第六次裂变，宇宙的最终形态完全形成（见图10–2）。

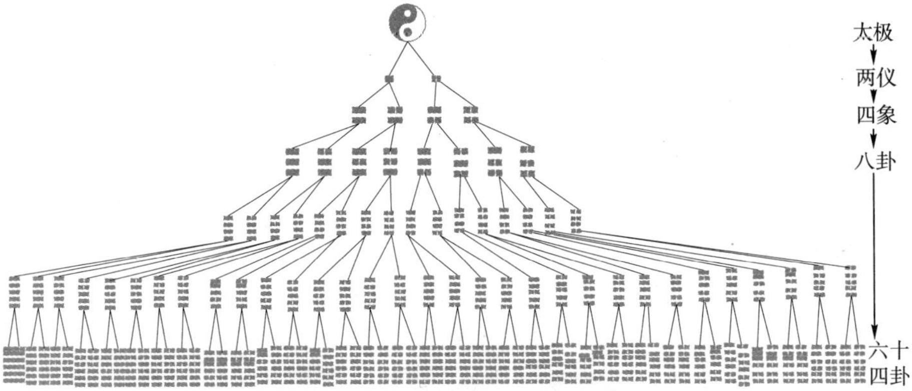

图10–2 《周易》世界生成图

综上所述，代表西方文化起源的《圣经》和代表东方文化起源的《周易》对世界生成过程的观点既有区别又有联系。《圣经》认为世界是神创造的，《周易》认为世界是自然生成的，但两者都认为“1”是世界形成的本源。《圣经》和《周易》都认为世界是通过既对立又统一的两对矛盾相互作用形成的，“2”是世界演化发展的根本动力。《圣经》和《周易》都认为世界是经过六个阶段的演化最终形成的，因为六是三的二倍，所以，“3”是世界演化发展的基本过程。

10.1.2 周易创新模型

《周易》是企业创新信仰之源。企业创新信仰起源于宇宙生成思想，以《圣经》为代表的西方文化认为宇宙是由上帝创造的，以《周易》为代表的东方文化认为宇宙是自然生成的，《周易》宇宙生成思想符合宇宙演化规律。以宇宙生成思想为基础，产生生物演化理论。以生物演化理论为隐喻，又产生技术演化理论和企业演化理论，技术演化理论和企业演化理论是生物学隐喻在技术和经济领域的具体应用。大道之源《周易》揭示的创新之道，即创新机会开发之道、创新团队建管之道、创新资源组合之道、创新过程管理之道、创新规则设计之道、创新绩效管理之道等，就是企业创新信仰信仰的对象。其中，需卦阐述了企业创新机会开发之道，同人卦和家人卦阐述了企业创新团队构建与管理之道，萃卦、大畜卦、小畜卦阐述了企业创新资源组合之道，坎卦、蹇卦、屯卦、困卦、革卦、鼎卦阐述了企业创新过程管理之道，艮卦、蛊卦阐述了企业创新规则设计之道，既济卦和未济卦阐述了企业创新绩效管理之道（见图10-3）。

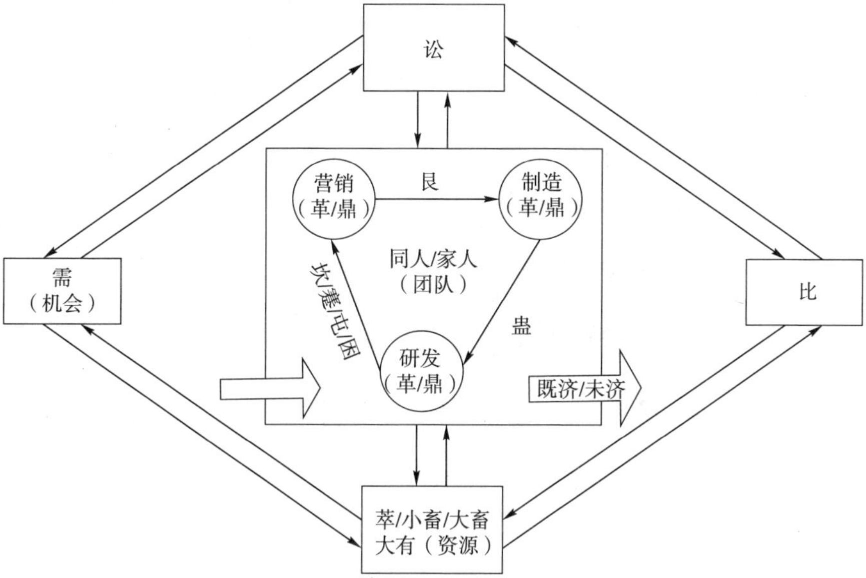

图10-3　周易创新模型

10.2　创新机会开发之道

《周易》需卦深刻阐述了企业创新机会开发之道，不但阐述了企业创新机会开发时面临的不同情境，还提出了不同情境下企业开发创新机会的策略。

10.2.1　创新机会的含义

机会本意是指具有时间性的有利情况，也有关键、要害等意思。企业创新机会是指企业在创新过程中，由于内部条件或外部环境的变化可能出现的对企业创新有利的情况。企业创新机会开发是指在企业创新过程中，企业主动搜索和寻找对企业创新有利的条件的过程。

10.2.2　创新机会开发情景

《周易》需卦用象征手法提出企业在创新过程中可能面临六种情境（见图10-4）。在图10-4中，卦图下面的文字是需卦卦辞，是对需卦的解释；卦图左边的文字是爻题，是各条爻线的名称，爻题自下而上阅读，每个爻题由两位数组成，阳爻称为九，阴爻称为六，最下面的爻题为初爻，最上面的爻题为上爻，中间四个爻题的两位数中，前一位数表示爻题的阴阳属性，后一位数表示爻位；卦图右边的文字是需卦各爻的爻辞，是对各条爻线的解释。以后所列各卦卦图、卦辞、爻题、爻辞的位置与图10-4相同。

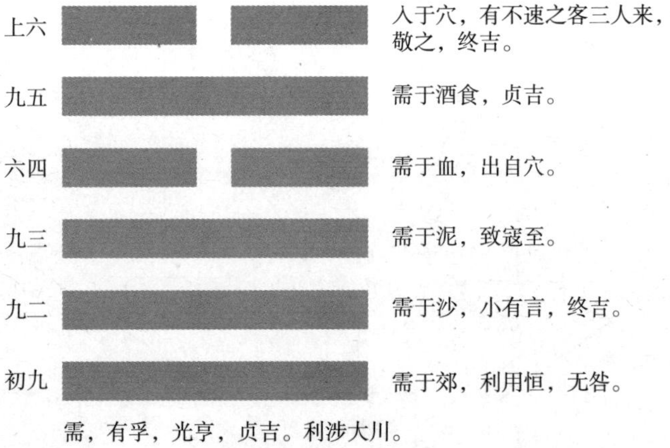

图10-4　需卦模型

第一种情境是没有任何外部竞争压力，企业能够恬然自得地在市场上生存发展，这就是需卦初九爻所谓的“需于郊”。

第二种情境是企业稍有艰难时的情境，即“需于沙”，这种艰难可能来自企业内部，也可能来自企业外部。

第三种情境是企业陷入艰难不能自拔时的情境，这就是需卦九三爻所谓的“需于泥”。

第四种情境是企业处于极其危险时的情境，这就是需卦六四爻所谓的“需于血”。

第五种情境是企业处于极度安逸时的情境，这就是需卦九五爻所谓的“需于酒食”。

第六种情境是外部危机完全消除，企业创新重点转移到企业内部时的情景，这就是需卦上六爻所谓的“入于穴”。

为降低阅读难度，本书将《周易》各卦卦辞、爻辞的翻译内容附在附录中，读者可以自己对照阅读，后面解释有关创新之道时不再解释对应的卦辞、爻辞。

10.2.3　创新机会开发策略

就创新机会的来源而言，企业的创新机会有可能来自企业内部，也有可能来自企业外部，但主要来自企业外部。因此，需卦关于创新机会开发的论述主要发生在企业外部。

在没有任何外部压力的情况下，企业主要通过等待开发创新机会。因为创新机会是一种自然现象，经常可遇而不可求。企业外部市场没有竞争压力，说明市场发展相对平稳，这时候只能耐心等待，等待市场规律出现企业可以利用的创新条件，但这种等待绝不是消极等待，而是密切关注，静待创新时机的出现。

在出现艰难的情况下，企业面临排除艰难和开发创新机会的双重压力。很多情况下，市场变化给企业带来的艰难不是企业的个别现象，同行企业大都面临这种艰难，比如经济危机、自然灾害等。这时候企业如果能够比其他同行竞争对手首先排除艰难，往往会提前捕捉到市场变化带来的机会。

在陷入困境不能自拔的情况下，企业面临的最大危机是竞争对手乘虚而入，灭掉自己。在这种情况下，企业的首要任务是走出困境，求得生存，逃离竞争对手的威胁。然后，再根据市场变化，寻求创新机会，实现发展。

在极度危险的情况下，企业生存面临严重威胁。这时候，企业的首要任务是摆脱威胁自身生存的困境，逃离危险境地，寻找安全的地方，以争取时间，休养生息。这时候企业争取的创新主要是市场创新。如果坚持在市场上恋战，很可能会使自己面临的危险更加严重。

在外部环境极度安逸的情况下，企业面临的市场环境比较优越，收益丰厚。但这种情况要长久维持往往很难，企业在这种情况下需要重新寻找创新机会，以实现新的增长。

待企业面临的外部市场危机消除之后，企业创新的重点开始转移到企业内部。企业是一个生命体，企业构建的组织、制度、流程等规则都有一定的时间局限性。随着企业的成长以及外部环境的变化，原来曾经支持企业发展的规则可能变得不合时宜，这时企业需要进行相关创新，才能继续支持企业的发展。

10.3 创新团队建管之道

创新团队是企业创新的核心力量。怎样构建和管理创新团队，是企业创新成败的重要决定因素。《周易》同人卦阐述了企业创新团队应该如何构建，家人卦阐述了企业创新团队应该如何管理。

10.3.1 企业创新团队

在企业成长过程中，创新团队在不断变化。一方面，企业创新团队的规模在随着企业的壮大而不断壮大；另一方面，企业创新团队成员有进有出，需根据企业内部条件和外部环境的变化不断进行动态调整。

在这种情况下，如何在企业成长早期构建一个高素质的创新团队，如何在企业成长期和成熟期管理好创新团队，对企业的创新绩效影响巨大。

10.3.2 创新团队构建之道

《周易》同人卦描述了企业构建创新团队的过程（见图10–5），该过程主要包括六个阶段。

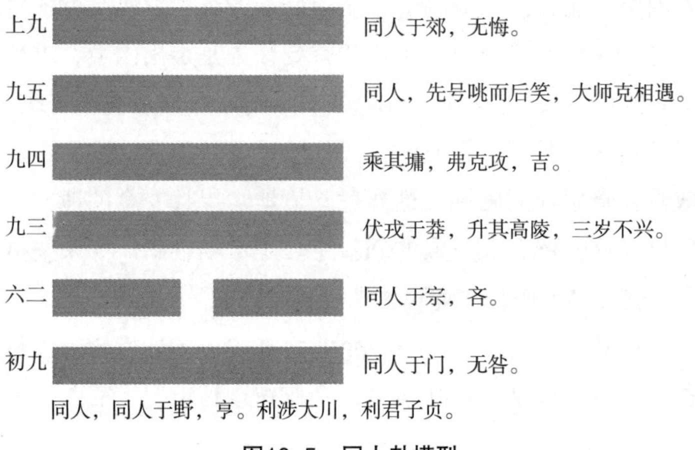

图10–5　同人卦模型

在创新团队构建的第一阶段，创新刚刚发起，技术处于保密状态，社会上的许多人对创新人员所创新的项目认知不清，创新团队内外存在严重的信息不对称。这时候企业创新人员只能在自己熟悉的人员中发展创新团队成员，比如家庭、同学、战友等。

在创新团队构建的第二阶段，企业创新已经初具规模。这时理解创新项目的人员开始增多，但仍然限于创新团队成员周围的人员，只是出现了间接参与创新的人员，比如风险投资人员、天使投资人员。这时企业创新团队成员来源的范围越来越大。

到创新团队构建的第三阶段，企业创新团队逐渐稳定，开始进入战斗状态。创新工作是做前人没有做过的工作，创新团队面临的挑战和压力当然十分巨大。在这种情况下，可能默默无闻地工作好长时间，仍然一无所获。所以，作为创新团队成员，能够忍受寂寞和失败是必备的素质。

创新团队构建的第四阶段，创新工作仍然十分艰难，但这时的艰难已经成为黎明前的黑暗。经过团队成员的拼搏，项目创新取得了明显成绩，但并没有最终完成创新任务。这时创新团队需要坚持、坚持、再坚持。否则，整个创新工作将会功亏一篑。

创新团队构建的第五阶段，创新取得巨大进展。这时企业创新团队招纳成员的范围开始扩大，甚至可以与其他志同道合的团队合并起来，共同奋斗。经过长期奋斗，项目终于取得成功，创新团队成员终于稳定下来，双方团队成员激动万分。

创新团队构建的第六阶段，企业创新已经取得成功，企业已经正常运营，资金、人才等各种资源得到保证。这时，企业创新团队已经有了信誉，可以向整个社会招募人才了。

《周易》同人卦阐述了企业创新团队构建之道，体现了企业创新团队构建过程的规律性。企业只有遵守创新团队构建之道去构建创新团队，才能根据企业业务发展和创新团队发展，把周围最优秀的人才招募到创新团队中，从而保证创新工作能够高效地进行。

10.3.3　创新团队管理之道

企业创新团队建立之后，面临的重要问题是如何管理创新团队。针对如何管理创新团队，《周易》家人卦给出了解释（见图10-6）。家人卦将企业创新团队管理分为六个步骤，并提出了每个步骤的不同管理措施。

第一步，创新团队刚刚建成，建成后的创新团队能够预防不测之事发生。企业创新团队担负着技术研发等事关企业核心技术的重要任务，保守技术机密，防止技术信息外泄，对企业的生存和发展至关重要。作为企业创新团队，对成员的保密要求一般都有明文规定，这些规定如同古代家门上的横木一样，可以防止外人随便进入家庭，从而保证企业的技术安全。

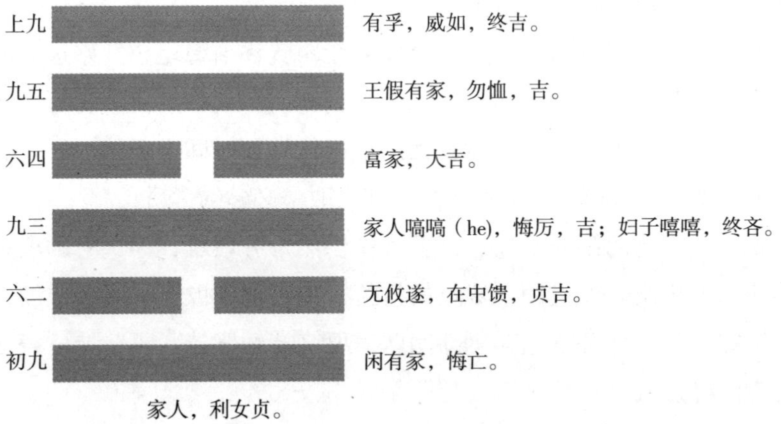

图10-6　家人卦模型

第二步，企业创新团队没有重要的事情要完成，就把日常的创新业务做好。根据创新程度，企业创新可以分为渐进式创新和突破式创新。就创新现实而言，渐进式创新是企业创新的常态；突破式创新是渐进式创新长期积累之后，由量变到质变的结果。作为创新团队成员，把自己分管的技术踏踏实实地做好，是做好企业创新工作的基础。

第三步，管理创新团队需要有制度，而且执行制度必须严格。作为创新团队领导，对创新团队成员严格要求，对企业创新和团队成员个人发展都有好处。相反，如果企业创新团队没有纪律、规定，则企业创新团队就会形同散沙，难以形成强有力的战斗力。

第四步，经过规范的管理，企业创新团队创造了突出的绩效。良好的企业创新绩效能够为企业持续发展提供强有力的技术支撑。企业营业收入只是企业市场竞争力的直接表现，只有具备坚强技术支撑的企业竞争力才能成为可持续的企业竞争力。

第五步，随着企业技术能力和营销能力等的增强，企业的社会影响越来越大。这时候社会各界会越来越关注企业的活动，国家领导也会通过宣传企业的创新活动引领社会创新导向，从而达到一定的政治、经济、社会等目的。这时，企业创新团队需要具备应付社会各界的外交能力，逐步树立企业在社会上的光辉形象。

第六步，企业创新能力进一步增强，企业具备了在国内或全世界领导全行业的能力，企业创新团队规模越来越大。这时企业创新团队具有一定的权威，需要讲究诚信，严格管理创新团队，以避免出现“物壮则衰”的现象，使团队创新业务不断实现新的突破。

10.4　创新资源组合之道

10.4.1　创新资源的内容

创新资源是指企业为完成创新任务所需要的要素，是企业创新需要具备的基本条件。创新资源主要包括资本、技术、人才、信息、政策等内容。企业创新需要的创新资源，有的存在于企业内部，更多的存在于企业外部。企业外部的创新资源是企业不可控的因素，如何把各种创新资源整合起来，为企业所用，是企业需要具备的一种重要创新能力。同时，创新资源整合能力也是企业家需要具备的核心能力之一。《周易》作为群经之首，大道之源，曾经对创新资源整合给出过明确解释，这种解释就是创新资源整合之道，是企业创新信仰的重要对象之一。

10.4.2　创新资源小畜之道

《周易》小畜卦阐述了创新资源小畜之道。小畜之道就是小有积蓄的规律。小畜卦通过卦辞、爻辞与爻位解释了小畜之道（见图10–7）。通过六爻从初爻到上爻的变化，描述了小畜的过程。小畜过程可以分为两个阶段。

在第一阶段，企业通过多次试错，最后走上整合资源的正道。创业初期的企业经常出现这种现象，如向金融机构借款，向其他企业筹集资金，向同学筹集资金，向家人筹集资金等，饥不择食，但最终主要还得靠自己。

当企业有了一定积累时，企业面临的主要危机已经不是资金危机，主要是技术危机，因为刚投入市场的技术，性能不够稳定。这时候怎么办呢？主要靠向领先企业学习。在创新企业不起眼的时候，领先的竞争企业不会在意。但随着创新企业的发展壮大，领先的竞争企业开始提高警惕，甚至开始故意设障，对创新企业进行封杀。这时，创新企业与领先的竞争企业开始反目。

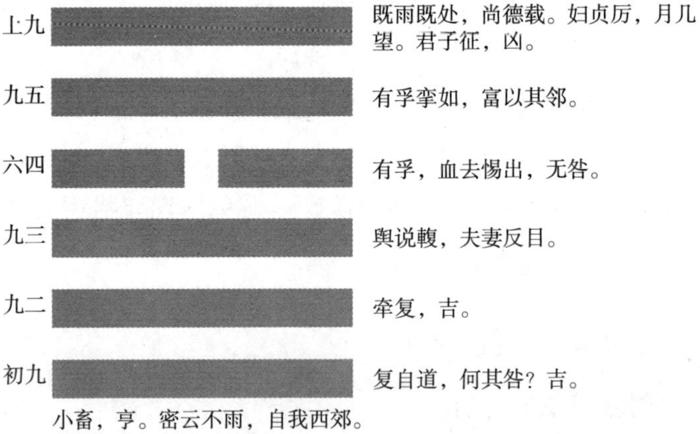

图10-7　小畜卦模型

在第二阶段，创新企业经过艰苦卓绝的努力，开始取得创新绩效。首先，随着创新企业的发展壮大，原来那种对企业生死存亡的担心逐渐消失。另外，随着技术性能的逐渐稳定，市场范围的逐渐稳定，企业创新的绩效越来越好。

在创新企业度过资本危机、技术危机和市场危机之后，企业如何继续整合资源呢？主要靠与市场各方实现共赢，与用户共赢，与供应商共赢，与资源提供者共赢，甚至与竞争企业共赢。共赢是企业整合资源的关键，特别是能够持续不断地与消费者实现共赢，以消费者的利益为上。凡事都有极限，企业整合创新资源也一样。随着企业的发展，企业整合资源的手段和方式也需要不断创新。如果不能及时创新，将会出现整合资源中的困难，甚至会因此给企业带来灾难。

10.4.3　创新资源大畜之道

《周易》大畜卦阐述了企业创新资源的大畜之道（见图10-8）。大畜之道就是大有积蓄的规律。大畜之道与小畜之道的最大区别在于，小积蓄主要靠自己创造财富，大积蓄主要靠别人为自己创造财富。大畜卦通过六种情况阐述了大畜之道，这六种情况在程度上也存在一定的递进关系。

第一种情况，在整合资源过程中，如果出现危险，需要及时停下来。因为企业整合资源实质上是在寻求合作伙伴，合作一开始就出现问题，合作时间越长，会导致问题越严重，甚至会反目成仇。

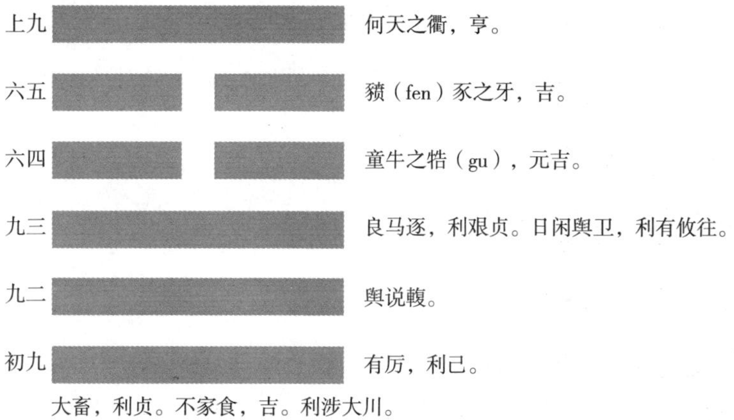

图10-8　大畜卦模型

第二种情况，如果企业在寻求创新资源过程中出现问题，而又不能及时停下来，将会影响到企业创新，使企业创新偏离原来的发展轨道，严重时甚至会威胁到企业的生存和发展。

第三种情况，企业整合资源一帆风顺，在于平时训练有素。苦练内功是企业整合资源取得成功的重要前提，只有平时对有关人员严格训练，才能在真正要用的时候派上用场。

第四种情况，在利用其他机构或个人为企业整合资源或者创造财富时，个别年轻人员不一定使用得很顺利。这时候，就像使用牛犊一样，只要给它头上拴上横木，就不会抵伤人，就仍然可以为我所用。

第五种情况，在利用外部人员或机构整合资源时，有些人员使用起来存在危险。这时候，就像训练野猪一样，驯熟之后，野猪身上虽然长有尖牙，但仍然不会对人产生伤害。长有尖牙的野猪仍然可以为我所用。

第六种情况，经过之前的努力，企业整合资源之道已经顺畅，企业发展已经步入通天大道。在这种情况下，企业只需按部就班发展即可。

10.4.4　创新资源聚集之道

《周易》萃卦阐述了创新资源聚集之道（见图10–9）。萃卦的卦辞、爻辞显示，企业创新资源聚集需要经过六个阶段，这六个阶段所体现的企业创新资源聚集之道，对企业整合创新资源具有重要意义。

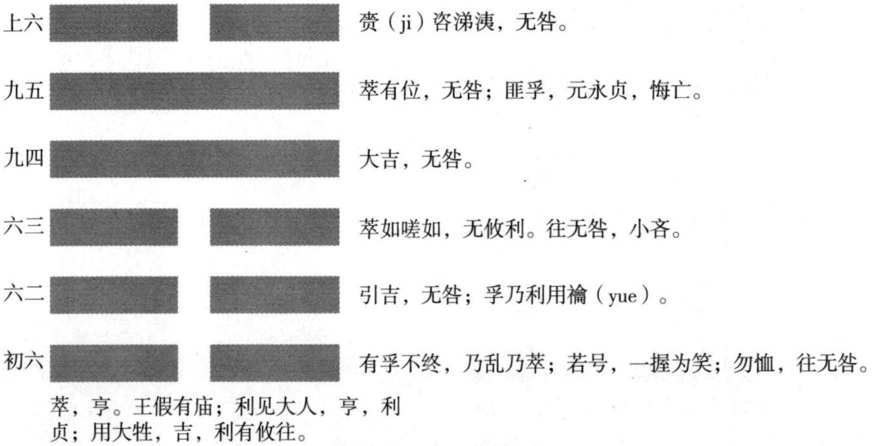

图10-9　萃卦模型

第一阶段，企业聚集创新资源比较混乱。这种情况经常发生在企业创业初期，企业各种创新资源，如资本、技术、人才等都比较匮乏。这时候企业聚集创新资源往往存在饥不择食的现象，因为企业要保证创新工作正常进行，必须拥有一定的人员等创新资源。企业与新进人员都很高兴，都对未来充满希望。

第二阶段，企业各项业务逐步步入正轨，企业开始建立各项制度和文化。制度和文化是保证企业正常运行的重要礼仪和规则，对企业参与者的行为具有约束作用，鼓励企业参与者做对企业有益的事情，限制企业参与者做对企业不利的事情。

第三阶段，企业因为前期聚集的资源出现问题而感慨。企业资源特别是人力资源，需要随着企业的发展不断更新。如果不能及时实现更新，有些人员虽然在企业初创期曾经为企业做出过很大贡献，但随着企业的发展，居功自傲，不思进取，会成为企业进一步发展的障碍。

第四阶段，企业如果能够及时解决资源聚集中出现的问题，企业发展就会出现大吉大利的现象。

第五阶段，通过长期的资源积累，到这个阶段企业已经在行业中身居贵位，或者成为某一区域的行业老大，或者成为全国的行业老大，或者成为全世界的行业老大。这时企业的主要任务是将各种资源转化为效益，不断提高企业的创新效益和经营效益。

第六阶段，企业需要创新资源聚集方法。因为任何聚集资源的方法都有一定的历史局限性，超过特定的历史阶段就需要创新。否则，不但不能继续给企业带来资源，还会给企业带来损失，甚至灾难。

10.4.5　创新资源富有之道

《周易》大有卦阐述了创新资源富有之道（见图10–10）。大有卦的卦辞、爻辞显示，企业创新资源要实现富有，需要具备六个条件。

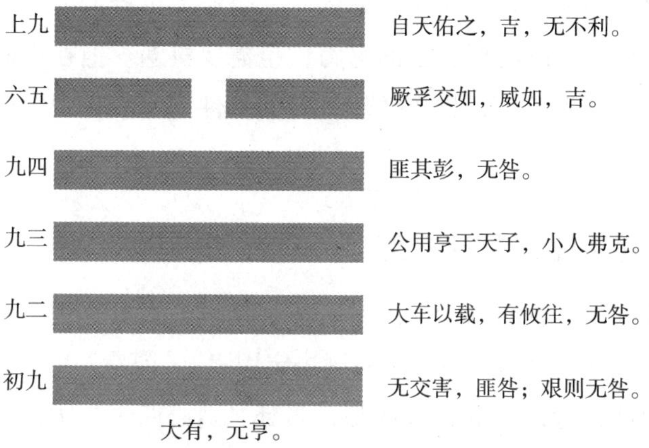

图10–10　大有卦模型

第一个条件，企业与其他有关机构和人员之间不相互侵害，这样才能在艰难时避免灾害。当今社会，与企业密切相关的机构和人员包括用户、员工、股东、供应商、政府、竞争企业等。上述机构和人员是企业在市场上生存和发展的重要决定因素。企业必须妥善处理与他们之间的关系。

第二个条件，进行项目选择时，要选择利润率高的行业。因为在利润率高的行业，企业付出同样的资源，可以获取相对较高的报酬。但进入利润率高的行业需要具备一定的条件，这需要企业创造条件，在项目决策时慎重考虑。

第三个条件，企业获取财富要量力而行，结合自身条件创造财富。比如央企做央企应该做的事情，私企做私企应该做的事情。企业需要准确确定自己在社会和市场上的地位，如果不自量力，越位做事，往往会事倍功半。

第四个条件，企业创造财富、发展生产，需要按照行业规律循序渐进。如果企业发展速度过快，超过了企业资源所能承受的限度，不但不能为企业带来稳定的财富增长，还可能造成企业因资源不足而“早亡”。

第五个条件，企业发展到一定规模，在行业中占有一定地位之后，需要与其他企业诚信交往，既有威严，又值得尊敬。在各个方面以身作则，为行业内的企业做出榜样。

第六个条件，企业自己佑助自己，才能取得上天的佑助。任何时候都有创新机会，但机会往往存在于企业外部，是企业不可控的因素。企业如何准确捕捉到创新机会，既需要自己的努力，也需要机遇。但在机遇与自己努力之间，只有自己首先努力，具备抓住机会的条件，才会在创新机会到来时准确地抓住。

10.5 创新过程管理之道

企业创新过程是企业创造性地将资本、技术、人员等创新资源转化为创新产出的过程，是企业创新绩效的关键决定因素。《周易》用六个卦阐述了企业创新过程管理之道，用屯卦、坎卦、蹇卦、困卦四个卦阐述了企业创新过程中的困难之道，用革卦、鼎卦阐述了企业创新过程中的创新之道。

10.5.1 创新过程的困难之道

困难是企业在创新过程中经常遇到的现象。《周易》根据困难的性质，将困难分为四种，即开始之难、陷阱之难、孤立之难、被缚之难。面对不同困难，需要采取不同的处理办法，妥善处理各种困难，才能保证企业顺利地创新和发展。

（1）开始之难

《周易》屯卦阐述了开始之难（见图10-11）。通过屯卦卦辞、爻辞可以看出，企业创新过程的开始充满艰难。这种开始之难表现在六个方面。

第一，企业创新开始时犹豫不决。创新是一项挑战未知的工作，创新开始时面临多种决策方案可供选择。创新还是不创新？创新走何种路径？创新失败怎么办？诸如此类的问题要求创新者在开始时必须做出判断。

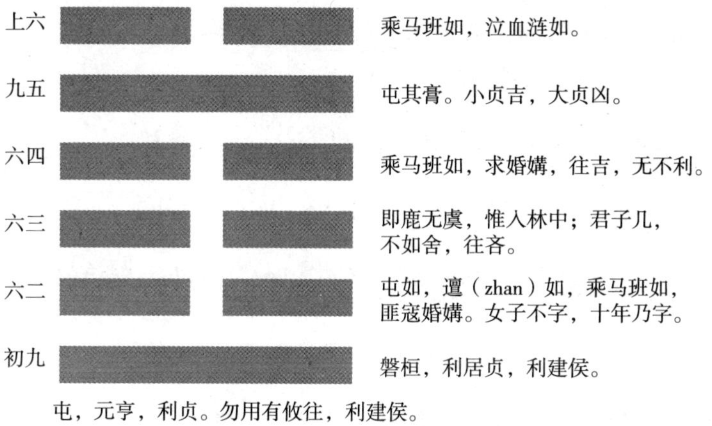

图10-11　屯卦模型

第二，创新开始时的犹豫不决，如同骑着马徘徊不前一样。企业创新的目的是创造新的财富，但这种创新绩效的获得绝非短期可就，可能要等十年之久。这要求企业在创新初期就要有打持久战的心理准备。

第三，企业创新是在探索未知，经常没有向导，没有成功的经验可供借鉴。所以，企业在创新过程中有可能误入歧途，误入歧途后不要执迷不悟，要及时调整自己，使企业创新回归到正路上来。否则，可能会给企业带来危险。

第四，企业创新虽然充满风险，但不可过于犹豫。科学评价创新决策方案，认准了创新道路就要坚定地走下去。只有坚持不懈，才能取得可喜的创新绩效。

第五，企业经过创新初期的努力，已经取得一定的创新绩效，这时企业需要聚集财富，并善于与其他有关人员分享劳动成果。共享财富可以给企业带来好处，独享财富会使企业的可持续发展遇到障碍。

第六，企业开始时犹豫不决的艰难即将过去，虽然泪流满面，极其痛苦，但已经为以后的发展奠定基础。开始之难是每个企业在创建初期都会遇到的困难，只有坚持前行，才能度过此难并最终有所成就。

（2）陷阱之难

企业在市场上生存发展，而市场上充满陷阱。企业如何跨过陷阱，而不陷入其中？《周易》坎卦阐述了企业的陷阱之难（见图10-12），为企业脱离陷阱，向前发展指明了方向。通过坎卦的卦辞、爻辞可以看出，企业在创新过程中可能遇到的陷阱有六种情况。

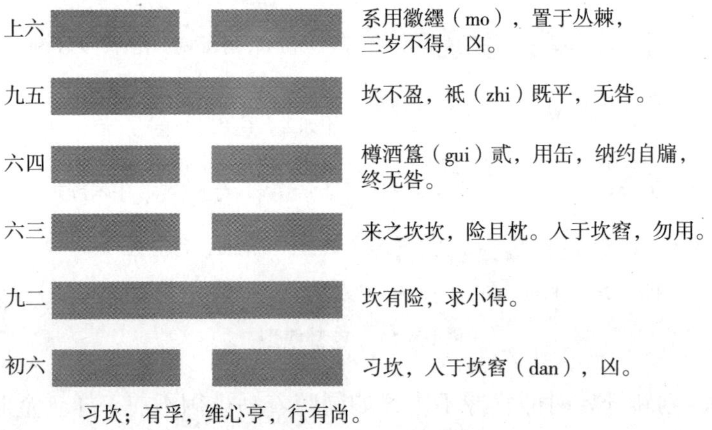

图10-12　坎卦模型

第一，企业刚刚陷入深的陷阱。这种陷阱可能是同行竞争企业设置的，也可能是市场自然形成的，还可能是自身积小恶成大恶，长期积累形成的。

第二，企业在陷阱中有危险，但如果企业努力，将会有小的成效。企业深陷困境，可能能够争取来外援，但主要还需靠自身努力，自我脱险。

第三，企业来来去去都有危险，陷入深的陷阱。这时候只能等待时机，或者遇到外援，或者陷阱有新的变化。但不可强求脱险，因为来去都有危险。

第四，企业已经等来希望。虽然外援不多，但已经能像薄酒淡菜一样可以从窗户里送进来。

第五，陷阱被人填上。没有填满但已经填平，企业可以因此脱险了。说明已经有其他的人员或机构帮助企业。

第六，企业像被绳索捆绑起来，放在荆棘丛中，很长时间无法脱险。此时企业陷入大的困境，需要长时间等待，并想方设法积蓄力量，以求在合适的时机能够从陷阱中逃脱。

（3）孤立之难

企业创新需要从外部持续不断地获取创新资源，如果企业被孤立起来，将会陷入困境。《周易》蹇卦阐述了企业陷入孤立的六种情况（见图10–13）。通过卦辞、卦象，以及爻辞、爻象可以看出，这六种孤立之难阻碍企业的发展，如不及时排除，甚至会威胁到企业的生存。

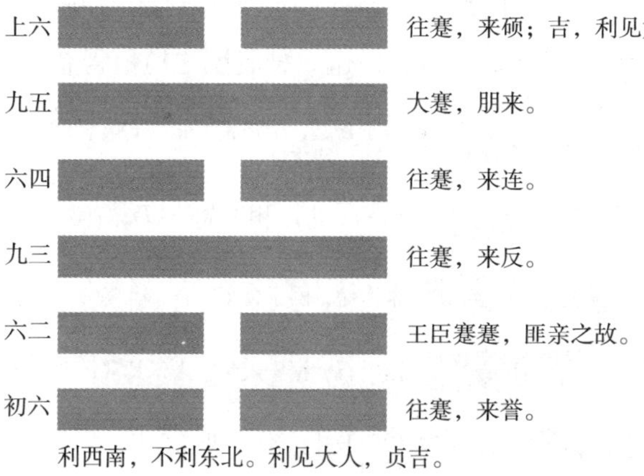

图10–13　蹇卦模型

第一种，往前走将会被孤立，退回来将会获得美誉。这意味着企业所走的道路并没有获得大多数同行的赞同，还需要继续创造条件，待条件成熟，其他机构或人员都赞同时再往前走。

第二种，企业陷入孤立，但不是因为自己。企业作为一种在社会上数量仅次于家庭的组织，不但对员工和股东负有责任，还承担着一定的社会责任。有时企业为了承担一定的社会责任，会暂时被员工或股东误解。

第三种，企业往前走会陷于孤立，回来反而不会陷于孤立。这时企业需要以静待动，不能贸然行事，待时机成熟时再前去行动。

第四种，企业前去会陷于孤立，回来也可能会陷于孤立，面临进退两难境地。要突破困境，只有自我积蓄力量，等待时机。

第五种，企业遇到大的孤立之难，但有朋友前来相助。朋友之所以能在企业陷于孤立之难时前来相助，是企业以前长期施行善举的结果。因此企业平时要多帮助别的企业和人员，乐善好施，多种善因，才能使在自己陷入困境时能够获取大的帮助。

第六种，企业往前走会陷入孤立之难，回来会有大的收获。在进退利害明显时，企业选择回来是明智的，可以获取大的收益。

（4）被缚之难

由于种种原因，企业会受到一些因素的束缚。这些因素像绳子一样，把企业牢牢捆绑，如果不能及时脱身，企业会被活活困死。《周易》困卦阐述了企业被束缚的六种情况（见图10-14），这六种脱困之道值得企业借鉴。

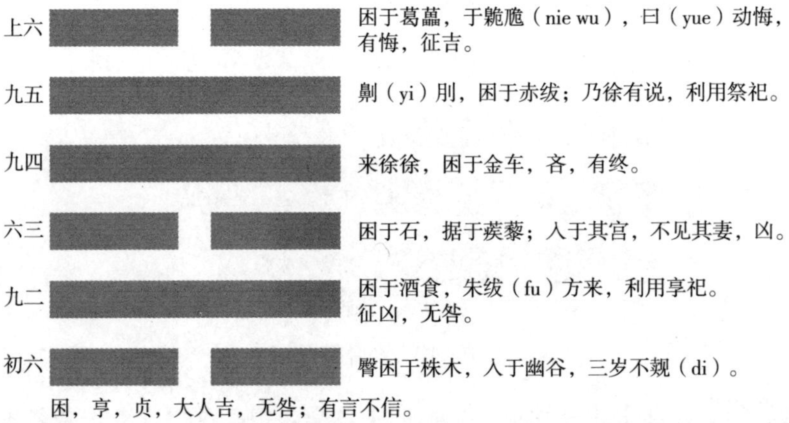

图10-14　困卦模型

第一种，企业像被树干挡住一样，无法前行，只好退到幽暗的山谷中，三年不见天日。这时，企业是被外部障碍所困，凭自身的能力无法继续前进，只能退回来，积蓄力量，以求日后脱离束缚。

第二种，企业被优厚的条件束缚，荣禄将来，但无法得到。这时企业需要居安思危，提前筹划未来。因为市场是不断变化的，企业创新过程中的技术、市场、产品等要素都时刻处于变化之中，如果不能提前筹划，可能在将来竞争中处于被动地位。

第三种，企业被生存环境束缚，如同人困在石头上，靠用手抓住蒺藜才可求得生存，处境非常艰难。同时，企业的合伙人出走，创新团队面临解体的危机。在这种情况下，企业唯一的办法是尽快摆脱束缚，因为时间长了，企业有可能会被困得精疲力尽，甚至危及生命。

第四种，企业发展缓慢，是因为被坚固的障碍阻挡。这时企业的首要任务是想方设法将阻挡企业发展的障碍排除。

第五种，企业因为地位高贵受到刑罚制裁。高贵的地位是国家或政府在特定时期给予企业的地位，国家或政府给予企业高贵地位的目的是让企业完成特殊的历史使命。随着社会环境的变化，这种优越地位可能成为企业发展的障碍。企业要想摆脱这种高贵地位的束缚，需要自定目标，自己超越自己。否则，企业有可能被这种高贵、优越的地位慢慢困死。

第六种，企业被捆绑起来，又处于动摇危坠之处。这时候企业已经被束缚到极点，如果再不想办法挣脱，将可能危及生命。所以，企业最好的做法是拼命一搏，如果成功，还有一线生机。

10.5.2　创新过程的创新之道

前面介绍了企业创新过程中经常遇到的四种困难，这些困难是企业创新过程中经常遇到的现象，有些困难来自企业内部，有些困难来自企业外部。那么，企业如何克服上述困难，谋求更好的发展？《周易》给出了两种方法，即革卦与鼎卦。

（1）革旧之道

随着企业的发展和外部环境的变化，企业存在的一些弊端必须除掉，否则会阻碍企业的创新和发展。《周易》革卦阐述了企业革除弊端的道理（见图10-15）。通过革卦卦辞、爻辞可以看出，在企业创新过程中，革除弊端需要经过六个阶段。

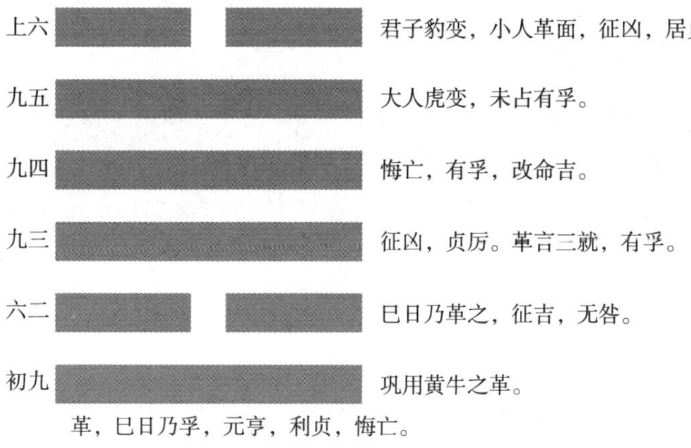

图10-15　革卦模型

第一阶段，企业必须成立强有力的变革团队。企业身上的弊端如同毒瘤一样，如不及时清除，时间长了会危及企业的生命，但消除这些弊端势必触及某些机构或人员的利益。因此，企业高层必须对变革大力支持，并成立强有力的领导团队。

第二阶段，企业革除弊端必须选择好时机。企业弊端刚开始出现时，对企业造成的危害并不是很严重，这时人们对其危害的严重性经常认识不足。等弊端对企业造成的危害十分严重时，应抓准时机，动员一切力量，一举革除。

第三阶段，变革要有宣言，对变革宣言要再三斟酌。变革宣言既要能调动企业全体成员的积极性，又要显示企业革除弊端、争取发展的决心。从第一阶段到第三阶段，都是企业为革除弊端所做的准备工作。

第四阶段，革除弊端后，企业呈现焕然一新的吉祥局面。

第五阶段，通过革除弊端，企业高层领导像老虎褪毛一样，褪掉旧毛，呈现出光辉灿烂的新形象。

第六阶段，企业中层领导像豹子褪毛一样，褪掉旧毛，面目焕然一新。企业员工也改变了昔日的精神面貌，充满了生机和活力。

（2）鼎新之道

在企业创新过程中，企业在革除陈旧弊端的同时，必须创新。《周易》鼎卦阐述了企业创新的过程（见图10–16）。通过鼎卦卦辞、爻辞可以看出，企业创新主要通过六个步骤完成。

第一步，创新前企业需要把各项工作倒过来捋一遍，以便发现问题。创新是针对问题采取的措施，有问题企业创新才有方向。

第二步，企业各项工作很繁忙，企业合作伙伴存在问题，双方无法接近。创新无从下手。

第三步，企业对某些工作失去控制，企业指挥出现困难。虽有利润丰厚的项目，但无法去做，企业创新出现转折点。

第四步，企业出现颠覆性的问题，因此给企业造成很大损失，即将到手的利润企业却无法享用。企业出现的问题更加严重，创新迫在眉睫。

第五步，通过创新，企业弥补了不足，控制力大大增强。企业各项工作的面目焕然一新。

第六步，企业继续完善创新措施，精益求精。彻底解决以前存在的问题，企业各项工作大为吉祥，无所不利。

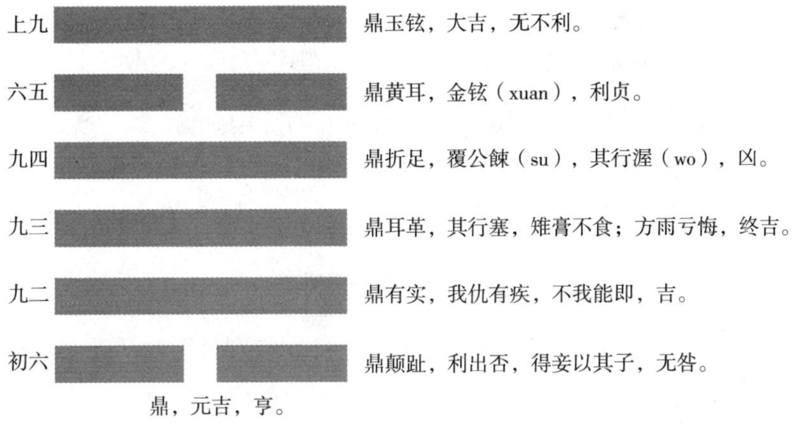

图10-16　鼎卦模型

10.6　创新规则设计之道

企业业务流程、组织、制度、文化等是约束企业创新的重要规则，上述规则如何设计，对企业创新成败影响巨大。《周易》用艮卦和蛊卦阐述了企业创新规则设计的控制之道和治乱之道，是企业创新信仰的重要对象之一。

10.6.1　创新规则控制之道

《周易》艮卦阐述了企业创新规则设计的控制之道（见图10-17）。通过艮卦卦辞、爻辞可以看出，企业创新规则对企业员工的控制分为六个步骤。

第一步，企业的创新规则应该能够控制住员工的脚，该去的地方去，不该去的地方不去。这一步限制了企业员工活动的范围，鼓励企业员工多从事创新活动，少从事限制企业创新的活动。

第二步，企业创新规则能够控制员工小腿的运动。虽然员工小腿不能随心所欲地活动，心中可能不快，但对企业创新和发展是有益的。

第三步，企业创新规则能够控制员工腰部的活动。有的创新活动需要艰苦努力，可能对员工身体造成暂时的伤害，但对企业长远发展是有益的。

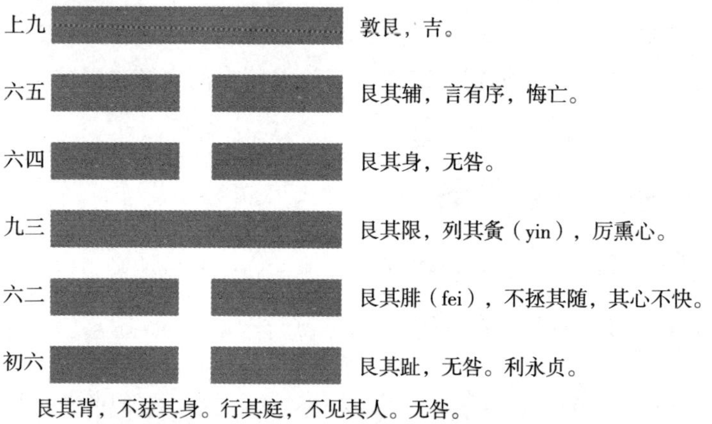

图10-17　艮卦模型

第四步，企业创新规则能够限制员工上身，特别是手的活动。明确规定哪些事情可以做，哪些事情不可以做。这样可以鼓励员工多创新，并限制非创新活动。

第五步，企业创新规则能够限制员工的口。规定员工哪些话可以说，哪些话不可以说。这可以要求员工多宣传创新，强化创新文化。

第六步，企业创新规则能够促使员工淳朴厚重地控制自己。这是企业创新规则的最高境界，员工已经形成主动创新的习惯，企业创新已经蔚然成风。

10.6.2　创新规则治乱之道

企业创新规则具有治乱功能。《周易》蛊卦阐述了企业创新规则的治乱功能（见图10-18）。通过蛊卦卦辞、爻辞可以看出，企业创新规则对企业弊端的治理主要体现在六个方面。

第一，企业创新规则能够匡正企业领袖的过失。企业创新规则是企业领袖关于创新的意志体现，既要能够引导企业领袖的创新活动，还要能够对企业领袖不利于创新的行为进行匡正。

第二，企业创新规则能够匡正企业其他高层管理人员的过失。企业创新规则不但要能起到匡正员工过失的作用，还要能够起到匡正企业所有高层过失的作用。

第三，企业创新规则对匡正企业元首的过失存在遗憾，但没有对企业创新造成大的损失。这种创新规则尚需进一步完善。

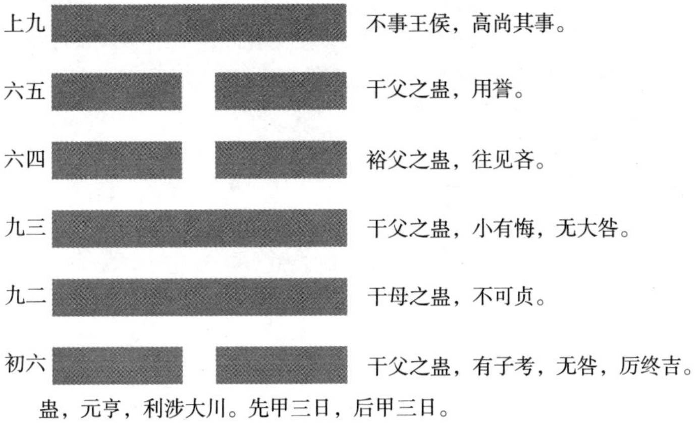

图10–18　蛊卦模型

第四，企业创新规则姑息企业元首的过失。在企业创建初期，经常存在企业元首代替企业制度的现象。

第五，企业创新规则能够匡正企业领袖的过失，长此以往，企业会因此受到称誉。

第六，企业创新规则不是为了约束员工的其他活动，主要是为了促进企业创新。企业创新规则既不是为了某个企业领导，也不是为了某个股东，目的是在企业养成以创新为高尚的风气。

10.7　创新绩效管理之道

创新绩效是企业创新的结果。创新绩效既是衡量企业创新投入效率的重要指标，也是评价企业创新产出和创新过程的重要依据。《周易》用既济卦和未济卦阐述了企业创新绩效的管理之道。

10.7.1　创新绩效既济之道

既济卦阐述了企业创新完成之道（见图10–19）。通过既济卦的卦辞、爻辞可以看出，企业创新的完成，需要注意六个方面。

第一，在企业创新开始，需要非常谨慎。正如车子过河向后拖曳车轮，以免车辆猛烈前行使车辆失去控制；抓住狐狸的湿尾巴不让它过河。谨慎小心有利于更好地前进。

图10-19　既济卦模型

第二，企业在创新过程中可能会有小的损失，但不必过于计较。正如车子过河时丢失了车帘，在过河时急于寻找是危险的，过完河后自然能够找到车帘。这说明企业在创新过程中需要牢记自己的最终目标，不要做因小失大的事情。

第三，经过前两个阶段的努力，企业创新已经小有成就。就像商朝高宗讨伐鬼方国一样，虽然打了三年，但最终打败了鬼方国。

第四，企业创新在小有成就后仍需谨慎小心。就像虽然有华丽的衣服，但仍穿着破衣服。

第五，企业创新重在实干、诚心，不要过于计较表面虚荣的礼节。就像东边邻居杀牛厚祭，还不如西边邻居薄祭实际受到的福泽多那样。

第六，在企业创新完成之际，不可高兴过度。否则，可能事与愿违。

10.7.2　创新绩效未济之道

企业创新也会出现没有完成，从而失败的情况。《周易》未济卦阐述了企业创新没有完成的道理（见图10-20）。通过未济卦的卦辞、爻辞可以看出，企业创新没有完成，需要注意六个方面。

第一，企业创新没有完成任务。就像狐狸过河沾湿了尾巴一样，有所遗憾。

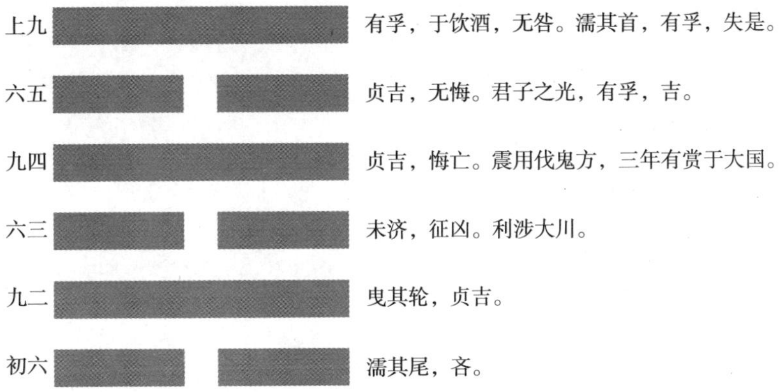

未济，亨。小狐汔（qì）济，濡其尾，无攸利。

图10-20　未济卦模型

第二，企业创新受到牵制。就像向后拖曳车轮而不使其快速前进一样，企业创新需要稳步前行。

第三，企业创新没有完成。因为急进存在凶险。

第四，企业创新缓慢进行，最终必有成效。就像震用讨伐鬼方国一样，虽然打了三年，但最终取得胜利，受到了大国的封赏。

第五，企业光明正大地创新，可获吉祥。

第六，企业没有完成创新只是暂时现象。只要企业坚持不懈，没有完成最终会向完成转变。

10.8　小结

企业创新信仰的对象就是创新之道。根据企业创新系统，将企业创新之道分为创新机会开发之道、创新团队建管之道、创新资源组合之道、创新过程管理之道、创新规则设计之道、创新绩效管理之道等。《周易》作为大道之源，需卦阐述了企业创新机会开发之道，同人卦、家人卦阐述了企业创新团队建管之道，大畜卦、小畜卦、大有卦、萃卦阐述了企业创新资源组合之道，坎卦、蹇卦、屯卦、困卦、革卦、鼎卦阐述了企业创新过程管理之道，艮卦、蛊卦阐述了企业创新规则设计之道，既济卦、未济卦阐述了企业创新绩效管理之道。信仰创新之道是企业创新成功的重要前提。

第五篇

创新信仰培育

- 企业家创新信仰的培育
- 企业创新信仰的培育

第 11 章　企业家创新信仰的培育

前面介绍了企业家创新信仰的形成、结构和功能。上述内容是企业家创新信仰的核心内容，是一个国家或地区培育企业家创新信仰需要明确的基本内容。下面借鉴信仰灌输理论，通过介绍企业家创新信仰的确立、教育、传播等，说明如何培育企业家创新信仰，为一个国家或地区的企业家创新提供源源不断的精神动力。

11.1　企业家创新信仰的培育途径

通过第4章的企业家创新信仰市场可知，企业家创新信仰的主要影响因素有企业家信仰习惯、社会公众信仰习惯、创新精英成败、政府创新激励政策等。所以，培育企业家创新信仰主要通过企业家信仰教育、社会公众信仰传播、社会创新精英示范、政府创新激励等途径实现（见图11–1）。

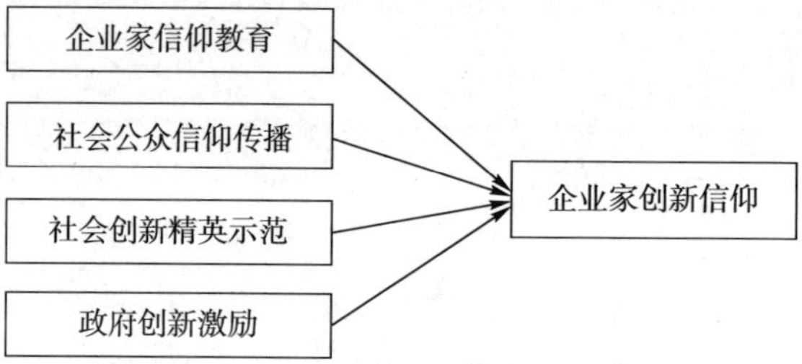

图11–1　企业家创新信仰的培育途径

11.1.1　企业家信仰教育

（1）企业家信仰习惯

企业家信仰习惯是指企业家在一定社会经济文化条件下，经过多年的磨砺、积累、过滤、沉淀所形成的对某种信仰的常用的思考方式或做事方式。

企业家的信仰习惯一旦形成，就像是构成了一个信仰基因库，反过来对企业家的信仰产生巨大的形塑力量，规定企业家信仰的基本品质，包括心理观念、仪式特征、实践模式等。由于每个企业家所处的环境不同，每个企业家的个人经历和知识结构不同，故每个企业家的信仰习惯都不相同。因此，企业家的信仰习惯存在多样性。

（2）企业家信仰结构

中国的企业家生存环境很特殊。一方面，道教、佛教、基督教、伊斯兰教等宗教在中国都有一定的信仰市场，宗教信仰是企业家信仰的主要形式；另一方面，中国政府强调马克思主义是全社会的科学信仰、领导信仰，企业家中的共产党员多信仰马克思主义。所以，中国企业家的信仰是一个多维结构，即同时存在多种信仰。他们虽然信仰某种宗教，但不读经典、不懂教义、不遵教规、不践修行，只是某些宗教的临时信仰者，他们只求当下问题的解决，并不探寻信仰的终极意义。

（3）企业家创新信仰

中国企业家的信仰结构既然是一种多维信仰结构，就存在以何种信仰为主的问题。创新信仰是一种理性信仰，是以创新作为获取价值的唯一手段的信仰，这种信仰形式符合当今复杂多变的社会环境，符合当今企业家对环境的要求，具有利国、利企、利民的“三利”特点。强化创新信仰在企业家信仰结构中的位置，突出创新对企业家生存和发展的作用，有助于加大企业家创新信仰培育的力度。

11.1.2 社会公众信仰传播

企业是生活在一定社会环境中的企业。支撑企业发展的各种人才来源于高校，高校大学生的信仰对企业有重大影响。国内学者刘燕（2016）的研究成果表明：大学生虽然对宗教持宽容态度，但在遇到困惑时，很容易求助于宗教等外部力量。企业需要的服务来源于其他企业，其他企业的信仰对企业有重要影响。企业需要的资本来源于金融机构，金融机构的信仰对企业也有重要影响。

由于企业家处在各种信仰包围之中，周围社会公众信仰理性信仰的人多，企业家受理性信仰的影响就会更大；反之，受到理性信仰的影响就会更小，而受到非理性信仰，如宗教信仰的影响就更大。实践证明，创新信仰是一种理性信仰，企业确立创新信仰，需要周围社会公众更多地信仰创新。加强对社会公众的创新信仰教育，有助于企业家创新信仰的确立。

11.1.3 创新精英示范

榜样的力量是无穷的。创新精英对企业家创新信仰的培育具有灵验引导作用。培育创新精英能够促进企业家创新信仰的培育。

（1）创新精英的含义及代表

创新精英是在创新方面表现最为突出的人物。进入21世纪以来，随着科学技术对经济发展贡献率的不断提高，创新对经济发展的贡献越来越大，全世界对创新精英的重视程度在不断提高。像中国互联网领域的创新精英马化腾、马云、李彦宏、雷军、周鸿祎等，已经成为全社会创新新秀和全体企业家学习的典范。创新精英是通过创新成为世界知名企业家的。他们创新的方式，可能是市场创新、技术创新、产品创新等中的一种或几种，更主要的是他们成功完成了整个创新过程，通过创新创造了非凡的经济效益和社会效益。

（2）创新精英的贡献

随着创新精英对国家经济发展贡献率的不断提高，其对政府、高校和整个社会的影响越来越大。政府关注创新精英，努力实现创新精英的发展战略与政府经济发展战略的统一，使创新精英成为国家创新驱动发展战略的切实落实者。高校重视创新精英，号召在校大学生以创新精英为榜样，通过创新创造价值，摈弃多年以来盛行的靠竞争和掠夺获取价值的方式。价值创造方式的变革正在成为社会经济发展的一股重要驱动力量，这股力量正在使中国由世界第二大经济体向世界第一大经济体逐步靠近。

（3）创新信仰灵验

创新精英巨大的社会贡献大大强化了创新信仰的灵验程度，创新信仰灵验程度的加强又进一步加大了整个社会创新信仰供给的力度，为整个社会创新信仰市场的形成和发展注入了新鲜活力。政府是创新精英培育的核心主体。一方面，政府通过供给各种创新激励政策，为创新人士提供优越的创新环境；另一方面，由于中国政府对高校的绝对控制特点，政府可以通过高校提前介入创新精英培养，为社会创新精英的茁壮成长提供充足的人才准备。

11.1.4 政府创新激励

各级政府是区域创新系统的重要参与者，是创新政策的重要提供者。充分发挥政府对创新的作用对促进区域创新和企业创新具有重要意义。企业创新不但在早期需要政府的大力支持，而且在企业创新的整个过程中都离不开政府的大力支持。特别是在中国，政府是经济和科技发展的重要推动力量，政府与企业创新的关系更为密切。

政府是否提倡创新，是否大力支持企业创新，与政府的信仰，尤其是创新信仰密切相关。在一段时期内，我国各级政府曾信仰资本，把GDP作为评价各级政府政绩的重要指标，造成一系列经济发展中的短期行为现象。近年来，随着我国经济发展方式的转型，以中央政府为代表的各级政府越来越重视创新对经济发展的作用，将创新作为一种科学发展观，将创新驱动发展提升为国家战略。于是，在上述背景下，创新信仰对企业家的影响越来越大。

11.2 企业家创新信仰的培育过程

由于信仰具有唯一性特征，所以，企业家创新信仰的确立是原信仰怀疑和创新信仰确立的互逆过程。其中，原信仰怀疑表现为从原信仰稳固到原信仰怀疑，再从原信仰怀疑到原信仰危机的过程；企业家创新信仰确立表现为从创新认同到创新崇拜，再从创新崇拜到创新信仰确立的过程（见图11-2）。

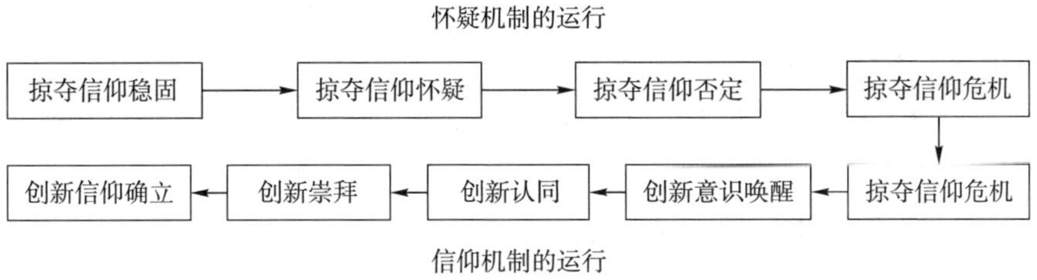

图11-2 企业家创新信仰培育过程

11.2.1 从信仰稳固到信仰危机

企业家创新信仰虽然受到企业外部用户、竞争企业、供应商、互补主体等市场主体的影响，但企业家创新信仰的外部驱动力只有通过企业家创新信仰本身的动力机制才能实现。企业家创新信仰之所以能够被确立为企业家精神的核心内容，主要是企业家精神意识中创新信仰的凝聚力与创新怀疑的驱散力之间的张力所致。

（1）从原信仰稳固到原信仰怀疑

随着企业内部创新条件和外部创新环境的变化，企业家原信仰的凝聚力和原信仰怀疑的驱散力会发生变化。原信仰供给、原信仰需求、原信仰逆向选择的任何一种力量变化，都会造成企业家原信仰凝聚力的变化。在企业家原信仰凝聚力减弱的同时，造成企业家原信仰怀疑驱散力的增加。企业家从原信仰稳固到原信仰怀疑的过程，就是在原信仰凝聚力减弱的同时，企业家原信仰怀疑驱散力增强的过程。

（2）从原信仰怀疑到原信仰否定

随着企业家原信仰凝聚力的减弱和企业家原信仰怀疑驱散力的增强，会出现原信仰危机。但企业家原信仰危机不是一下就形成的，而是取决于企业家原信仰凝聚力和企业家原信仰怀疑驱散力长期博弈的最终结果。当企业家原信仰怀疑驱散力明显超过企业家原信仰凝聚力，企业家原信仰怀疑驱散力在企业家心里占据绝对优势时，企业家的身心与原信仰的对象开始分离，企业家便不再相信原信仰，开始否定原信仰。

（3）从原信仰否定到原信仰危机

信仰具有唯一性。企业家对原信仰的否定达到一定程度时，会出现原信仰危机。原信仰危机的出现会给企业家造成一段无信仰的时期，这个时期最利于创新信仰的介入。当原信仰需要退出历史舞台时，创新信仰可能已经确立，也可能与原信仰间隔一段时间。具体情况取决于双方力量对比的最终结果。

11.2.2 从信仰危机到创新信仰确立

由于企业内部条件和外部环境的变化，企业出现了原信仰危机。从原信仰危机到创新信仰确立，需要经过从原信仰危机到创新认同、从创新认同到创新崇拜、从创新崇拜到创新信仰确立三个阶段。这个过程实质上是创新信仰凝聚力逐渐增强、创新怀疑驱散力逐渐减弱的过程。

（1）从原信仰危机到创新认同

当原信仰怀疑驱散力超过原信仰凝聚力，并在企业家心理上占据绝对优势时，企业家开始否定原信仰。随着企业家信仰市场供求力量的变化，企业家原信仰的怀疑驱散力会发生变化。当国家创新政策供给充足，地方创新政策适当，社会创新氛围浓郁时，创新信仰供给充足。与此同时，企业家创新意识较强，创新认知较好，企业家没有创新逆向选择机会。这时，企业家创新信仰的凝聚力逐渐增强，而企业家创新怀疑的驱散力逐渐减弱。当创新信仰凝聚力超过创新怀疑驱散力时，企业家对创新的认识由原信仰否定转变为创新认同。

（2）从创新认同到创新崇拜

随着企业家创新信仰市场供给和需求双方力量的进一步加强，企业家对创新认同的程度不断增强，当企业家创新信仰凝聚力同企业家创新怀疑驱散力相比占据绝对优势时，企业家对创新的怀疑逐渐消失，对创新的认知由认同发展到崇拜。信仰的心理基础是崇拜，但并不是所有的崇拜都是信仰。

（3）从创新崇拜到创新信仰确立

根据信仰市场理论，企业家创新信仰市场是一个以企业家为需求方，以各种创新教会、创新学会、创新协会等为供给方，以创新理念、创新思想等创新文化为交易对象的经济活动。企业家创新信仰的凝聚力既取决于企业创新信仰市场的供给方，也取决于企业家创新信仰市场的需求方，但最终取决于创新信仰的灵验程度（见图4–1）。

企业家创新信仰凝聚力的形成需要具备三个条件。当国家创新政策供给合理，地方创新政策供给配套，社会创新精英活跃，社会公众创新意识、创新认知强，创新信仰灵验时，企业家创新信仰市场的创新信仰供给充足，企业家创新信仰凝聚力形成的供给条件具备。当企业家重视创新，创新意识强，创新认知强时，企业家创新信仰凝聚力形成的需求主体具备。当企业家创新的逆向选择机会较少，企业家喜好风险，创新收益相对较高时，企业家创新信仰凝聚力形成的需求力量进一步加强。企业家创新信仰凝聚力是创新信仰市场供给方、需求方和创新信仰灵验程度综合作用的结果。当企业家经过认同进入崇拜，或进入完全崇拜时，企业家的身心与创新信仰进入同一状态，企业家创新怀疑的驱散力逐渐消失，而企业家创新信仰的凝聚力逐渐达到最大，企业家创新信仰最终确立。

11.3 企业家创新信仰的教育

同低级动物相比，人具有完满性要求，人的发展、本性完全取决于后天的培养和塑造。信仰属于人的精神世界，人的精神世界归根到底来源于人的社会生活的外部性。人的完满性要求和社会生活的外部性说明，信仰需要教育。企业家创新信仰作为一种特殊形式的信仰，更需要教育。根据企业家精神层次理论，企业家创新信仰教育主要体现在企业家的创新物质教育、创新行为教育、创新思维教育、创新意识教育等方面。同企业家创新信仰的功能相比，企业家创新信仰的教育方向是由表层向深层、由外围向核心逐渐深化的（见图5-1）。

11.3.1 企业家创新信仰的物质教育

企业家创新信仰虽然属于企业家创新意识层的内容，但人们能够直接看到的企业家创新信仰主要体现在物质层，主要体现在企业创新过程的营销、研发、制造等子过程。进行企业家创新信仰教育，从物质层着手，是最基础、最直接的企业家创新信仰教育措施。

（1）企业家创新信仰的市场教育

目前，几乎所有商品的市场都属于买方市场，产品或服务供过于求，消费者控制市场，厂商等产品制造者或服务提供者在市场中处于被动地位。在这种背景下，企业实现生存和发展的关键在于营销环节。就企业家创新信仰教育而言，在企业创新中的营销子过程主要体现为进行市场创新教育。熊彼特曾经对市场创新进行过定义，他认为市场创新就是开辟一个新的市场，也就是有关国家的某一制造部门以前不曾进入的市场，不管这个市场以前是否存在过。

市场创新不同于传统的市场竞争。传统的市场竞争是与同行企业争夺现有的市场，这种市场不是新的市场，这种市场早就存在，而且有的企业已经进入并占领。所以，市场竞争的过程是激烈的，市场竞争的结果是悲惨的。而市场创新是进入一个其他企业不曾进入的市场，因此进入过程竞争成本低，付出代价小。

（2）企业家创新信仰的技术教育

在企业创新过程中，研发子过程负责研究和开发新技术。企业家创新信仰教育在研发子过程主要体现为技术创新教育。根据新技术的来源，技术创新可以分为原始技术创新、集成技术创新、引进技术创新三种形式。

原始技术创新是技术创新的最高形式。目前世界上的发达国家均是原始技术创新发达的国家，国内外市值最高的企业，多是原始技术创新发达的企业。原始技术创新是企业创新的最高目标，也是企业家创新信仰教育的最高要求，需要结合企业文化教育重点培养。

集成技术创新是目前最常见的技术创新形式。目前世界上比较发达的发展中国家，大多是通过集成创新追赶发达国家，当集成技术创新达到一定程度时，再实现原始技术创新的突破。集成技术创新的难度相对较低，企业相对比较容易实现。进行企业家创新信仰教育，在研发子过程大力促进集成技术创新教育，是中小企业比较现实的一种创新信仰教育形式。

引进技术创新是发展中国家借助发达国家的技术先发优势，实现发达国家先进技术快速应用的形式。在不具备集成创新能力的国家，经常通过引进消化吸收再创新实现技术创新。进行企业家创新信仰教育需要强调的是，引进消化吸收再创新的目的不是引进，根本目的是对引进的技术实现消化吸收和再创新。只有这样，才能逐渐缩短同发达国家的技术差距，最终从引进消化吸收再创新上升到集成创新、原始创新等更高形式的自主创新。

（3）企业家创新信仰的质量教育

在企业创新过程中，制造是最终完成创新目的的子过程。进行企业家创新信仰教育，就制造子过程而言，主要是进行质量创新教育。企业通过技术创新开发出新的技术，新的技术需要嵌入新产品并转变为新产品的功能，才能实现技术创新的价值。企业的产品创新实质上是制造创新和质量创新。企业通过研发将新技术转化为产品图纸，要想按照图纸要求实现产品的功能，或者超出图纸要求实现产品的功能，主要靠制造创新和质量创新。制造创新更多地体现在生产方式创新、生产要素整合等方面，是企业大型固定资产实现价值转移的主要途径。

11.3.2 企业家创新信仰的行为教育

企业家创新行为是企业家创新信仰的主要外在表现。进行企业家创新信仰教育，除关注物质层的研发投入、创新产出外，还需要关注企业家行为规则，不断进行企业家行为规则教育，以促进企业家不断创新。

（1）企业家创新信仰的制度教育

创新信仰是企业家精神的核心内容，对企业创新活动起着根本的决定作用，但这种决定作用需要通过一定的中介才能实现，其中主要是企业保障创新任务完成的各项制度。

进行企业家创新信仰教育，就保障创新的制度而言，主要是实施制度创新。由于内部条件和外部环境的限制，企业为保障创新任务顺利完成而制定的各项制度在一定历史时期是先进的，但随着企业内部条件和外部环境的变化，曾经先进的制度会变得不合时宜，因此必须适时进行制度创新，否则，就会影响创新任务的完成。大中型企业有专门制定制度的人员，更多的小微型企业没有专门制定制度的人员，需要企业各个部门对本部门的制度不断考核评价，并根据企业内部条件和外部环境的变化不断创新。

（2）企业家创新信仰的风俗教育

企业风俗是企业内部约定俗成的非正式制度。同企业正式制度相比，企业风俗是企业经过多年历史积累所形成的非正式规则，企业风俗不要求企业成员必须遵守，主要靠员工的自我觉悟。

就企业创新规则而言，企业风俗是离企业创新信仰最近的创新规则。企业家创新信仰作为企业家精神的核心内容，要成为指导企业家创新活动的行为规范，只有转化为企业风俗，才能成为员工创新活动的自觉行为。

同企业制度一样，企业风俗也是一定历史条件下的产物，需要根据企业内部条件和外部环境的变化不断创新。进行企业家创新信仰教育，将企业家创新信仰分解落实到企业家习惯层面，需要不断总结企业家习惯对创新的作用，强化企业家习惯中对创新有促进作用的内容，弱化或消除企业家习惯中对创新有阻碍作用的内容。

（3）企业家创新信仰的流程教育

企业流程是企业为实现一定目的而形成的活动轨迹。在企业创新过程中，企业有些活动流程作为正式制度进行了详细规定，如财务报销流程等，还有许多活动流程并没有进行详细规定，因而作为非正式规则在约束着企业的创新活动。

进行企业家创新信仰教育，就企业业务流程而言，就是进行业务流程创新。进入21世纪以来，随着市场结构的变化，企业业务流程和创新流程的定义者由企业自身逐渐转变为用户。在一定历史条件下形成的业务流程，随着用户需求的变化，需要不断进行创新。否则，不合时宜的业务流程和创新流程将会成为企业创新的障碍。企业流程创新是一项牵扯整个企业的创新活动，需要企业家高度重视，需要企业全体成员对流程创新形成共识，才能顺利完成。

（4）企业家创新信仰的组织教育

企业组织是企业为了实现工作任务与人员的匹配而建立的由各个部门组成的机构体系。随着企业组织理论和实践的发展，以及社会环境由工业经济环境向网络经济环境的转变，企业组织形态一直在发生变化。

加强企业家创新信仰教育，就企业组织形态而言，就是根据企业内部条件和外部环境的变化，不断进行组织创新。企业组织是一定历史条件下的产物，需要随着历史条件的变化不断进行创新。企业组织只有不断创新，才能保证企业组织与企业任务一致，与外部市场环境一致，从而增加企业组织的适应性，促进企业创新活动不断发展。

同流程创新一样，企业组织创新也是一项牵扯人员和资源重新配置的活动，涉及许多人的利益。所以，实现企业组织创新一般难度较大，需要企业高层和全体员工的共同参与和积极支持。

11.3.3 企业家创新信仰的思维教育

逆向思维、求异思维、纵向思维是企业家创新常用的思维方式。促进企业家创新信仰确立，需要加强企业家的逆向思维、求异思维、纵向思维等创新思维教育。

（1）企业家创新信仰的逆向思维教育

逆向思维是从反方向进行推断，寻找常规的岔道，并沿着岔道继续思考，运用逻辑推理去寻找新的方法和方案。逆向思维包括反转型逆向思维法（已知事物的相反方向）、转换型逆向思维法（转换研究问题的手段、思考角度）、缺点型逆向思维法（利用事物缺点）等形式。加强企业家的逆向思维教育，需要从大学期间就鼓励学生养成逆向思维的习惯，擅于从相反的方向寻求解决问题的方法，从而使学生走向社会后在创新创业时可以通过逆向思维寻找创新思路。

（2）企业家创新信仰的求异思维教育

求异思维是指对某一现象或问题，进行多起点、多方向、多角度、多原则、多层次、多结局的分析和思考，捕捉事物内部的矛盾，揭示事物表象下的本质，从而选择富有创造性的观点、看法或思想的一种思维方法。对企业家进行求异思维教育，需要鼓励企业家突破传统思维定式，大胆提出不同于传统思维的新的创新思路。思维定式是指人们在长期思维活动中所形成的自己惯用的思维模式。在这种模式下，当面临某个事物或现实问题时，便会不假思索地把它们纳入已经习惯的思维框架进行思考和处理。思维定式具有强大的惯性和顽固性，不仅逐渐成为思维习惯，而且深入到人的潜意识，成为人们处理问题时不自觉的反应。思维定式具有形式化结构。思维定式不是具体的思维内容，而是许多具体的思维活动所具有的逐渐定形的一条路线，一种方式、程序和模式。

（3）企业家创新信仰的纵向思维教育

纵向思维是一种历时性的比较思维，它是从事物自身的过去、现在和未来的分析比较中，发现事物在不同时期的特点及前后联系，从而把握事物本质的思维过程。纵向思维具有历时性、统一性、预测性的特点。纵向思维包括向前挖掘和向后挖掘两种形式。企业家创新的对象技术、产品等都具有一定的生命周期，教育企业家用纵向思维方式去思考创新问题，将技术、产品等创新对象放到它们的整个生命周期中去思考，根据技术、产品等创新对象现在和以前的发展规律，结合对未来创新条件的科学判断，可以对技术、产品等创新对象的发展趋势做出判断，从而提出不同于过去的创新性的解决方案。

11.3.4　企业家创新信仰的意识教育

企业家的创新意识主要包括创新需求、创新意志、创新价值、创新手段等。对企业家进行创新意识教育，主要是进行上述几个方面的教育。

（1）企业家创新信仰的创新需求教育

从心理学和行为学上讲，需求是人产生一切行为的根本动力。企业家作为整个社会财富的创造者，怎样才能产生创新需求？

根据马斯洛的需求层次理论，创新需求是人类高层次的精神需求，产生这种需求的人，多是为了追求自我价值的实现。自我价值是指在个人生活和社会活动中，自我对社会做出贡献，而后社会和他人对作为人的存在的一种肯定关系。包括人的尊严，以及保证人的尊严的物质精神条件。自我价值的实现必然要以对社会的贡献为基础，以答谢社会为目的。

创新作为一种非竞争制胜利器，具有各种竞争手段无可比拟的优越性。古往今来，大凡有成就的人士，无论是科学家、企业家，还是政治家，都可以从他们身上找到创新的印记。创新是古今成功人士成功的共同特点。

对企业家进行创新需求教育，要使企业家明确创新的内涵、特点，特别要明确创新对创造财富的神奇功能。因而，最好的教育方法是借助创新成功的企业家的案例教育企业家们，通过创新成功企业家的创新示范作用，使企业家们认识到，创新具有其他各种方法无可比拟的优越性。

（2）企业家创新信仰的创新意志教育

创新是一项挑战未知的活动，是在没有任何经验可以借鉴的情况下开辟一条新路。所以，创新活动肯定充满风险，充满艰难，充满不确定性。

创新的特点表明，创新的确是一把制胜成功的利器，但使用这种利器具有双面性。一方面，创新是在无人区活动，没有人对创新者的创新活动产生干扰，创新前进的阻力较小；另一方面，正因为没有人在创新区域活动，没有前人可供借鉴的经验，因而创新难度相对较大。在这种情况下，创新人员需要具备坚强的意志，否则，很可能会在遇到困难时停止不前，半途而废。

对企业家进行创新意志教育，重点是让企业家明确创新具有风险性、不确定性、可行性等特点，在创新过程中既要树立必胜的信心，又要做好抗击风险、排除艰难的心理准备和精神准备。坚强意志是创新取得成功的重要条件之一。

（3）企业家创新信仰的创新价值教育

在人类历史上，由于资源的稀缺，在很长时间内人们之间为了生存而不断争夺土地、人口、财富等稀缺资源。人类社会大量的战争案例以生动的事实向人类证明，只有在竞争中打败竞争对手，取得竞争胜利，才能获取自己需要的资源。近代大量的商业竞争也表明，只有在竞争中打败竞争对手，取得竞争胜利，才能获取自己需要的财富。

自从熊彼特1910年提出创新概念以来，人类开始反思竞争价值观的科学性。美国、日本、欧盟等发达国家和地区的无数企业通过创新富可敌国，无数创新企业成功的事实表明，不与其他企业竞争，通过创新照样可以获取巨额财富，甚至可以超过用竞争手段获取的财富。

近年来，随着人类生存环境的日渐恶化，不可再生资源的日渐减少，人类面临的生存危机越来越严重，世界许多国家和地区都在通过创新实现发展。2008年世界经济危机发生以来，我国党中央、国务院重视创新，将创新驱动发展作为国家战略紧抓不懈。因此，对企业家进行创新价值教育，主要是通过对比竞争发展观的弊端，以及分析掠夺性发展的不可持续，使企业家明确创新势在必行。

（4）企业家创新信仰的创新手段教育

1912年，熊彼特提出创新有五种形式，即产品创新、生产方法创新、市场创新、原材料创新、组织创新。熊彼特之后，随着社会经济技术的发展，特别是近年来互联网、物联网、大数据、人工智能等新一代信息技术的发展，创新的手段越来越广泛。

对企业家进行创新手段观教育，重点是让企业家明确，在企业发展过程中，不但技术可以通过创新手段实现发展，市场营销，产品质量，以及制约企业创新的流程、组织、制度、文化等规则，都可以通过创新实现可持续发展。只要是企业家管理的对象，企业家均可以通过创新实现其可持续发展。创新是一种科学发展观，创新的手段可以层出不穷。

前面介绍了企业家创新信仰教育的物质教育、行为教育、思维教育、意识教育等方式。为保证企业家创新信仰教育目的的实现，需要采取科学有效的创新信仰教育模式。目前信仰教育中普遍采用的信仰教育模式有“经验—习染”模式、“教育—督导”模式、“权威—强制”模式等，这些信仰教育模式可以供企业家创新信仰教育参考。

11.4　企业家创新信仰的传播

企业家创新信仰作为企业家的一种理性信仰，需要不断传播，才能使人们认识企业家创新信仰的内涵、成因、结构、功能等，从而发挥创新信仰对企业家创新的促进作用。企业家创新信仰主要通过内部传播和外部传播实现其张力。

11.4.1　企业家创新信仰的内部传播

企业家创新信仰的内部传播是扩大企业家创新信仰影响，发挥创新信仰对企业家创新促进作用的主要途径。现有企业家创新信仰的内部传播，主要通过关系传播、礼仪传播、楷模传播等形式实现。

（1）企业家创新信仰的关系传播

企业家创新信仰的关系传播是通过发展积极的人际关系促进企业家创新信仰的传播。其中，人际关系是指人与人之间因为交往或接触而产生的物质与精神关系，这种关系经常以心理距离的远近衡量。

员工之间的人际关系是企业内部非常重要的一种资源。企业家如果能够认识到企业内部人际关系资源的重要性并进行正确引导，则企业内部的人际关系资源可以发展为积极的人际关系，从而促进企业家创新信仰的传播。否则，如果企业内部员工之间的人际关系引导不当，则可能发展为消极的人际关系，成为企业家创新信仰传播的障碍。

实践证明，以企业创新过程为链条，构建市场创新、技术创新、产品创新、制度创新、组织创新、流程创新等不同类型的创新团队，做到以创新理念为核心，凝聚人心，统一思想，可以有效促进企业家创新信仰的传播。

（2）企业家创新信仰的礼仪传播

礼仪是指企业家在日常活动中所采用的具有固定式样的礼节和形式。不同形式的礼仪对企业家的生产经营活动具有导向作用。如果企业家重视创新，将创新理念导入企业礼仪，或者形成创新礼仪，则礼仪能促进创新意识深入人心，促进创新信仰的传播；反之，则会阻碍创新信仰的传播。

企业礼仪随着企业内部条件和外部环境的变化在不断发展。科学合理地设计企业礼仪，在企业礼仪中导入创新理念，有助于促进企业家创新信仰的传播。目前，比较常见的企业礼仪有企业标志性礼仪、纪念性礼仪、工作惯例性礼仪、生活惯例性礼仪等。在上述礼仪中融入企业家创新理念，会促进企业家创新信仰传播。如在企业厂歌中增加创新内容，在企业重大庆典活动中增加创新内容，在技术创新活动中增加技术攻关誓师大会、创新成功表彰大会等内容，在日常运动会、欢送会等活动中增加创新内容，等等。

（3）企业家创新信仰的楷模传播

由于企业内部分工不同，不同工作岗位会涌现出表现突出，值得其他员工效仿的对象，这种被员工效仿的对象就是楷模。由于楷模在企业内部影响较大，所以，企业家如果能够合理利用楷模，可以促进企业家创新信仰的传播。为此，企业应选准时机，树立创新楷模，大力宣传创新楷模的创新事迹，扩大创新楷模在企业内部或企业外部的影响，以有效促进企业家创新信仰的传播。

11.4.2　企业家创新信仰的外部传播

企业家创新信仰的外部传播是在市场和社会上树立企业家创新形象，打造企业创新品牌的主要途径。企业家创新信仰向外传播的过程，也是企业实现创新营销的过程。企业家创新信仰主要通过销售、竞争、供应、互补等途径向外传播，并通过企业家创新信仰转化为企业创新信仰得以实现。

（1）企业家创新信仰的销售传播

用户和企业通过买卖产品，建立起买卖关系。通过这种买卖关系，用户享受到产品的功能，企业实现了价值增值，企业和用户之间实现了价值传递。在企业和用户之间实现价值传递的同时，也实现了知识传递。企业产品里内嵌的知识传递给用户，企业对创新的信仰也通过产品传递给用户。

销售传播是企业向外部传播创新信仰的重要途径。用户通过使用企业的产品，认识到企业的创新理念，并通过企业创新理念认识到企业创新信仰和企业家创新信仰。用户通过对企业创新信仰的理解和对比，选择适合自己的企业的产品，作为自己购买的用品。就创新信仰而言，用户选择产品的过程，实质上是与企业实现创新信仰统一的过程。

重视产品包装，在产品包装上导入企业家创新信仰，合理设计与产品有关的创新标识，是向用户传递企业家创新信仰的重要途径。设计创新标识时需要站在用户立场上多加考虑，用户是企业标识的决定者。

（2）企业家创新信仰的竞争传播

人类社会发展到今天，许多产品或服务都处于过剩状态。但目前的产品或服务过剩与第一次世界大战、第二次世界大战以前资本主义国家产生的产品或服务过剩不同，目前的产品或服务过剩大多属于技术落后性质的过剩。随着知识经济的发展，企业之间的竞争已经由原来的产品竞争逐渐转变为技术竞争。为了在技术上赶超竞争企业，同行企业需要研究竞争企业产品中内嵌的技术，在研究竞争企业技术的同时，竞争企业的创新信仰经常会伴随着技术传播到本企业。由于同行企业面对同样的用户和供应商，同处一个行业，在创新信仰方面具有可借鉴性，在传播和接受创新信仰方面门槛较低，便于企业创新信仰和企业家创新信仰的传播。另外，对于中小企业而言，在创新模式上更多地体现为创新合作。对创新合作方而言，要共同研发一项或多项新的技术，在技术创新过程中需要合作双方成员频繁接触、互动，因而使企业家创新信仰的传播更为方便。

通过研究竞争企业的创新信仰，借鉴竞争企业创新信仰传播的方式和经验，促进本企业创新信仰传播，是提升企业在行业中创新地位的重要途径之一。

（3）企业家创新信仰的供应传播

随着知识经济的飞速发展，企业在社会上的分工越来越细。企业的供应商和企业共同生活在一个产业链上，供应商与企业之间的互动关系形成企业在市场中的一对重要关系。企业从供应商那里购买原材料或半成品，向供应商支付价值。企业与供应商之间不但具有持续的价值供求关系，而且具有持续的知识互动关系。企业通过产业链和价值链，可以将自己的创新信仰传递给供应商，也可以从供应商那里获取创新信仰信息。

（4）企业家创新信仰的互补传播

企业要持续进行生产经营活动，不但需要不断从供应商那里获取原材料或半成品，还需要不断从高校获取人才资源、从金融机构获取资本资源、从政府获取政策资源等。高校、金融机构、政府等机构是企业生存发展的重要支撑者，它们与企业之间的关系，形成企业在市场中的互补关系。高校与企业之间通过人才建立起人才供求关系，金融机构与企业之间通过资本建立起资本供求关系，政府与企业之间通过政策、税收等中介形成政策、税收等供求关系。上述互补关系既是价值关系，也是知识和信息传递关系。通过人才、资本、政策等的传递，企业与高校、金融机构、政府等机构之间实现创新信仰的互动，从而实现创新信仰传播。充分利用互补资源，通过创新信仰的互补传播，与高校、金融机构、政府等机构之间实现创新信仰共享，扩大企业家创新信仰的影响，树立企业良好的创新形象，是提升企业家创新信仰张力的重要途径。

11.5 案例分析

企业家创新信仰的培育是一个漫长而艰巨的过程。朱江洪作为“格力之父”，缔造了格力电器，其创新信仰的培育过程可以作为典范，供其他企业家参考。

11.5.1 朱江洪创新信仰的确立

朱江洪的创新信仰主要是在百色矿山机械厂形成的。从1970年大学毕业到百色矿山机械厂工作，到1988年8月离开百色矿山机械厂，朱江洪创新信仰的形成历时18年之久。

（1）从信仰稳固到信仰危机

朱江洪在华南工学院读了五年书，五年大学生涯，使他对知识充满了信仰。但朱江洪大学毕业时，正值“文化大革命”期间，毕业生分配既不是按学习成绩，也不是按实践能力，而是按照家庭出身。家庭出身好的毕业生被分配到工作环境优越的城市，家庭条件差的毕业生被分配到工作条件较差的老少边穷地区。当时特殊的历史背景，动摇了朱江洪对知识的信仰。由于父亲在“文化大革命”中被打成“反革命”，朱江洪成了“可教育好的子女”，被分配到广西百色山区的矿山机械厂工作。朱江洪参加工作后，决定从百色矿山机械厂最基层的工人做起。由于表现突出，朱江洪被提拔为质检员。质检员工作使朱江洪第一次接触到什么是“产品质量”。他发现，当时百色矿山机械厂车间自上而下质量意识都非常淡薄，工人以随意的态度对待自己的工作，有章不循或无章可循。超差的不合格零件，车间主任说过就过，谁官大谁说了算。正是对产品质量的这种认识，成为朱江洪创新信仰的起源，因为只有创新才能保证产品质量。

（2）从信仰危机到创新信仰确立

朱江洪创新信仰的确立主要是通过担任技术员、车间副主任、厂长期间的创新工作形成的。在担任技术员期间，正值我国的计划经济时期，购买任何设备都要先向上级部门报计划。百色矿山机械厂作为山区小厂，根本列不上计划。为了解决做轴承急需的“扩孔机”、专用磨床等专用设备问题，朱江洪和工人师傅们自己动手，用土办法自制专用工具，收到了良好效果。正是这段工作经历，才使朱江洪总结出“观察+灵感+实验”的科技创新“三部曲”，后来成为格力电器技术创新的指导原则。在担任车间副主任期间，朱江洪为了保证生产任务的完成，创造性地采取“变相承包”的做法，背着车间主任和领导，把平时人均完成的工作数量作为基数，在此基础上每人增加25%的工作量，谁完成谁先下班。虽然没有奖金，但能够提前下班，这个诱惑保证了生产任务的按时完成。1982年，朱江洪升任百色矿山机械厂厂长后，为了改变百色矿山机械厂僵化陈旧的生产经营局面，朱江洪烧了“三把火”。第一把火通过规范厂房道路两旁的杧果树管理、开除一名无故旷工20多天的员工，整顿了全厂的劳动纪律。第二把火通过产品整改和开发，强化了质量管理制度，建立健全了质量保证体系，保证每个环节、每个步骤、每个零件、每个产品的质量，从原材料到产成品的全过程都在可控范围之内，提高了百色矿山机械厂的产品质量。第三把火加大销售力度，组织人员把百色矿山机械厂的产品信息、资料、型号规格等，有针对性地寄往全国各地，并把客户使用过百色矿山机械厂设备的好评，以及赞扬百色矿山机械厂的锦旗拍成照片一并寄出。每天安排专人寄送上述材料，有的厂还不止寄一次，而是每月都寄，直到他们下订单为止。通过上述营销创新，大大提高了百色矿山机械厂的产品销量。

百色矿山机械厂18年的工作历练，大大提高了朱江洪创造性改变命运的能力，创新成为朱江洪性格中最主要的元素，创新信仰已经深入朱江洪的灵魂深处，成为他以后发展最主要的动力来源。

11.5.2 朱江洪创新信仰的教育

朱江洪所受的创新信仰教育是从实践中自学的。他的创新信仰是通过创新物质、创新行为、创新思维、创新意识，从浅到深逐步接受的。

（1）朱江洪创新信仰的物质教育

1994年，朱江洪在意大利进行用户调查，一台正在运行的空调发出哗哗的响声，意大利客人愤怒地指责朱江洪。朱江洪当时面红耳赤，亲自拆机检查，发现罪魁祸首居然是一块没有粘紧的海绵正搭落在风叶上。朱江洪从此事中受到震撼，认为产品质量出现问题等于谋财害命。回国后，他立即起草了“总经理十二条禁令”，把十二个常见质量问题作为高压线，任何人不得触犯，凡触犯者一律开除公职。“总经理十二条禁令”在员工素质低、执行力差的格力电器成立初期，有力地保证了产品质量。

1995年5月，格力电器有一批空调出现大面积“死机”现象，空调开机不久就突然停止工作，需要关机重新启动，工作一会儿又重复原来的故障。消费者纷纷投诉，售后部门应接不暇，焦头烂额。追查原因，原来问题出在一个小小的片状电容身上，这种电容属于外购配件。格力电器工作人员找到供应商，他们说该批电容出现问题是由于原来的材料一时缺货，他们擅自更换新材料所致。通过这次事件，朱江洪深感外购配件对格力空调产品质量的重要性。为防止类似事件再次发生，1995年下半年，格力电器组织300多人成立“筛选分厂”，专门检测上机之前的重要外购配件，发现质量问题，立即剔除，退回原厂，并视情节轻重对供应商处以不同程度的罚款，迫使供应商重视部件质量。

（2）朱江洪创新信仰的行为教育

意大利空调质量事故使朱江洪深感员工日常操作行为对产品质量的重要性。1994年，格力电器成立才三年时间，各项质量制度还不健全。在这种情况下，如何保证格力电器产品的质量？如何建立和维护格力品牌的形象？朱江洪用行政命令代替以后建立的质量工作规范，将格力电器生产制造过程中对质量影响大又比较容易忽略的问题，特别是有共同性的“小问题”总结为十二条，这“十二条禁令”是高压线，任何人不得触犯。“总经理十二条禁令”规范了员工的生产操作行为，为格力电器的蓬勃崛起奠定了基础。朱江洪担任格力电器总经理后，提出“忠诚、友善、勤奋、进取”八字格力文化，既约束自己，也约束全体格力员工。在朱江洪在任的二十多年间，八字格力文化成为约束格力电器员工日常行为的重要规范，为格力电器各项营销、研发、生产等创新工作的正常进行起到了保驾护航作用。

（3）朱江洪创新信仰的思维教育

朱江洪所受的创新思维教育也是从实践中感悟的。在百色矿山机械厂长达18年的工作中，特别是在担任技术员期间，朱江洪在艰苦的条件下积极创新，与同事们一起设计、制造出“扩孔机”、专用磨床等专用设备。他根据自己的经验总结出“观察+灵感+实验”科技创新“三部曲”。所谓“观察”，就是对客观事物，对身边发生的事情，对市场出现的各种现象，对消费者的各种诉求与欲望等，进行认真、深入、细致的观察，特别要重视对一线工人师傅的观察。所谓“灵感”，就是把观察到的事物和现象汇集起来，进行反复的研究，多层次、多方位地联想、设想、猜想、梦想，甚至胡思乱想，从而获得创新灵感。所谓“实验”，就是为了把梦想变为现实，静下心来，多做科学实验，用试验和实验验证提出的想法是否正确，是否符合实际。朱江洪提出的科技创新“三部曲”，成为格力电器科技创新的指导思想。

朱江洪通过对比中国企业与美国企业创新思维的差异，为格力电器创新提出了方向。他认为，美国企业主要受需求驱动，他们先了解消费者的需求和欲望，然后寻求满足这种需求和欲望的创新方式和创新灵感。而中国企业还停留在市场供给驱动阶段，发现哪种产品好卖，供不应求，就急功近利，立即组织仿制。因此出现大量一哄而上的现象，既浪费了资源，又缺乏可持续的竞争力。为此，朱江洪带领格力电器，力主需求驱动，通过研究消费者的需求，不断进行技术创新，并通过技术创新，不断提高格力电器产品的性能和质量。

（4）朱江洪创新信仰的意识教育

朱江洪从实践中接受创新意识教育。格力电器二十多年的工作经历使他在创新需求、创新意志、创新价值观、创新手段观等方面都深受教育，他又通过自己的管理工作，将自己从实践中感悟到的创新意识源源不断地传递给格力电器各个岗位上的工作人员。百色矿山机械厂18年的工作经历，磨炼了朱江洪性格中最主要的元素——创新，使朱江洪在以后的工作中积极通过创新改变自己和企业的命运。创新成为朱江洪的一种精神需求。朱江洪担任格力电器总经理后，更是深感创新的重要性。他认为，没有创新，就没有消费者所青睐的创新产品；没有创新，就没有过硬的产品质量；没有创新，就没有产品的差异化，就不能拉开同竞争对手的距离；没有创新，企业就只能永远跟在别人后面，打价格战，搞恶性竞争。强烈的创新意识促使他高度重视创新，有计划地对格力电器进行多期技术改造，为格力电器成为世界最强的空调企业奠定了雄厚的技术基础。

朱江洪具有坚强的创新意志。在担任冠雄塑胶厂总经理期间，为了上空调项目，朱江洪在总公司领导不同意的情况下，依然继续努力，争取泰国空调商古煌秀先生的支持，先付预付款，然后又找总公司领导汇报，说冠雄塑胶厂生产的空调只用于出口，终于使冠雄上了空调项目。在担任格力电器总经理期间，朱江洪为提高产品质量挖掘原来空调产品质量存在的问题，共挖掘出400多个问题；为了在员工素质低、执行力差的情况下保证不出现空调质量问题，制定并实行“总经理十二条禁令”，用行政命令要求员工不能触犯影响空调质量的十二个常见问题，违者一律开除公职。

朱江洪深知创新的价值。他认为创新是最高水平的竞争手段。同传统竞争手段相比，创新不是把竞争对手吃掉，也不是把竞争对手打死，而是开发新的市场，或者使用新的生产方法、新的原材料，采用新的组织形式，提供新的产品、新的技术等，通过最大限度地发挥自己的潜能，在竞争中取胜。为此，他坚持创新，坚决反对价格战，认为价格战的最终受害者是消费者。创新是一种对消费者负责的竞争手段，是企业实现可持续发展的利器。

朱江洪广泛使用各种创新手段。在格力电器，他创新营销模式，与经销商合资成立经销公司，实现对销售渠道的绝对控制；他创新技术，把研发机构由原来的一个技术部门，扩展为家用空调部、商用空调部、技术标准部、家用空调工艺部、商用空调工艺部等多个部门，还建立了制冷技术研究院、机电研究院、家电研究院等，将短、平、快的产品研发与长远性、战略性的技术研究分开，确保格力电器有计划、有步骤地进行技术创新，确保格力电器技术创新的可持续性；他创新质量管理，对内实行“总经理十二条禁令”，对外建立“筛选工厂”。

11.5.3　朱江洪创新信仰的传播

朱江洪在百色矿山机械厂形成了创新信仰。他的创新信仰在其担任冠雄塑胶厂总经理和格力电器总经理之后，先后在两个企业内外得到了广泛传播。

（1）朱江洪创新信仰的内部传播

朱江洪创新信仰在企业内部的传播主要是通过上下级关系传播、礼仪传播、楷模传播等方式实现的。

朱江洪做企业领导有一个习惯，就是很少坐在办公室，经常下车间、下基层。担任格力电器总经理后，有些人到办公室找不到朱江洪，就猜他一定又跑到“下面”去了。朱江洪通过与中层干部和基层员工的频繁交流，把自己的创新信仰慢慢传递给中层干部和基层的员工们。

朱江洪将自己的创新信仰提炼为“忠诚、友善、勤奋、进取”，使之成为格力文化的重要内容。在格力办公楼的大堂里，一直挂着朱江洪亲自书写的“忠诚、友善、勤奋、进取”，以及“少说空话，多干实事”的条幅。朱江洪经常在各种会议上，特别是新员工欢迎会议上灌输格力文化，向新员工传递自己的创新信仰。朱江洪对“忠诚、友善、勤奋、进取”每个词的内涵都有详细解释。

朱江洪还通过树立各种典型，通过模范人物传播自己的创新信仰。例如2005年，曹祥云在中央电视台《你想挑战吗？》节目中，用叉货叉三分钟开启30个啤酒瓶盖，创造了新的世界吉尼斯纪录。朱江洪通过树立的各种模范人物向全体格力人传播其创新信仰，有力促进了格力电器的各项工作进程。

（2）朱江洪创新信仰的外部传播

在内部传播创新信仰的同时，朱江洪还通过市场网络，不断向用户、竞争企业、供应商、互补主体等传播创新信仰。

在用户传播方面，朱江洪主要通过与经销商共建经销公司，通过诚信、共赢，与经销商建立密不可分的关系，并通过经销商不断把创新信仰传递给消费者。格力电器关心、支持、保护经销商的利益，使他们得到实实在在的回报。朱江洪一直认为，向消费者出售问题产品是在谋财害命。消费者表面购买的是企业的产品，实质上购买的是企业产品的质量和技术。朱江洪的这种创新信仰经常通过经销商传递到消费者那里，使他们更加忠诚于格力电器的品牌和产品。

在竞争对手传播方面，朱江洪经常去海尔等国内外空调企业考察，在学习同行空调企业创新经验的同时，也把自己的创新信仰传递给竞争企业。2002年，朱江洪带领几位科技骨干到日本三菱公司洽谈有关技术转让问题，主要是想从三菱购买一种“一拖四”空调技术，但对方拒绝出售。这次访问使朱江洪认识到，不是有钱什么东西都能买到的，过去国内不少企业从国外购买的技术，多是人家过时的技术，真正前沿的技术，有钱也很难买到。回国后，朱江洪要求技术人员刻苦钻研，终于花了不大的代价便研制出“一拖四”多联机，填补了国内空调业当时的空白。2003年，又研制出“一拖八”，现在只要用户需要，要多少就联多少。通过与竞争企业之间的相互作用，朱江洪的创新信仰在格力电器与竞争企业之间不断传播，并得到深化。

在向供应商传播创新信仰方面，朱江洪通过建立“筛选分厂”，专门负责检测外购重要部件。凡是外购重要零件，在上线装配之前逐一检验筛选，发现不合格者立即剔除，退回原厂，并根据情节轻重给予供应商一定的经济处罚，迫使供应商重视产品质量，提高产品创新水平。朱江洪的创新信仰通过“筛选分厂”，不断在格力电器与供应商之间传播并得到强化。

格力电器每年都要向全国高校招聘大量的大学毕业生，新进大学生必须首先接受格力电器的企业文化灌输。新进大学生进入格力电器后，通过工作和与老员工的接触，不断了解格力文化和朱江洪的创新信仰，并通过他们与母校的关系，将朱江洪和格力电器的创新信仰不断传递到全国高校。当然，新进大学生也会把全国各高校的创新信仰不断带进格力电器，不断丰富朱江洪和格力电器创新信仰的内容，深化其内涵。

11.6 小结

企业家创新信仰的培育主要通过政府创新激励政策、社会公众信仰教育、创新精英示范、企业家信仰教育等途径实现。企业家创新信仰的培育经过原信仰稳固、原信仰怀疑、原信仰否定、原信仰危机，再到创新认同、创新崇拜、创新信仰确立等阶段实现。企业家创新信仰教育主要通过市场创新、技术创新、质量创新等创新物质教育，制度创新、文化创新、流程创新、组织创新等创新行为教育，逆向思维、求异思维、纵向思维等创新思维教育，创新需求、创新意志、创新价值、创新手段等创新意识教育，由浅到深，逐层实现。企业家创新信仰传播主要通过关系传播、礼仪传播、楷模传播等内部传播，以及销售传播、竞争传播、供应传播、互补传播等外部传播实现。

第12章　企业创新信仰的培育

企业创新信仰作为企业精神层的核心内容，对企业创新能力具有明显的决定作用。培育企业创新信仰，是解决企业创新动力不足的根本措施。明确企业创新信仰培育机制是培育企业创新信仰的前提。培育企业创新信仰主要通过企业创新信仰的教育、传播等途径实现。由于企业创新信仰的培育途径与培育过程和企业家创新信仰的培育途径与培育过程相似，所以，本章内容只介绍案例分析，其他内容请参阅第11章“企业家创新信仰的培育”。

企业创新信仰能够对其理念、规则、行为、物质等起到塑造作用，是驱动企业生存和发展的最深层动力，但企业创新信仰不是一下就形成的，需要长期有意识地培育。下面以格力电器为例，解释企业创新信仰是如何培育的。

12.1　格力创新信仰的确立

格力创新信仰的确立经过两个阶段，从原信仰稳固，经过怀疑、否定，到原信仰危机为第一个阶段；从原信仰危机，经过创新认同、创新崇拜，到创新信仰确立为第二个阶段。

12.1.1　从信仰稳固到信仰危机

格力创新信仰是营销创新信仰、技术创新信仰和质量创新信仰的集成。格力创新信仰从信仰稳固到信仰危机的发展体现为营销创新信仰、技术创新信仰和质量创新信仰从原信仰稳固到原信仰危机的发展过程。

20世纪末，随着买方市场的逐渐形成，中国的制造企业主要靠业务员开拓市场，业务员的收入方式是从销售收入中提成。“业务员营销”的实质是对人员的信仰。1991年格力电器成立后，沿用海利空调厂的营销政策，业务员没有底薪，所有收入是从销售收入中提成2%，包括工资、差旅费、请客送礼等费用全包括在内。这种销售政策将业务员的收入与企业产品的销售收入紧密联系在一起，便于调动业务员的销售积极性，但也存在一定弊端，最明显的问题是业务员牺牲企业的利益换取自己的利益，盲目销售产品而不管账款收回与否。董明珠上班之后，接手的第一项工作就是催账，她对“业务员营销”信仰的弊端体会最深。随着格力电器的发展，格力电器高层逐渐发现了“业务员营销”信仰的弊端，并采取措施降低业务员的提成比例，但这一做法触动了以原营销副总为代表的业务员的利益，造成1994年秋冬之际相关人员的集体跳槽，这一事件也使格力电器对“人员营销”的信仰由稳定彻底走向危机。

朱江洪带领的冠雄塑胶厂做空调，首先是从做空调塑料件开始的。做空调塑料件需要模具，冠雄塑胶厂拥有的最早的空调技术是模具设计技术。有了模具设计技术，冠雄塑胶厂通过市场调研，找到市场上销路最好的空调样机，将空调样机的外形进行少许修改，然后外购配件组装成机。1991年，冠雄塑胶厂与海利空调厂合并，成立格力电器股份有限公司。新成立的格力电器是一个“三无工厂”：无设备、无核心技术、无配套能力。整个空调除了塑料壳、钣金壳是自己做的以外，其他零件全部靠采购。由此可见，格力电器对技术的信仰最早是从空调外壳的模具开始的，但仅靠空调外壳无法保证格力电器的生存发展。即外形技术信仰存在危机。

格力电器早期对产品质量的信仰是从信仰“人员能对质量负责”开始的。1995年以前，格力电器一直相信员工能够对产品质量负责。但实践证明，格力电器出厂的空调不断出现故障，先是出现大面积死机，后是小部件安装不符合工作规范。事实说明，格力电器“员工能够对质量负责”的信仰存在危机。

12.1.2　从信仰危机到创新信仰确立

随着“人员营销”信仰被彻底否定，格力电器不再相信某一种单一的营销模式，逐渐认同“营销创新”，即营销工作必须随着企业内部条件和外部环境的变化而不断创新。格力电器先是与经销商合作成立“经销公司”，“经销公司”的实质是对渠道的信仰。该种营销模式从湖北开始，逐渐推广到全国。格力电器通过“经销公司”营销模式，实现了对销售渠道的绝对控制，为格力电器在空调行业称霸全国，以及后来称霸世界奠定了坚实的渠道基础。随着网络经济的飞速发展，格力电器的"经销公司"营销模式也开始出现问题，"湖北事件""滨江事件""河南事件""淮安事件"等在不断考验"经销公司"营销模式的科学性。2014年12月5日，格力官方网上商城试运营；2015年3月4日，格力电商平台格力官方商城正式上线，它意味着格力电器的营销模式开始由"经销公司营销"向"平台营销"过渡。"平台营销"的实质是对平台的信仰。格力电器对营销的信仰已经由人员发展到渠道，再由渠道发展到平台。随着社会政治、经济、文化的发展，空调市场还会不断变化，营销平台还将发生变化。格力电器的营销模式在不断变化，只有"创新"没有变化。从"人员营销"到"经销公司"，再到"平台营销"，"营销创新"已经被格力电器由认同到崇拜，创新已经成为格力电器的营销信仰。

在技术信仰方面，新成立的格力电器没有核心技术，怎么办？只能靠自己！1993年，1994年，格力电器先后筹集巨资进行了三期技术改造，2001年又进行了第四期技术改造。通过技术改造，格力电器具备了大量常用空调技术的研发设计能力。此后，格力电器先后开发出超低温数码多联机、制冷设备环保制冷剂替代技术、高效离心式冷水机组、1赫兹变频空调、超高效定速压缩机等核心技术。正是在上述核心技术的支撑下，格力电器才一路披荆斩棘，先成为国内销量最大的空调企业，又成为全世界销量最大的空调企业。在开发空调核心技术的过程中，格力电器逐渐认识到，空调市场日新月异，消费者的需求不断变化，单靠任何一种技术都很难在市场上保持长久竞争优势。格力电器要在市场上长期保持竞争优势，只有时刻瞄准用户需求，通过不断创新解决用户关心的需求问题，不断实现自我超越。即格力电器只有由单一的技术信仰转变为技术创新信仰，才能确保格力电器在市场上的竞争优势。

针对存在的质量信仰危机，以朱江洪为代表的格力电器高层通过深刻调研分析认为，同欧美等发达国家和地区相比，格力电器员工的思想素质还比较低，在自觉性、纪律性、服从性等方面还存在很大差距。在这种情况下，要保证产品质量，需要有强有力的制度作保证。为此，格力电器及时出台了"总经理十二条禁令"，后来又发展到今天的"总经理二十条禁令"。从人员信仰到制度信仰的过渡，是格力电器质量创新信仰的一个重要飞跃。

在内部强化产品质量的同时，格力电器通过公开提高自己的服务标准，倒逼企业产品质量的提高。董明珠明确提出，格力电器的最高目标是实现产品“零服务”，企业最好的服务不是售后服务，而是在产品交给消费者之前的售前和售中服务。2005年，格力电器开始执行“整机免费包修六年”标准，这一标准意味着格力电器对售出的空调提供终身免费包修服务，因为一般空调的寿命为8~10年。格力空调已经做到了“全生命周期免费服务”，其在产品质量的可靠性方面已经打造出全球最高标准。但格力电器对产品质量的要求并未就此停止，他们又针对环保、节能等产品质量提出严格要求，并逐渐明确相应标准。从信仰制度到信仰可靠性，再由信仰可靠性到信仰消费者利益，格力电器对产品质量的信仰逐渐由产品内部向产品外部发展，逐渐由产品功能向消费者利益发展。在这个过程中，格力电器对质量的信仰逐渐由某一方面向不断创新发展，即对质量创新逐渐由认可到崇拜，格力电器的质量创新信仰逐渐确立。

12.2　格力创新信仰的教育

格力电器对创新信仰的教育主要体现在四个方面，一是物质方面的创新信仰教育，二是行为方面的创新信仰教育，三是规则方面的创新信仰教育，四是理念方面的创新信仰教育。下面具体分析格力电器是怎样在上述两个方面进行创新信仰教育的。

12.2.1　格力创新信仰的物质教育

营销、研发、制造是企业创新过程中的三个关键子过程，格力电器创新信仰的物质教育主要通过营销创新、技术创新、质量创新等教育进行。

在营销创新信仰教育方面，朱江洪认为，格力电器与经销商之间的关系是鱼水关系，格力电器是“鱼”，经销商是“水”。一方面“鱼”离不开“水”；另一方面，“水”可以抛弃“鱼”，没有你，还有其他的“鱼”。所以，作为空调企业，格力电器应该把销售当作市场，而不是当作生意做。做市场与做生意是截然不同的，做市场要有长远的战略眼光，它着眼于长远的利益而不是一时的利益。有些时候，牺牲暂时的、短期的利益换取长远利益是必要的，如格力电器的“淡季贴息返利”“年终返利”就是例子。做生意一般目光短浅，一锤子买卖，只注重眼前利益。做市场需要构建渠道，逐步培育自己的市场，与经销商患难与共。长期忠实的经销商是格力电器的根基，是格力市场的稳定器，必须让经销商不断发展壮大。

认识到这一点，格力电器与经销商共建了“经销公司”，并不断宣传这种营销模式，称这种营销模式为“21世纪空调营销模式的创新”。朱江洪认为，格力电器要把销售做好，必须消费者和厂家都要“给力”。消费者喜欢格力电器的空调，这是拉力；经销商愿意卖格力品牌的空调，这是推力。两个力合在一起才算得上“给力”。消费者的拉力来自格力电器的努力，格力电器必须把产品做好，物美价廉，技术先进，安全、可靠。经销商的推力来自商家的努力，这需要格力电器关心、支持、保护经销商的利益，使他们实实在在地得到回报。

董明珠在营销创新教育上所做的工作力度更大。她认为，销售的核心是诚信和共赢，好的营销=好的产品+好的售后服务+精细化企业制度。在好的产品方面，格力电器建立原材料筛选分厂，控制外购零部件质量；对内部部件更是通过自虐式技术研发，不断倒逼自己实现自我超越。在售后服务方面，董明珠在各种场合一再强调，最好的售后服务是不要售后服务。为此，格力电器执行“六年内不要售后服务”的标准，该标准已经超过国家标准，格力电器在不断创造世界最高的服务标准。在精细化企业制度方面，格力电器通过将各项工作具体化、标准化、数据化、规范化、程序化，做精做细。为不断超越自己，董明珠提出“让全世界都依赖格力空调”，并将这种理念作为格力电器的最终营销目标。董明珠还自做代言人，代替明星为格力产品做广告，最后产生的轰动效应远远超过大牌明星所做的格力广告，这既是董明珠对格力营销创新的宣传，也是董明珠对格力营销创新的实践。

在技术创新信仰教育方面，朱江洪强调产品的真正实质是科技含量和质量水平。他认为，“没有科技创新，就没有消费者青睐的创新产品；没有科技创新，就没有过硬的产品质量；没有科技创新，就没有产品的差异化，就不能拉开与竞争对手的距离；没有科技创新，企业永远只能跟在别人后面，打价格战，搞恶性竞争”。他认为“没有脊梁的人永远站不起来，没有创新的企业永远没有脊梁”。作为全世界销量最大的空调企业，格力电器的科技创新来源于实践，来源于市场，来源于生活，来源于广大消费者的需求。朱江洪既是这样想的，也是这样做的，他在总厂和各分厂的技术大会上反复强调上述技术创新信仰，并根据自己几十年的技术创新经验，提出企业创新三部曲“观察+灵感+实验”，要求格力电器各级技术工作人员反复体会，反复实践。

董明珠作为格力电器长期分管营销的主管，非常重视企业创新，她在接受各家媒体记者和自传作者采访时反复强调，格力电器的创新信仰体现在四个方面：“第一，格力培育了挑战自我的创新文化，为企业实施创新驱动战略提供了不竭的精神动力和思想来源。第二，格力建立了集成的研发体系，该体系兼顾各款产品，兼顾近期发展和长远发展，为格力多年来开展创新活动提供了有力支撑。第三，格力已经拥有超低温数码多联机、制冷设备环保制冷剂替代技术、高效离心式冷水机组、1赫兹变频空调、超高效定速压缩机等一系列核心技术，主持制定了行业标准。格力电器能够引领行业发展，引领科技前沿、产业前沿、市场前沿。第四，格力通过将核心技术转换为系列产品，能够及时、快速地服务于全球市场，为‘中国制造’赢得了国际声誉。”在研发投资上，董明珠不断明确格力的研发投资政策是根据需求投资，上不封顶，确保格力在空调科技方面的世界领先地位。董明珠在格力内部不断强化、发展上述技术创新信仰，确保格力的技术创新信仰教育深入到各个方面。

在质量创新信仰教育方面，朱江洪强调企业是为了制造产品而生存的，质量是企业产品的核心。1994年，朱江洪在公司大会上首次提出“精品战略”的构想，历经20多年，“精品战略”一直是指导格力发展的风向标。所谓“精品战略”，就是狠抓产品质量，瞄准国际上最好的空调，把它作为赶超目标，开展科技创新和 系列行之有效的质量提升活动，把空调“做精、做强、做大”。为了保证“精品战略”的落实和实施，朱江洪针对格力员工素质的现状，有针对性地提出“总经理十二条禁令”，后来发展到“总经理二十条禁令”，用高压的行政命令确保格力产品的质量。同时，通过“左手拿鞭、右手拿刀”进行质量创新教育，通过反面教育保证整个企业的质量信仰落实。这二十条“总经理禁令”是格力电器的高压线，只要违反，一律除名，不管原因，也不听借口。朱江洪用铁的“禁令”向格力电器的全体员工表明，产品质量不是一般的问题，而是关系到消费者切身利益的问题，关系到每个员工饭碗的问题，关系到格力电器生死存亡的问题，全公司上下必须“利剑高悬”，时刻警惕。朱江洪通过将质量创新与格力电器的行政命令结合，与员工的日常工作结合，将格力电器的质量创新信仰落实到每一个员工身上，这种方式对格力员工进行的教育不但是深刻的，而且是长期的。正是格力电器强有力的质量创新信仰教育，以及强有力的落实执行，才保证了格力电器一路披荆斩棘，从一个全国名不见经传的小企业，先跃升为全国销量最大的空调企业，又跃升为全世界销量最大的空调企业。

12.2.2 格力创新信仰的行为教育

企业行为主要体现在岗位设置、工作程序、人员修养等方面，格力创新信仰的教育主要通过岗位纪律教育、工作程序教育、人员修养教育等方式进行。

（1）岗位纪律教育

在营销岗位上，格力电器强调服务意识。董明珠反复教育格力电器员工，格力电器的一切活动最终都是为了顾客的需求和利益。为了使顾客的需求和利益得到充分满足和保障，格力电器以顾客为中心，建立了一套产品服务体系和服务标准。

在研发岗位上，格力电器强调面向市场开展研发。朱江洪和董明珠反复教育格力电器的研发人员，一切技术研发都来源于实践，来源于市场。朱江洪根据自身研发实际，总结出“观察+灵感+实验”技术研发三部曲，教育格力电器的研发人员密切关注消费者的需求，根据消费者的需求确定研发技术的内容和方向。那种只知跟风的研发很难在原始创新方面做出大的突破，也很难引领整个空调行业的技术发展方向。

在制造岗位上，格力电器强调实施“精品战略”。为了保证格力电器生产的每套空调都是精品，格力电器每个生产岗位上的工作人员必须视产品质量为自己的生命。为了保证精品战略实施，格力电器先实施“总经理十二条禁令”，后发展为“总经理二十条禁令”。将影响格力电器产品质量的十二个或二十个问题作为高压线，任何人不得触犯，违者立即除名，不讲理由，也不允许找借口。

（2）工作程序教育

工作程序是企业员工工作的先后步骤，如何定义工作程序是影响企业员工工作成败的关键因素。格力电器重视员工工作程序教育，始终把顾客作为员工工作程序的开端，始终把顾客作为员工工作程序的最终定义者。

在营销工作程序方面，朱江洪和董明珠反复教育格力电器的营销人员，营销只是企业把产品卖给消费者的一种手段，营销必须以消费者的利益为目的，以产品的质量作保证。没有质量做保证的营销就是骗术，就是背离消费者利益的行为。1994年，为了提高产品质量，并充分保证消费者的利益，格力电器决定大幅度调低销售人员的提成比例。在营销人员集体辞职的情况下顶住压力，继续改革，以消费者的利益为出发点，与经销商合资成立经销公司，最终实现了对渠道的绝对控制。此举既保证了消费者的利益，也保证了格力电器和经销商的利益。

在研发工作程序方面，朱江洪坚决抵制国内流行的供给驱动研发模式，坚持需求驱动研发模式。所谓供给驱动研发是指根据市场供应情况决定研发项目，哪种产品好卖，就立即上马仿制，完全不顾企业技术实际和长远研发规划。所谓需求驱动研发是指企业根据消费者的需求决定研发项目，哪种产品消费者需求，就研发哪种产品。正是以消费者需求为导向的研发工作程序，才保证了格力电器研发程序的科学性，保证了格力电器原始技术创新的先进性。

在制造工作程序方面，朱江洪和董明珠反复强调，产品质量既是企业的生命，也是员工的生命，产品质量出现问题就等于谋财害命。不近人情的质量禁令，在格力电器成立早期有力保证了格力电器的产品质量。同时，为了保证外购配件的质量，格力电器成立“筛选分厂”，是整个行业中唯一通过这种办法把不合格的外购配件堵在生产过程之外的企业，有力保证了格力电器产品上所用的外购配件百分之百合格。

（3）人员修养教育

格力电器的人员修养教育主要体现在政治修养教育和心理修养教育两个方面。

在人员政治修养方面，朱江洪用格力电器的实际经历教育格力员工，应该怎样经营国有企业。格力电器在1996年上市以前，是百分之百的国有企业。2005年股改前，国企占有格力电器58%的绝对控股权，一股独大成为格力电器长期的经营环境。截至2016年，格力电器前十名股东持股情况为珠海格力集团有限公司持股18.22%，河北京海担保投资有限公司持股8.91%，前海人寿保险股份有限公司持股4.12%，香港中央结算有限公司持股2.38%，中国证券金融股份有限公司持股2.08%，中央汇金资产管理有限公司持股1.40%，UBS AG持股1.28%，高瓴资本管理有限公司持股0.84%，全国社保基金持股0.83%，董明珠持股0.74%，珠海格力集团有限公司作为国有企业，对格力电器拥有绝对的控制权。

针对国有企业的体制实际，朱江洪认为“贪官”是体制上的“外伤”，“庸官”是体制上的内伤。贪官贪的是国家的钱财，庸官毁掉的是国家的事业。朱江洪和董明珠用实际行动向格力员工表明，经营国有企业，首先需要戒贪，其次需要戒庸。特别是戒庸，主要靠企业高层的良心。朱江洪在冠雄塑胶厂工作期间，就通过与泰国空调商古煌秀的周旋，使冠雄塑胶厂在珠海国资委已经拥有空调厂的情况下上马空调项目。在电机厂、控制器、压缩机等重要部件的配套方面，一方面向主管单位请示，一方面积极收购有关企业，最终拥有了自我配套的大型电机、控制器、压缩机等配套企业。

在人员心理修养方面，格力电器向员工反复灌输“实文化”，号召格力电器全体员工“少说空话，多干实事”。格力电器的“实文化”不是一句空话，而是以“忠诚、友善、勤奋、进取”为内容的。忠诚要求格力电器的员工对同事、对客户、对合作伙伴、对父母、对朋友等都要忠诚，以忠诚的态度与周围的所有人相处，通过忠诚待人建立和谐、团结的人际关系。友善就是友好地处理与上司、同事、合作伙伴等之间的关系，建立友好合作关系。勤奋就是勤勤恳恳地工作，敬重自己的工作，对事业有孜孜不倦的追求和抱负。进取就是精益求精，不但对产品质量要精益求精，对格力电器的技术、营销等各项工作都要精益求精。

12.2.3 格力创新信仰的规则教育

制度和文化是格力电器最重要的两种规则。格力电器的制度创新教育和文化创新教育基本可以代表整个企业创新信仰的规则教育。

格力电器不但建立了一套严格的制度体系，而且要求员工严格执行制度。董明珠认为，企业制度是企业秩序的根本保证，格力电器只有用制度管理企业，才能保证企业健康、持续地发展。董明珠认为，在执行制度方面，不论普通职工，还是中层干部、高层干部，一律平等。制度是刚性的，一旦制定，就要严格执行，从普通职工到高层领导概莫能外。作为制定和推行制度的人，首先要有足够的权力，并能以身作则。

关于制度观，董明珠认为管理只有一种，就是制度。在制度教育方面，格力电器非常强调细节。比如格力电器规定："格力员工必须统一穿公司制服，白上衣、蓝裤子，党员佩戴党徽，挂厂牌。女士长发必须束起，男士不得留长发，所有人上班不得佩戴夸张的首饰。办公室里不能说笑打闹，吃零食……"格力电器经常进行制度教育，逐渐使各项制度深入人心。关于制度建设，董明珠认为："制度要建立在公平公正的基础上，企业管理人员的言行应该是员工学习的榜样，中国制造业的底气和力量，不是来自劳动力的低成本，而是来自企业的制度建设。"关于严格执行制度的必要性，董明珠认为，中国制造业的力量和底气有很大一部分来自工人，但中国是从农业化过来的工业化，许多工人不是天生的工人，需要用制度组织、管理、训练他们。因此，格力电器把制度作为一种信仰，认为管理就是制度，并结合自身实际建立各项制度，严格贯彻各项制度，使制度信仰形成格力员工的潜意识。

朱江洪既是格力电器的缔造者，也是格力文化的缔造者。他在执掌格力开始就将"忠诚、友善、勤奋、进取"和"少说空话、多干实事"作为格力文化的核心内容，并二十多年如一日地坚持文化教育。在格力办公楼的大堂里，一直挂着朱江洪手书的"忠诚、友善、勤奋、进取"和"少说空话、多干实事"。朱江洪时刻提醒格力人，格力文化是一种"实"文化，是一种苦干实干、实事求是的文化。每年招聘新员工，在入职前都要进行专项的格力文化教育。通过文化教育使新员工认识、理解格力文化的内容，并从内心融入。格力文化不但教育员工怎样做事，还教育格力员工怎样做人。朱江洪认为，"忠诚+能力"才是格力人才的标准，单有能力并不是格力需要的人才，因为他们可能随时离开格力；只有对格力忠诚的员工，才能为格力所用。"友善"

要求格力员工不但要对同事、对客户友善，还要对家人和周围所有的人友善，友善既是格力内部员工之间和谐相处的重要保证，也是格力与外部机构和人员和谐相处的重要保证。“勤奋”是格力及其员工成功的基石。“进取”是格力发展的重要动力。格力文化简单明了，员工容易理解，也便于贯彻执行。

12.2.4 格力创新信仰的理念教育

企业理念主要包括创新理念、责任理念、服务理念等方面，格力创新信仰的理念教育主要通过创新理念教育、责任理念教育、服务理念教育等方式进行。

（1）创新理念教育

格力电器重视创新，重视对技术人员进行创新理念教育，通过创新理念教育使技术人员明白：科技创新是产品质量的重要保证，企业产品之所以有各种各样的问题，正是因为企业没有解决困扰自己产品质量的各种技术问题；科技创新是产品营销的前提，营销只是企业实现产品价值的手段，技术创新才是企业产品实现价值的根本，缺乏科技创新保证的企业产品，是在欺骗消费者；原始创新是企业竞争取胜的根本，过去发生的技术转让，多是发达国家企业过时的技术，至于前沿的技术，有钱也很难买到，企业只有通过原始创新创造出独一无二的技术，才能在同行业企业竞争中取得根本性胜利；技术创新来源于市场，根据市场需求研发技术，并通过技术创新实现产品性能和可靠性的提高，格力电器通过不断超越自己实现技术创新的不断突破，绝不跟在其他企业后面亦步亦趋；只有科技创新才能救企业，实现科技创新救企业需要从领导意识、经费投入、激励制度等方面同时采取措施。

（2）责任理念教育

格力电器作为电器行业首屈一指的企业，不断对员工进行责任理念教育，号召格力电器的员工承担起社会责任。

在公益事业方面，格力电器支持教育建设，2005年，格力电器向珠海市“教育强市”活动捐款196万元；2006年，董明珠将其自传《棋行天下》的30万元稿费捐给贵州平浪希望小学，并在近年来陆续捐建希望小学。格力电器支持军队、国防建设，2006年、2007年、2009年、2010年陆续向天安门国旗护卫队、南海守岛部队捐赠空调。

在环境保护方面，格力电器重视环保工作。2009年2月，通过“三合一”环保管理体系认证。格力电器积极参与环保污染治理设备设施建设，自公司成立至今，先后建成4座污水处理站、10多套粉尘回收装置，废水每日处理能力达1000多吨，废气每日治理能力约500万立方米，粉尘回收率高达98%。格力电器踊跃参与环保捐款，2010年，捐款2000万元参与绿化长江的“重庆行动”；2011年3月，捐款25万元给广东省环境保护基金会用于种植100亩红树林。格力电器落实节能减排改造项目，通过陶化工艺替代磷化工艺、净水机废水回收利用项目、纯水机浓水再利用项目等实施节能减排。

在支援灾区建设方面，2008年5月12日，汶川地震发生时，格力电器为汶川地震灾区捐款2500万元；2010年4月1日，格力电器向云南、贵州、广西三省区的严重干旱灾民各捐款200万元，主要用于紧急修建水窖、饮水池，植草种树等活动；2010年4月22日，玉树地震发生时，格力电器向玉树地震灾区捐款1000万元。

在社会责任方面，格力电器严格保护股东和投资者的利益，严格保护消费者、供应商、经销商的权益，严格保护公司员工的合法权益。

（3）服务理念教育

格力电器反复强调服务的重要性，并将“零服务”作为企业的最终服务目标。为了实现“零服务”的最终目标，格力电器在空间上实施系统服务，在时间上实施渐进服务。系统服务就是让服务贯穿产品研发、生产、销售等环节，在产品价值实现的整个过程中都强调服务的重要性；在产品价值实现过程中，强调售前服务和售中服务的重要性，认为售前服务和售中服务比售后服务更为重要，不需要售后服务才是最好的服务。渐进服务是以“零服务”为最终目标，在不同阶段设置不同服务目标，通过自我超越，倒逼企业不断向服务的最终目标前进。2005年，格力电器率先执行“整机免费包修六年”的服务标准，超越国家对家用空调“整机保修一年，主要零配件保修三年”的强制性标准。2010年，格力电器在中国空调业率先提出“完美变频12年包修”的售后服务标准。除了免费保修、六年包修之外，格力电器还倡导“八年不跟消费者见面”“1+1=0”（一流的产品+一流的安装服务=零烦恼的消费新体验）等超前的服务理念。

12.3 格力创新信仰的传播

格力之所以能够成为中国家喻户晓的空调企业，除了格力空调质量好、销量大之外，与格力文化，特别是格力创新信仰的成功传播密不可分。

12.3.1 格力创新信仰的内部传播

格力创新信仰的内部传播主要通过关系传播、礼仪传播、楷模传播等形式实现。在关系传播方面，格力文化崇尚“忠诚”，要求不仅下级对上级要忠诚，上级对下级也要忠诚；员工对企业要忠诚。格力文化崇尚“友善”，要求员工之间、员工与领导之间团结友善。“忠诚”“友善”使格力电器各个部门之间、各级员工之间团结友爱，为企业创新信仰在内部传播提供了良好的关系基础。同时，格力文化强调执行力，以董明珠为代表的企业高层严格推行企业文化，强大的推动力量为格力创新信仰的内部传播提供了源源不断的动力。

在礼仪传播方面，格力电器有明确的礼仪制度，要求“格力员工必须统一穿公司制服，白上衣、蓝裤子，党员佩戴党徽，挂厂牌。女士长发必须束起，男士不得留长发，所有人上班不得佩戴夸张的首饰。办公室里不能说笑打闹，吃零食……”违者轻则罚款，重则开除。完备有力的礼仪制度为格力创新信仰在内部传播提供了良好的渠道。

在楷模传播方面，格力电器重视对楷模的宣传。为了宣传格力电器的工匠精神，格力与中央电视台协商，让叉车大王曹祥云在中央电视台表演叉车起啤酒瓶盖，起到了明显的宣传效果，为格力创新信仰在内部传播提供了生动的范例。

12.3.2 格力创新信仰的外部传播

格力创新信仰的外部传播主要通过向用户、同行竞争企业、供应商、互补机构等传播实现。在销售传播方面，格力电器通过多种销售渠道传播创新信仰。从1997年开始，格力电器与经销商合资成立经销公司，随后逐渐实现对销售渠道的绝对控制。遍布全国各地的经销公司不但是格力电器产品销售的前沿阵地，更是将格力创新信仰向用户传播的直接机构。经销公司既是格力电器产品营销的成功经验，也是格力电器创新信仰成功向客户传播的经验。

2015年3月4日，随着格力官方商城的正式上线，格力电器的电子商务销售平台正式启动。格力电子商务平台为格力创新信仰向用户传播提供了更为便捷的渠道。此外，格力电器还与国美、苏宁等经销商合作，通过它们的渠道传播格力的创新信仰。

在竞争传播方面，格力电器一直坚持实施“精品战略”，瞄准国际上最好的空调，把它作为赶超目标，开展科技创新和一系列行之有效的质量活动，把空调产品“做精、做强、做大”。格力电器坚决不与同行竞争企业打价格战，主要通过科技创新实现自我超越、自我发展。格力电器成立二十多年来，期间曾出现过一些知名品牌如春兰、科龙等。近年来，这些品牌空调逐渐淡出消费者的视野，而格力电器则一路飙升，先是成为中国销量最大的空调企业，而后又成为全世界销量最大的空调企业。格力电器从来没有和上述企业进行过正面竞争，上述企业是自己打败了自己，而不是被格力电器打败。相反，格力电器通过向同行竞争企业学习，不断向它们传播格力的创新信仰。如海尔的张瑞敏与朱江洪就经常互相探讨空调企业发展问题，并在海尔与格力之间相互走访、考察。

在供应传播方面，格力电器主要通过“筛选分厂”向供应商传播格力电器的创新信仰。1995年，为控制外购零配件的质量，格力电器集中300多人成立“筛选分厂”，对供应商供给的零配件逐一进行检测，发现不合格者立即剔除，并视质量情况对供应商进行处罚。格力电器通过这种渠道向供应商传播创新信仰，使他们认识到向格力电器供应的零配件必须是“零缺陷”配件。格力严格的质量信仰影响了大批供应商，对空调行业产品质量的提升起到了举足轻重的作用。

在互补传播方面，格力电器主要通过招聘大学毕业生，不断向大学传播格力电器的创新信仰。同时，通过参与全国各地的政府采购投标，向各级政府传播格力电器的创新信仰。2008年，格力电器参加广州市政府采购中心发起的政府采购投标，并因为没有中标，存在异议，将广州市政府采购中心告上法庭，用法律诉讼形式向政府传播了格力电器的创新信仰。

12.4 小结

进行企业创新信仰培育需要明确企业创新信仰培育的途径，在创新信仰运行过程中通过企业创新信仰的教育和传播，进行企业创新信仰培育。

企业家、企业员工、政府、社会公众等是企业创新信仰的主要影响因素，企业家信仰习惯和企业员工信仰习惯是决定企业创新信仰的内部因素，政府创新激励和社会公众信仰习惯是决定企业创新信仰的外部因素。培育企业创新信仰主要通过企业家信仰教育、企业员工信仰教育、社会公众信仰传播、政府创新激励等途径实现。企业创新信仰的培育过程实质上是企业创新信仰的确立过程，该过程通过原有信仰出现危机与创新信仰确立的互逆过程实现，经过了从原信仰稳固到原信仰怀疑、原信仰否定、原信仰危机的怀疑机制运行阶段和从创新认同到创新崇拜、创新信仰确立的信仰机制运行阶段。

针对企业创新信仰培育途径，在企业内部进行企业创新信仰的物质教育和规则教育，实现企业创新信仰在企业内部的教育。通过关系传播、礼仪传播、楷模传播等实现企业创新信仰在企业内部的传播，通过销售传播、竞争传播、供应传播、互补传播等实现企业创新信仰在企业外部的传播。

附录：周　易

（西周）姬昌　著　　陈玉川　编译

《周易》由六十四卦构成。六十四卦中的每一卦分别由卦题、卦图、卦辞、爻题、爻辞五部分组成。为了便于阅读和理解，现将六十四卦列示于此。每一卦以卦图为中心。卦图上面的文字为卦题；卦图左边各爻对应的文字为各爻爻题；卦图右边各爻对应的文字为爻辞白话文，括号里面对应的文字为爻辞原文；卦图下面的文字为卦辞白话文，括号里面对应的文字为卦辞原文。

1. 乾卦

乾卦

用九	出现一群龙，没有首领，吉祥。 （见群龙无首，吉。）
上九	龙飞升到极点，有所悔恨。 （亢龙有悔。）
九五	龙飞腾在天空中，利于会见大德大才之人。 （飞龙在天，利见大人。）
九四	龙有时腾跃上升，有时退处深渊，没有灾难。 （或跃在渊，无咎。）
九三	君子始终白天勤勉努力，夜晚警惕忧惧，虽然危险 但没有灾祸。（君子终日乾乾，夕惕若，厉无咎。）
九二	龙出现在田野，利于会见大德大才之人。 （见龙在田，利见大人。）
初九	潜藏的龙不能施展才能。 （潜龙勿用。）

乾卦，原始、亨通、有利占断。
（乾，元亨利贞。）

2. 坤卦

用六 坤卦 利于长久占断。（利永贞。）

上六 龙在旷野里厮杀，鲜血呈青黄色。（龙战于野，其血玄黄。）

六五 身穿黄色裙裳，大吉。（黄裳，元吉。）

六四 扎紧口袋，没有灾难，也没有荣誉。（括囊，无咎无誉。）

六三 蕴含华美，可以占断。有时跟着王做事，没有成功，但有结果。（含章可贞。或从王事，无成有终。）

六二 平直、方正、广大，不修习，也没有不顺利。（直方大，不习，无不利。）

初六 踩到霜，可知坚冰天气将至。（履霜，坚冰至。）

坤卦，开始、亨通，利于像母马那样占断；君子有所前往，先入迷途，后遇到明主，顺利。西南得到朋友，东北失去朋友。安定时占断吉祥。（坤，元亨，利牝马之贞。君子有攸往，先迷后得主，利。西南得朋，东北丧朋。安贞吉。）

3. 屯卦

屯卦

上六 骑马原地回旋，泪流不断。（乘马班如，泣血涟如。）

九五 囤积财富，小事占断吉利，大事占断凶险。（屯其膏。小贞吉，大贞凶。）

六四 骑马在原地回旋，欲求婚配，前去吉利，没有不利。（乘马班如，求婚媾，往吉，无不利。）

六三 追逐山鹿，没有向导，已经钻入森林；君子继续追逐，不放弃，前去有麻烦。（即鹿无虞，惟入林中，君子几，不如舍，往吝。）

六二 开始徘徊不前，骑马原地回旋，不是贼寇而是前来求婚。女子占断不出嫁，十年后才出嫁。（屯如，邅（zhan）如，乘马班如，匪寇婚媾。女子不字，十年乃字。）

初九 徘徊不前，利于居住时占断，利于授爵封侯。（磐桓，利居贞，利建侯。）

屯卦，开始、亨通，利于占断。不利于出门，利于授爵封侯。
（屯，元亨，利贞。勿用有攸往，利建侯。）

4. 蒙卦

蒙卦

上九	用棍棒启蒙，不利于做贼寇，利于防御贼寇。（击蒙，不利为寇，利御寇。）
六五	儿童启发蒙昧，吉祥。（童蒙，吉。）
六四	用困难启蒙，有麻烦。（困蒙，吝。）
六三	不要用于娶妻，她见到有钱人，就失去自我，娶她没有什么好处。（勿用娶女，见金夫，不有躬，无攸利。）
九二	用周围人启发蒙昧，吉祥。娶妻，吉祥；子女能够持家。（包蒙，吉。纳妇，吉；子克家。）
初六	利用榜样启发蒙昧。使蒙昧之人摆脱蒙昧的束缚；前去有麻烦。（发蒙。利用刑人，用说桎梏；以往吝。）

蒙卦，亨通。不是我求蒙昧的孩子，是蒙昧的孩子求我。初次占筮告诉他吉凶，接二连三占筮，是对占筮的亵渎，亵渎则不告诉他吉凶。利于占筮。（蒙，亨。匪我求蒙童，蒙童求我。初筮告，再三渎，渎则不告。利贞。）

5. 需卦

需卦

上六	进入窑洞，有不请自到的三个人来，以礼敬之，最终吉祥。（入于穴，有不速之客三人来，敬之，终吉。）
九五	在酒食中等待，占筮吉祥。（需于酒食，贞吉。）
六四	在血泊中等待，从困境中逃脱。（需于血，出自穴。）
九三	在泥泞中等待，招致贼寇到来。（需于泥，致寇至。）
九二	在沙滩上等待，小有麻烦，最终吉祥。（需于沙，小有言，终吉。）
初九	在郊外等待，利于用恒心等待，没有麻烦。（需于郊，利用恒，无咎。）

需卦，卦兆显示，光明亨通，占筮吉祥。利于渡过大河。（需，有孚，光亨，贞吉。利涉大川。）

6. 讼卦

讼卦

上九　有人赐予绅带，一天之内多次被剥夺。（或锡之磐带，终朝三褫（chi）之。）

九五　诉讼，大吉。（讼，元吉。）

九四　不能胜诉，回来改变诉讼的念头，平安占筮吉祥。（不克讼，复即命，渝，安贞吉。）

六三　享受先前的美德，占筮危险，最终吉祥。或者跟从王做事，没有成功。（食旧德，贞厉，终吉。或从王事，无成。）

九二　不能胜诉，回来后逃跑，他镇上的三百户人家，没有灾祸。（不克讼，归而逋（bu），其邑人三百户，无眚。）

初六　不能恒心做事，小有麻烦，最终吉祥。（不永所事，小有言，终吉。）

讼卦，卦兆显示，憋闷害怕，中间吉祥，最终凶险。利于见到大德大才之人，不利于渡过大河。（讼，有孚，窒惕，中吉，终凶。利见大人，不利涉大川。）

7. 师卦

师卦

上六　国君颁布诏命，分封诸侯大夫，小人没有得到重用。（大君有命，开国承家，小人勿用。）

六五　田中有飞禽，利于捕获，没有灾祸。长子帅军作战，次子战败用车载尸，占筮凶险。（田有禽，利执言，无咎。长子帅师，弟子舆尸，贞凶。）

六四　军队驻扎在左方，没有危险。（师左次，无咎。）

六三　军队有人载运尸体，凶险。（师或舆尸，凶。）

九二　主帅在军队中，吉祥，没有危险；君王多次颁布命令奖赏。（在师中，吉，无咎；王三锡命。）

初六　军队出征靠严明纪律约束，不遵守纪律凶险。（师出以律，否臧凶。）

师卦，占筮，贤明长者统兵，吉祥，没有危险。（师，贞，丈人吉，无咎。）

8. 比卦

比卦

上六　团结老百姓，凶险。（比之无首，凶。）

九五　团结显贵。君王用三驱之法狩猎，失去前面的飞禽，老百姓不害怕，吉祥。（显比。王用三驱，失前禽，邑人不诫，吉。）

六四　从外部团结，占筮吉祥。（外比之，贞吉。）

六三　团结不该团结的人。（比之匪人。）

六二　从内部团结，占筮吉祥。（比之自内，贞吉。）

初六　卦兆显示团结，没有灾祸。卦兆显示美酒充满酒缸，最终吉祥。（有孚比之，无咎。有孚盈缶，终来有它，吉。）

比卦，吉祥。追究筮意，开始长期占筮，没有麻烦。不愿臣服的邦国来朝，后来者有凶险。
（比，吉。原筮，元永贞，无咎。不宁方来，后夫凶。）

9. 小畜卦

小畜卦

上九　已经下雨已经停止，高尚道德满载。女人占筮凶险，月亮快圆了。君子出征，凶险。（既雨既处，尚德载。妇贞厉，月几望。君子征，凶。）

九五　卦兆显示很好，与邻居共同富裕。（有孚挛如，富以其邻。）

六四　卦兆显示，忧恤恐惧消失，没有麻烦。
（有孚，血去惕出，无咎。）

九三　车身脱离车辐，夫妻反目。（舆说輹，夫妻反目。）

九二　被人牵着返回，吉祥。（牵复，吉。）

初九　从路上返回，有什么过错呢？吉祥。
（复自道，何其咎？吉。）

小畜卦，亨通。密云不下雨，云气从我邑西郊升起。
（小畜，亨。密云不雨，自我西郊。）

10. 履卦

履卦

上九 回顾走过的历程，考察吉凶祸福，返身而回吉祥。（视履考祥，其旋元吉。）

九五 决然前行，占筮有危险。（夬履，贞厉。）

九四 踩住老虎尾巴，惊惧不安，最终吉祥。（履虎尾，愬愬，终吉。）

六三 目盲却能看东西，足跛却能行走，踩住老虎尾巴，老虎咬人，凶险；勇武之人要做大王。（眇能视，跛能履，履虎尾，咥人，凶；武人为于大君。）

九二 在平坦大道上行走，幽居不出的人占筮吉利。（履道坦坦，幽人贞吉。）

初九 朴素行走，前去没有灾祸。（素履，往无咎。）

履卦，踩住老虎尾巴，老虎不咬人，亨通。（履，履虎尾，不咥（die）人，亨。）

11. 泰卦

泰卦

上六 城墙倾倒在城河之中，不可兴兵征战。在城邑中请求命令，占筮吉祥。（城复于隍，勿用师。自邑告命，贞吉。）

六五 帝乙嫁女，因此获得福泽，大吉。（帝乙归妹，以祉，元吉。）

六四 联翩下降，不因为邻居致富，不用担心而占筮。（翩翩不富，以其邻，不戒以孚。）

九三 没有只平直而不倾斜之地，没有只出行而不返回之人；艰难时占筮，没有麻烦。不用担心占筮，对饮食有福。（无平不陂，无往不复；艰贞，无咎。无恤其孚，于食有福。）

九二 包容远大，凭此渡过大河，没有远方的遗弃，不结党营私，崇尚中道而行。（包荒，用冯河，不遐遗，朋亡，得尚于中行。）

初九 拔起茅草带起同类，出征吉祥。（拔茅茹以其汇，征吉。）

泰卦，小者去，大者来，吉祥，亨通。（泰，小往大来，吉，亨。）

12. 否卦

否卦

上九　倾覆了闭塞不同的局势，起先闭塞不同，最终喜庆到来。（倾否，先否后喜。）

九五　闭塞停止，大人吉祥。将要灭亡，将要灭亡，如同系结在桑枝上。（休否，大人吉。其亡其亡，系于苞桑。）

九四　奉行天命，没有灾祸，同类离开福分。（有命，无咎，畴离祉。）

六三　包容羞辱。（包羞。）

六二　包容奉承之人，小人可获吉祥；大人不能，亨通。（包承，小人吉；大人否，亨。）

初六　拔除茅草带起同类，占筮吉祥，亨通。（拔茅茹以其汇，贞吉，亨。）

否卦，闭塞了不该闭塞的人，不利君子占筮；大者去小者来。
（否，否之匪人，不利君子贞；大往小来。）

13. 同人卦

同人卦

上九　在郊外团结人，没有懊悔。（同人于郊，无悔。）

九五　团结人，先号咷大哭，后又欢笑，大军胜利会师。（同人，先号咷而后笑，大师克相遇。）

九四　登上城墙，不能成功攻克，吉祥。（乘其墉，弗克攻，吉。）

九三　在林莽中伏击敌人，登上高坡查看，三年不敢兴兵交战。（伏戎于莽，升其高陵，三岁不兴。）

六二　在宗族中团结人，有惋惜。（同人于宗，吝。）

初九　在家门口团结人，没有麻烦。（同人于门，无咎。）

同人卦，在原野上团结人，亨通。利于渡过大河，利于君子占筮。
（同人，同人于野，亨。利涉大川，利君子贞。）

14. 大有卦

大有卦

上九　自己保佑才能上天保佑，吉祥，无所不利。（自天佑之，吉，无不利。）

六五　他占筮与人交互，威严可敬，吉祥。（厥孚交如，威如，吉。）

九四　不过分富有，没有灾祸。（匪其彭，无咎。）

九三　王公向天子进贡，小人不能担当大任。（公用亨于天子，小人弗克。）

九二　大车运载资财，有所前往，没有灾祸。（大车以载，有攸往，无咎。）

初九　没有相互侵害，没有灾祸；艰难互助没有灾祸。（无交害，匪咎；艰则无咎。）

大有卦，非常亨通。
（大有，元亨。）

15. 谦卦

谦卦

上六　谦虚名声在外，利于出兵，征伐邑国。（鸣谦，利用行师，征邑国。）

六五　不因邻居而富，利于出征讨伐，无所不利。（不富以邻，利用侵伐，无不利。）

六四　发挥谦虚美德，无所不利。（无不利，撝（hui）谦。）

九三　有功劳谦虚，君子保持这种美德至终，吉祥。（劳谦，君子有终，吉。）

六二　谦虚名声在外，占筮吉祥。（鸣谦，贞吉。）

初六　谦虚又谦虚的君子，可以渡过大河，吉利。（谦谦君子，用涉大川，吉。）

谦卦，亨通，君子必有善终。
（谦，亨，君子有终。）

16. 豫卦

豫卦

上六　盲目欢娱，已成之事会变化，没有灾祸。（冥豫，成有渝，无咎。）

六五　占筮有疾病，长期不会死亡。（贞疾，恒不死。）

九四　自由欢娱，大有收获；不必怀疑，朋友都赞同。（由豫，大有得；勿疑，朋盍簪。）

六三　媚上欢娱，后悔，慢了会更后悔。（盱（xu）豫，悔，迟有悔。）

六二　欢娱坚如磐石，不到一天时间，占筮吉利。（介于石，不终日，贞吉。）

初六　自鸣得意，凶险。（鸣豫，凶。）

豫卦，利于封侯兴兵作战。（豫，利建侯行师。）

17. 随卦

随卦

上六　拘禁并用绳索绑紧，君王在西山祭祀。（拘系之，乃从维之，王用亨于西山。）

九五　卦兆显示有嘉奖，吉利。（孚于嘉，吉。）

九四　追随他人有所收获，占筮凶险；卦兆显示光明正道，有何麻烦呢？（随有获，贞凶；有孚在道，以明，何咎？）

六三　依附君子，失去与小人交往的机会；追随他人有求必得，利于居住时占筮。（系丈夫，失小子；随有求，得，利居贞。）

六二　依附小人，失去与君子交往的机会。（系小子，失丈夫。）

初九　官事有变化，占筮吉利；出门与人交往有成功。（官有渝，贞吉；出门交有功。）

随卦，开始、亨通，利十占筮，没有麻烦。（随，元亨利贞，无咎。）

18. 蛊卦

蛊卦

上九　不为王侯效命，以此事为高尚。（不事王侯，高尚其事。）

六五　匡正父亲的过失，受到称誉。（干父之蛊，用誉。）

六四　姑息父亲的过失，前去有麻烦。（裕父之蛊，往见吝。）

九三　匡正父亲的过失，小有懊悔，没有大灾难。（干父之蛊，小有悔，无大咎。）

九二　匡正母亲的过失，不可占筮。（干母之蛊，不可贞。）

初六　匡正父亲的过失，儿子孝顺父亲，没有灾害，有危险但最终吉祥。（干父之蛊，有子考，无咎，厉终吉。）

蛊卦，非常亨通，利于渡过大河。七天周期。
（蛊，元亨，利涉大川。先甲三日，后甲三日。）

19. 临卦

临卦

上六　靠诚恳的态度督导，吉祥，没有麻烦。（敦临，吉，无咎。）

六五　靠智慧督导，大人君主都是这样，吉祥。（知临，大君之宜，吉。）

六四　亲自督导，没有麻烦。（至临，无咎。）

六三　靠甜言蜜语督导，没有好处；假如小心，没有麻烦。（甘临，无攸利；既忧之，无咎。）

九二　靠感化督导，吉祥没有不利。（咸临，吉无不利。）

初九　靠感化督导，占筮吉祥。（咸临，贞吉。）

临卦，非常亨通，利于占筮；到八月，有凶险。
（临，元亨，利贞；至于八月，有凶。）

20. 观卦

观卦

上九　观察别人言行，君子没有灾祸。（观其生，君子无咎。）

九五　省察我的言行，君子没有灾祸。（观我生，君子无咎。）

六四　观察国家的礼乐风俗，利于以宾客之礼朝见君王。（观国之光，利用宾于王。）

六三　省察我的言行，知道进退。（观我生，进退。）

六二　暗中观察，利于女人占筮。（窥观，利女贞。）

初六　像幼童一样观察，对普通老百姓没有灾祸，对于君子则行事艰难。（童观，小人无咎，君子吝。）

观卦，洗手在没有献祭前，卦兆显示诚敬肃穆。
（观，盥而不荐，有孚颙（yong）若。）

21. 噬嗑卦

噬嗑卦

上九　戴着木枷，伤了耳朵，凶险。（何校灭耳，凶。）

六五　咬干肉，得到黄金，占筮危险，没有灾祸。（噬干肉，得黄金，贞厉，无咎。）

九四　咬带骨干肉，得到金属箭头；利于艰难时占筮，吉祥。（噬干胏（zi），得黄矢；利艰贞，吉。）

六三　咬腊肉，遇到毒物，小有麻烦，没有灾祸。（噬腊肉，遇毒，小吝，无咎。）

六二　咬皮肤伤了鼻子，没有灾祸。（噬肤灭鼻，无咎。）

初九　脚上戴上木枷，木枷伤了脚趾，没有灾祸。（履校灭趾，无咎。）

噬嗑卦，亨通，利于施行刑罚。
（噬嗑，亨，利用狱。）

22. 贲卦

贲卦

上九 用白色装饰，没有灾祸。（白贲，无咎。）

六五 装饰家园，用薄丝装饰；有麻烦，最终吉祥。（贲于丘园，束帛戋戋；吝，终吉。）

六四 装饰白色，白马飞跑；不是贼寇，是求婚。（贲如皤（po）如，白马翰如；匪寇，婚媾。）

九三 装饰洗漱，永远占筮吉祥。（贲如濡如，永贞吉。）

六二 装饰胡须。（贲其须。）

初九 装饰脚趾，舍弃车步行。（贲其趾，舍车而徒。）

贲卦，亨通，有所往可获小利。
（贲，亨，小利有攸往。）

23. 剥卦

剥卦

上九 硕大果实没有人吃，君子得到车马，小人失去房屋。（硕果不食，君子得舆，小人剥庐。）

六五 像鱼贯一样，因为宫人受宠，没有不利。（贯鱼以宫人宠，无不利。）

六四 剥落床到床面，凶险。（剥床以肤，凶。）

六三 处于剥落之时，没有灾祸。（剥之，无咎。）

六二 剥落床到床腿，消灭占筮凶险。（剥床以辨，蔑贞凶。）

初六 剥落床到床脚，消灭占筮凶险。（剥床以足，蔑贞凶。）

剥卦，不利于有所行动。
（剥，不利有攸往。）

24. 复卦

复卦

上六 迷途返回，凶险，有灾难，用于行军，终有大败。因为国君凶险，以致十年不能兴兵征战。（迷复，凶，有灾眚（sheng），用行师，终有大败。以其国君凶，至于十年不克征。）

六五 诚恳返回，没有悔恨。（敦复，无悔。）

六四 居中行走，独自返回。（中行独复。）

六三 频繁返回，有危险，没有灾祸。（频复，厉，无咎。）

六二 美好返回，吉祥。（休复，吉。）

初九 行不远返回，没有悔恨，大吉。（不远复，无祇（zhi）悔，元吉。）

复卦，亨通，出入没有疾病，朋友来没有灾祸；在道路上往返，七天一来回。利于有所前行。
（复，亨，出入无疾，朋来无咎；反复其道，七日来复。利有攸往。）

25. 无妄卦

无妄卦

上九 不要妄为，行动有灾难，没有什么好处。（无妄，行有眚，无攸利。）

九五 意想不到的疾病，无须用药可以痊愈。（无妄之疾，无药有嘉。）

九四 可以占筮，没有灾祸。（可贞，无咎。）

六三 意想不到的灾难，有人拴了一头牛，路人牵走，邑人遭受灾祸。（无妄之灾，或系之牛，行人之得，邑人之灾。）

六二 不耕耘有收获，不垦荒有田种，利于有所前往。（不耕获，不菑畲（zi yu），则利有攸往。）

初九 不妄为，前去吉祥。（无妄，往吉。）

无妄卦，非常亨通，利于占筮，如果不这样，就会有灾难。不利有所往。
（无妄，元亨，利贞，其匪正有眚。不利有攸往。）

26. 大畜卦

大畜卦

上九 通天大道，亨通。（何天之衢，亨。）

六五 阉猪的牙齿，吉祥。（豮豕之牙，吉。）

六四 小牛头上的横木，大吉。（童牛之牿（gu），元吉。）

九三 良马追逐，利于艰难时占筮。每天练习车马防卫技能，利于有所前往。（良马逐，利艰贞。日闲舆卫，利有攸往。）

九二 车身与车轴脱离。（舆说輹。）

初九 有危险，利于停止。（有厉，利已。）

大畜卦，利于占筮。不求食于家，吉祥。利于渡过大河。
（大畜，利贞。不家食，吉。利涉大川。）

27. 颐卦

颐卦

上九 服从颐养之道，很吉祥，利于渡过大河。（由颐，厉吉，利涉大川。）

六五 违背常理，居住占筮，吉祥。不可渡过大河。（拂经，居贞，吉。不可涉大川。）

六四 违背颐养之道，吉祥。像老虎那样双目圆睁，急欲得到食物，没有灾害。（颠颐，吉。虎视眈眈，其欲逐逐，无咎。）

六三 违背谋生之道，占筮凶险。十年不用，没有好处。（拂颐，贞凶。十年勿用，无攸利。）

六二 违背谋生之道，违背常理，这样颐养，出征凶险。（颠颐，拂经于丘，颐，征凶。）

初九 舍弃你的灵龟，看我鼓动腮帮子进食，凶险。（舍尔灵龟，观我朵颐，凶。）

颐卦，占筮吉祥。观看颐养，应当自求口实。
（颐，贞吉。观颐，自求口实。）

28. 大过卦

大过卦

上六	过河水淹没了头顶，凶险，没有灾害。（过涉灭顶，凶，无咎。）
九五	枯杨长出新花，老女人得到年轻丈夫，没有灾害，没有荣誉。（枯杨生华，老妇得其士夫，无咎，无誉。）
九四	栋梁隆起，吉祥；有意外，凶险。（栋隆，吉；有它，吝。）
九三	栋梁弯曲，凶险。（栋桡（rao），凶。）
九二	枯杨长出嫩芽，老男人得到年轻妻子，没有不利。（枯杨生稊（ti），老夫得其女妻，无不利。）
初六	用白茅草铺地陈设祭品，没有灾祸。（藉用白茅，无咎。）

大过卦，栋梁弯曲，利于有所前去，亨通。
（大过，栋桡，利有攸往，亨。）

29. 坎卦

坎卦

上六	被绳索捆绑起来，放到荆棘丛中，三年不得脱险，凶险。（系用徽纆（mo），置于丛棘，三岁不得，凶。）
九五	坑穴没有满盈，安定险平，没有灾祸。（坎不盈，祗（zhi）既平，无咎。）
六四	一壶酒，两盘淡食，用瓦罐从窗户送进来，最终没有灾祸。（樽酒簋（gui）贰，用缶，纳约自牖，终无咎。）
六三	来去都坎坷，危险且深。进入深坑，无法施展才能。（来之坎坎，险且枕。入于坎窞，勿用。）
九二	坎坷有危险，寻求脱险有小收获。（坎有险，求小得。）
初六	重重艰险，进入深坑，凶险。（习坎，入于坎窞（dan），凶。）

坎卦，卦兆显示，维系心中亨通，前行有好处。
（习坎；有孚，维心亨，行有尚。）

30. 离卦

离卦

上九 君王用兵出征，有嘉奖斩敌首的人，捕获了他们的同伙，没有灾祸。（王用出征，有嘉折首，获匪其丑，无咎。）

六五 泪水滂沱，忧伤嗟叹，吉祥。（出涕沱若，戚嗟若，吉。）

九四 突如其来，焚烧、死亡、毁弃。（突如其来如，焚如，死如，弃如。）

九三 日落的依附，不奏乐唱歌，就有垂老嗟叹，凶险。（日昃（ze）之离，不鼓缶而歌，则大耋（die）之嗟，凶。）

六二 依附黄色，大吉。（黄离，元吉。）

初九 足迹错乱，恭敬慎重，没有灾祸。（履错然，敬之，无咎。）

离卦，利于占筮，亨通；蓄养母牛，吉利。
（利贞，亨；畜牝牛，吉。）

31. 咸卦

咸卦

上六 感应在脸颊、口舌。（咸其辅颊舌。）

九五 感应在脊背，没有悔恨。（咸其脢（mei），无悔。）

九四 占筮吉祥，后悔消失。走来走去，朋友赞同你的想法。（贞吉，悔亡。憧憧往来，朋从尔思。）

九三 感应在大腿，执意跟随他人，前去有麻烦。（咸其股，执其随，往吝。）

六二 感应在小腿，凶险；居住吉利。（咸其腓（fei），凶；居吉。）

初六 感应在脚的大拇指。（咸其拇。）

咸卦，亨通，利于占筮；娶女，吉利。
（咸，亨，利贞；娶女，吉。）

32. 恒卦

恒卦

上六　恒心动摇，凶险。（振恒，凶。）

六五　恒守道德，占筮，女人吉祥，丈夫凶险。（恒其德，贞，妇人吉，夫子凶。）

九四　田猎没有捕获禽兽。（田无禽。）

九三　不能恒久保持美德，有时会蒙受羞辱，占筮有麻烦。（不恒其德，或乘之羞，贞吝。）

九二　后悔消失。（悔亡。）

初六　深求恒久之道，占筮凶险，没有好处。（浚恒，贞凶，无攸利。）

恒卦，亨通，没有灾祸；利于占筮，利于有所往。
（恒，亨，无咎；利贞，利有攸往。）

33. 遁卦

遁卦

上九　远走高飞，彻底退让，没有不利。（肥遁，无不利。）

九五　退让受到称赞，占筮吉祥。（嘉遁，贞吉。）

九四　适时退让，君子吉祥，小人不吉祥。（好遁，君子吉，小人否。）

九三　心中牵挂而难以逃避，有疾病，有危险；蓄养臣妾，吉祥。（系遁，有疾，厉；畜臣妾，吉。）

六二　用黄牛之革捆绑，没有人能解脱。（执之用黄牛之革，莫之能说。）

初六　退让晚了，有危险，不要有所行。（遁尾，厉，勿用有攸往。）

遁卦，亨通，有利小事占筮。
（遁，亨，小利贞。）

34. 大壮卦

大壮卦

上六	公羊抵藩篱，不能进退，没有好处，艰苦奋斗才会吉祥。（羝羊触藩，不能退，不能进，不能遂，无攸利，艰则吉。）
六五	在田边丢了羊，没有悔恨。（丧羊于易，无悔。）
九四	占筮吉祥，后悔消失，藩篱裂口羊角没有卡住，羊角像车轴一样强壮。（贞吉，悔亡，藩决不羸，壮于大舆之輹。）
九三	小人恃强，君子不恃强；占筮有危险，如同公羊抵藩篱，卡住羊角。（小人用壮，君子用罔；贞厉，羝羊触藩，羸其角。）
九二	占筮吉祥。（贞吉。）
初九	脚趾健壮，出征凶险，卦兆显示。（壮于趾，征凶，有孚。）

大壮卦，利于占筮。
（大壮，利贞。）

35. 晋卦

晋卦

上九	前进至极，只能用于征伐邑国，有危险吉祥，没有灾祸；占筮有遗憾。（晋其角，维用伐邑，厉吉，无咎；贞吝。）
六五	悔恨消失，得失不要忧虑；前去吉祥，没有不利。（悔亡，失得勿恤；往吉，无不利。）
九四	像大老鼠一样前进，占筮危险。（晋如鼫（shi）鼠，贞厉。）
六三	众人赞同，悔恨消失。（众允，悔亡。）
六二	前进，感到愁苦，占筮吉祥，从王母那里受到大福。（晋如，愁如，贞吉，受兹介福于王母。）
初六	前进，受到障碍，占筮吉祥；不用占筮，宽容没有灾祸。（晋如，催如，贞吉；罔孚，裕无咎。）

晋卦，康侯用此卦占筮被赏赐很多，一天被接见三次。
（晋，康侯用锡（si）番庶，昼日三接。）

36. 明夷卦

明夷卦

上六　没有光明，只有黑暗，期初登临天上，最终降落地下。（不明晦，初登于天，后入于地。）

六五　箕子被囚而佯狂自保，利于占筮。（箕（ji）子之明夷，利贞。）

六四　进入左方腹地，获知光明受损的内情，于是出门。（入于左腹，获明夷之心，于出门庭。）

九三　南郊狩猎时光明受损，捕获大猛兽；不可操之过急，占筮。（明夷于南狩，得其大首；不可疾，贞。）

六二　光明受损，伤及左边大腿，用壮马拯救，吉祥。（明夷，夷于左股，用拯马壮，吉。）

初九　飞行时光明受损，低垂着翅膀；君子出行时光明受损，三天没有吃饭。有所去，主人有麻烦。（明夷于飞，垂其翼；君子于行，三日不食。有攸往，主人有言。）

明夷卦，利于艰难时占筮。（明夷，利艰贞。）

37. 家人卦

家人卦

上九　卦兆显示，威严持家，最终吉祥。（有孚，威如，终吉。）

九五　君王到家，不必忧虑，吉祥。（王假有家，勿恤，吉。）

六四　家里富裕，大吉。（富家，大吉。）

九三　家人受到严厉训斥，很后悔，吉祥；妇人孩子嬉闹调笑，最终困厄。（家人嗃嗃（he），悔厉，吉；妇子嘻嘻，终吝。）

六二　无所成就，在家料理家务，占筮吉祥。（无攸遂，在中馈，贞吉。）

初九　闲在家，悔恨消失。（闲有家，悔亡。）

家人卦，利于女人占筮。（家人，利女贞。）

38. 睽卦

睽卦

上九　背离孤独，见猪在路上，拉着一车鬼方人，先张弓欲射，后又放了下来；不是贼寇，是迎亲队伍；前行遇雨则吉祥。（睽孤，见豕负涂，载鬼一车，先张之弧，后说之弧；匪寇，婚媾；往遇雨则吉。）

六五　悔恨消失。他和主人一起吃肉，去有何麻烦呢？（悔亡。厥宗噬肤，往何咎？）

九四　背离孤独，遇见大人，相互占筮，有危险，没有麻烦。（睽孤，遇元夫，交孚，厉，无咎。）

六三　看见车被拉，驾车的牛受到牵制，车夫受了墨刑和劓刑，开始艰难，结果良好。（见舆曳，其牛掣，其人天且劓（yi），无初有终。）

九二　在巷中遇见主人，没有麻烦。（遇主于主巷，无咎。）

初九　悔恨消失。丢失的马不要追赶，自己会回来；看见恶人，没有麻烦。（悔亡。丧马勿逐，自复；见恶人，无咎。）

睽卦，小事吉祥。（睽，小事吉。）

39. 蹇卦

蹇卦

上六　前去艰难，回来有大收获；吉利，利于会见大德大才之人。（往蹇，来硕；吉，利见大人。）

九五　十分艰难，朋友前来相助。（大蹇，朋来。）

六四　前去艰难，返回接连不断。（往蹇，来连。）

九三　前去艰难，返回原地。（往蹇，来反。）

六二　君王的臣子艰难，不是为了自己。（王臣蹇蹇，匪亲之故。）

初六　前去艰难，回来获美誉。（往蹇，来誉。）

蹇卦，利于西南出行，不利于东北出行。利于会见大德大才之人，占筮吉祥。（利西南，不利东北。利见大人，贞吉。）

40. 解卦

解卦

上六　王公在高城上射大鸟，捕获之，没有不利。（公用射隼于高墉之上，获之，无不利。）

六五　君子被绑又解脱，吉祥，卦兆显示对小人有利。（君子维有解，吉，有孚于小人。）

九四　解开拇指，朋友到这里占筮。（解而拇，朋至斯孚。）

六三　身负货物乘车出行，招致贼寇前来，占筮吉祥。（负且乘，致寇至，贞吉。）

九二　田猎获取三只狐狸，得到金属箭头，占筮吉祥。（田获三狐，得金矢，贞吉。）

初六　没有灾祸。（无咎。）

解卦，利于西南之地，无须前往行事，返回原地，吉祥。
有所行动，及早前往可获吉祥。
（解，利西南，无所往，其来复，吉。有攸往，夙吉。）

41. 损卦

损卦

上九　不减少，要增加，没有麻烦，占筮吉祥，利于前去，得到公而忘私的臣子。（弗损，益之，无咎，贞吉，利有攸往，得臣无家。）

六五　有人进献价值十朋的宝龟，不能推辞，大吉。（或益之，十朋之龟，弗克违，元吉。）

六四　减少疾病，使快速高兴，没有麻烦。（损其疾，使遄有喜，无咎。）

六三　三人同行，一人离去，一人出行，得到朋友。（三人行则损一人，一人行则得其友。）

九二　利于占筮，出征有凶险。不减损增加。（利贞，征凶。弗损益之。）

初九　祭祀之事快速进行，没有麻烦，酌情减少祭品。（已事遄（zhan）往，无咎，酌损之。）

损卦，卦兆显示，大吉，没有灾祸，可以占筮，利于前去。用什么祭神呢？两盘食物可作为祭品。
（损，有孚，元吉，无咎，可贞，利有攸往。曷之用？二簋可用享。）

42. 益卦

益卦

上九　没有人增加，有人攻击，立志不恒，凶险。（莫益之，或击之，立心勿恒，凶。）

九五　卦兆显示慧泽于心，不要占问，大吉，卦兆显示慧泽我的道德。（有孚惠心，勿问，元吉，有孚，惠我德。）

六四　持中庸之道，得到王公信从，利于决定迁国。（中行，告公从，利用为依迁国。）

六三　把增加用于救助凶险之事，没有灾祸；卦兆显示行中庸之道，手持玉圭晋见王公。（益之用凶事，无咎；有孚中行，告公用圭。）

六二　有人进献价值十朋的宝龟，不要推辞，永远占筮吉祥。（或益之十朋之龟，弗克违，永贞吉。）

初九　利于大兴土木，大吉，没有灾祸。（利用为大作，元吉，无咎。）

益卦，利于出行，利于渡过大河。（益，利有攸往，利涉大川。）

43. 夬卦

夬卦

上六　没有呼号，最终有凶险。（无号，终有凶。）

九五　山羊快速行走在路上，没有灾祸。（苋（xian）陆夬夬，中行，无咎。）

九四　臀部没有皮肤，行动艰难；牵着羊，悔恨消失，听到话不相信。（臀（tun）无肤，其行次且（ziju）；牵羊悔亡，闻言不信。）

九三　强壮在颧骨，有凶险。君子快速行走，独行遇雨，好像淋湿了，有怒气，没有灾祸。（壮于頄（kui），有凶。君子夬夬，独行遇雨，若濡，有愠（yun），无咎。）

九二　警惕呼号，傍晚有敌人，不要担心。（惕号，莫夜有戎，勿恤。）

初九　强壮在前趾，前去不能取胜，反而导致灾害。（壮于前趾，往不胜，为咎。）

夬卦，在朝廷上发表言论，卦兆显示有危险。从邑中传来信息，不利于接近敌人；利于前行。（夬，扬于王庭，孚号有厉。告自邑，不利即戎；利有攸往。）

44. 姤卦

姤卦

上九 遇到顶点，有麻烦，没有灾祸。（姤其角，吝，无咎。）

九五 用杞柳包瓜，内部华美，从天上降落。（以杞包瓜，含章，有陨自天。）

九四 厨房没有鱼，会发生凶险。（包无鱼，起凶。）

九三 臀部受伤，行走艰难，有危险，没有灾祸。（臀无肤，其行次且（zi ju），厉，无咎。）

九二 厨房有鱼，没有灾祸，不利招待宾客。（包有鱼，无咎，不利宾。）

初六 拴在车闸上，占筮吉祥。有所前往，出现凶险，卦兆显示瘦猪徘徊不前。（系于金柅，贞吉。有攸往，见凶，羸豕孚蹢躅（zhi zhu）。）

姤卦，女子强壮，不宜娶其为妻。
（姤，女壮，勿用娶女。）

45. 萃卦

萃卦

上六 嗟叹流泪，没有灾祸。（赍（ji）咨涕洟，无咎。）

九五 聚集有位置，没有灾祸；不用占筮，开始一直占筮，悔恨消失。（萃有位，无咎；匪孚，元永贞，悔亡。）

九四 大吉，没有灾祸。（大吉，无咎。）

六三 聚集嗟叹，没有好处。前去没有灾祸，有小麻烦。（萃如嗟如，无攸利。往无咎，小吝。）

六二 大吉，没有灾祸；卦兆显示利于祭祀。（引吉，无咎；孚乃利用禴（yue）。）

初六 卦兆显示不能保持至终，越乱越聚集；如同呼号，一握手就欢笑；不用担心，前去没有灾祸。（有孚不终，乃乱乃萃；若号，一握为笑；勿恤，往无咎。）

萃卦，亨通。君王到庙里；利于会见大人，亨通，利于占筮；用大牲祭祀，吉利，利于前去。
（萃，亨。王假有庙；利见大人，亨，利贞；用大牲，吉，利有攸往。）

46. 升卦

升卦

上六 上升到顶点，利于不停息地占筮。（冥升，利于不息之贞。）

六五 占筮吉祥，沿着台阶上升。（贞吉，升阶。）

六四 君王在岐山祭祀，吉祥，没有灾祸。（王用亨于岐山，吉，无咎。）

九三 上升到空虚的城邑。（升虚邑。）

九二 卦兆显示利于祭祀，没有灾祸。（孚乃利用禴（yue），无咎。）

初六 适宜上升，大吉。（允升，大吉。）

升卦，开始亨通，用于见大德大才之人，不用担心。南征吉祥。
（升，元亨，用见大人，勿恤。南征吉。）

47. 困卦

困卦

上六 困于葛藤缠绕，困于动摇不安，有人说轻举妄动会悔上加悔，出征吉利。（困于葛藟，于臲卼（nie wu），曰（yue）动悔，有悔，征吉。）

九五 遭受割鼻剁脚的刑罚，困于权贵的迫害；慢慢脱险，利于祭祀。（劓（yi）刖（yue），困于赤绂；乃徐有说，利于祭祀。）

九四 慢慢前来，困在金车中，有麻烦，有结果。（来徐徐，困于金车，吝，有终。）

六三 困在乱石中，靠在蒺藜上；进入宫廷，看不见妻子，凶险。（困于石，据于蒺藜；入于其宫，不见其妻，凶。）

九二 困在酒食中，富贵将来，利于祭祀。出征有凶险，没有灾祸。（困于酒食，朱绂（fu）方来，利用享祀。征凶，无咎。）

初六 臀部困在树干上，进入深谷，三年不见天日。（臀困于株木，入于幽谷，三岁不觌（di）。）

困卦，亨通，占筮，大人吉祥，没有灾祸；有言不信。
（困，亨，贞，大人吉，无咎；有言不信。）

48. 井卦

井卦

上六	汲取井水之后，不要盖上井盖；卦兆显示，大吉。（井收，勿幕；有孚，元吉。）
九五	井水清澈，寒泉之水可供食用。（井洌，寒泉食。）
六四	井在修治，没有灾害。（井甃（zhou），无咎。）
九三	井水淘净，无人食用，为此我心里难受，可用来汲水，君王圣明，共受福泽。（井渫（xie）不食，为我心恻，可用汲，王明，并受其福。）
九二	井底有小鱼，水罐破漏。（井谷射鲋，瓮敝漏。）
初六	井泥淤积，井水无法食用，旧井旁连飞禽也不来栖息。（井泥不食，旧井无禽。）

井卦，改变城邑不改变井，没有失去没有得到。来来往往从井中汲水，水将枯竭，也无人淘井，毁坏水瓶，凶险。

（改邑不改井，无丧无得。往来井井，汔至，亦未繘井，羸其瓶，凶。）

49. 革卦

革卦

上六	君子像豹子脱毛那样变化，小人改变昔日的面目，出征凶险，居住占筮吉祥。（君子豹变，小人革面，征凶，居贞吉。）
九五	大人像老虎脱毛那样变化，不用占筮就有卦兆显示。（大人虎变，未占有孚。）
九四	后悔消失，卦兆显示，改命吉利。（悔亡，有孚，改命吉。）
九三	出征凶险，占筮有危险。改革言论需要再三斟酌，有卦兆显示。（征凶，贞厉。革言三就，有孚。）
六二	巳日实行改革，出征吉利，没有灾祸。（巳日乃革之，征吉，无咎。）
初九	用黄牛之革牢牢拴住。（巩用黄牛之革。）

革卦，巳日占筮，非常亨通，利于占筮，悔恨消失。

（革，巳日乃孚，元亨，利贞，悔亡。）

50. 鼎卦

鼎卦

上九 鼎配上玉制的鼎环，大吉，没有不利。（鼎玉铉，大吉，无不利。）

六五 鼎配上黄色的耳，刚坚的鼎杠，利于占筮。（鼎黄耳，金铉（xuan），利贞。）

九四 鼎足断了，倾覆了主人的食物，鼎身污染，凶险。（鼎折足，覆公餗，其行渥，凶。）

九三 鼎耳去除，鼎移动困难，美味不能吃；等到下雨悔恨削减，最终吉祥。（鼎耳革，其行塞，雉膏不食；方雨亏悔，终吉。）

九二 鼎里有食物，我的仇人有病，不能接近我，吉祥。（鼎有实，我仇有疾，不我能即，吉。）

初六 鼎颠倒，足朝上，有利于倒出无用之物，就像得到妾和孩子一样，没有灾祸。（鼎颠趾，利出否，得妾以其子，无咎。）

鼎卦，大吉，亨通。
（鼎，元吉，亨。）

51. 震卦

震卦

上六 雷声震动，索索发抖，两眼惶惶不安，出征凶险。如果雷声没有震及自身，震及邻居，没有灾祸。婚姻有麻烦。（震索索，视矍矍（jue），征凶。震不于其躬，于其邻，无咎。婚媾有言。）

六五 雷声去来厉害，没有丧失什么，会有事情发生。（震往来，厉；亿无丧，有事。）

九四 雷声深入泥沼。（震遂泥。）

六三 雷声震动，惶恐不安，没有灾祸。（震苏苏，震行，无眚。）

六二 雷声来时危险，丧失了钱财，登上高陵，不要追逐，七日得到。（震来厉，亿丧贝，跻于九陵，勿逐，七日得。）

初九 雷声来时惊惧不安，而后又谈笑风生，吉祥。（震来虩虩，后笑言哑哑，吉。）

震卦，亨通。雷霆来时恐惧不安，而后又谈笑风生。雷声惊动百里，没有丧失一滴酒。
（震，亨。震来虩虩（xi），笑言哑。震惊百里，不丧匕鬯（change）。）

52. 艮卦

艮卦

上九　诚恳控制，吉祥。（敦艮，吉。）

六五　控制口，语言有条理，悔恨消失。（艮其辅，言有序，悔亡。）

六四　控制上身，没有灾祸。（艮其身，无咎。）

九三　控制腰部，撕裂脊肉，心中很痛苦。（艮其限，列其夤（yin），厉熏心。）

六二　控制小腿，不抬起来随着动，其心中不痛快。（艮其腓，不拯其随，其心不快。）

初六　控制脚趾，没有灾祸。利于永久占筮。（艮其趾，无咎。利永贞。）

艮卦，控制脊背，不能获得全身。走在庭院里，看不到人。没有灾害。
（艮其背，不获其身。行其庭，不见其人。无咎。）

53. 渐卦

渐卦

上九　鸿雁接近陆地，羽毛可用作装饰，吉祥。（鸿渐于陆，其羽可用为仪，吉。）

九五　鸿雁接近山坡，妇女三年不怀孕，最终没有人能胜她，吉祥。（鸿渐于陵，妇三岁不孕，终莫能胜，吉。）

六四　鸿雁接近树木，或能得到栖息的树枝，没有灾祸。（鸿渐于木，或得其桷（jue），无咎。）

九三　鸿雁接近陆地，丈夫出征不回来，妇女怀孕不生育，凶险。利于防御强盗。（鸿渐于陆，夫征不复，妇孕不育，凶。利御寇。）

六二　鸿雁接近磐石，饮食和乐，吉祥。（鸿渐于磐，饮食衎衎（kan），吉。）

初六　鸿雁接近岸边，小子有危险，有麻烦，没有灾祸。（鸿渐于干，小子厉，有言，无咎。）

渐卦，女人出嫁吉利，利于占筮。
（渐，女归吉，利贞。）

54. 归妹卦

归妹卦

上六　女子捧筐，里面没有东西；男子杀羊，不见流血。没有好处。（女承筐，无实；士刲（kui）羊，无血。无攸利。）

六五　帝乙嫁女，正室的衣饰没有侧室的好；月亮快圆了，吉祥。（帝乙归妹，其君之袂（mei），不如其娣之袂良；月几望，吉。）

九四　出嫁耽误婚期，延迟出嫁等到合适时间。（归妹愆（qian）期，迟归有时。）

六三　出嫁以姐姐陪嫁，回来以妹妹陪嫁。（归妹以须，反归以娣。）

九二　目盲能看见东西，利于幽居之人占筮。（眇能视，利幽人之贞。）

初九　出嫁妹妹陪嫁，跛足能走路，出征凶险。（归妹以娣（di），跛能履，征凶。）

归妹卦，出征凶险，没有好处。
（归妹，征凶，无攸利。）

55. 丰卦

丰卦

上六　丰富其房屋，蔽障其家室，窥视其门户，静悄悄看不到里面的人，三年也看不见，凶险。（丰其屋，蔀（bu）其家，窥其户，阒（qu）其无人，三岁不觌（di），凶。）

六五　好处到来，有喜庆荣誉，吉祥。（来章，有庆誉，吉。）

九四　丰富其蔽障，中午发现星斗。遇到同类，吉祥。（丰其蔀，日中见斗。遇其夷主，吉。）

九三　丰富其暗影，中午发现小星。折断右臂，没有灾祸。（丰其沛，日中见沫。折其右肱（gong），无咎。）

六二　丰富其蔽障，中午发现星斗。前去的可疑疾病，卦兆显示发现对方，吉祥。（丰其蔀，日中见斗。往得疑疾，有孚发若，吉。）

初九　遇到匹配之主，虽然十天之久，前去有好处。（遇其配主，虽旬无咎，往有尚。）

丰卦，亨通，君王达到丰盛，不用担忧，
宜在中午。
（丰，亨，王假之，勿忧，宜日中。）

56. 旅卦

旅卦

上九　鸟巢被焚烧，旅行之人先笑后大哭，在田畔丢了牛，凶险。（鸟焚其巢，旅人先笑后号咷（tao），丧牛于易，凶。）

六五　射雉鸡，一箭丢失，最终得到美誉、爵命。（射雉，一矢亡，终以誉命。）

九四　旅行到某处，得到资财，我心里不快乐。（旅于处，得其资斧，我心不快。）

九三　旅行住店被焚烧，丧失童仆，占筮吉祥。（旅焚其次，丧其童仆，贞吉。）

六二　旅行住店，怀藏资财，得到童仆，占筮。（旅其次，怀其资，得童仆，贞。）

初六　旅行之初举动猥琐，这时自取灾祸。（旅琐琐，斯其所取灾。）

旅卦，小亨通，旅卦占筮吉祥。
（旅，小亨，旅，贞吉。）

57. 巽卦

巽卦

上九　顺从在床下，丢失了资财，占筮凶险。（巽在床下，丧其资斧，贞凶。）

九五　占筮吉祥，悔恨消失，没有不利；没有开始但有结果。庚日前三天，庚日后三天，吉祥。（贞吉，悔亡，无不利；无初有终。先庚三日，后庚三日，吉。）

六四　悔恨消失，田猎捕获三类猎物。（悔亡，田获三品。）

九三　愁眉苦脸地顺从，不吉祥。（频巽，否。）

九二　顺从在床下，像史巫敬神一样恭敬，吉祥，没有灾祸。（巽在床下，用史巫纷若，吉，无咎。）

初六　进退不决，利于武人占筮。（进退，利武人之贞。）

巽卦，小亨通，利于有所前往，利于会见大德大才之人。
（巽，小亨，利有攸往，利见大人。）

58. 兑卦

兑卦

上六　喜悦至极。（引兑。）

九五　卦兆显示有削减，有危险。（孚于剥，有厉。）

九四　协商的喜悦没有停止，解除疾病有喜悦。（商兑未宁，介疾有喜。）

六三　谋来的喜悦，凶险。（来兑，凶。）

九二　诚信喜悦，吉祥，后悔消失。（孚兑，吉，悔亡。）

初九　平和心悦，吉祥。（和兑，吉。）

兑卦，亨通，利于占筮。
（兑，亨，利贞。）

59. 涣卦

涣卦

上九　涣散的忧惧消失，没有灾祸。（涣其血去，逖（ti）出，无咎。）

九五　大声涣散，涣散王居，没有灾祸。（涣汗其大号，涣王居，无咎。）

六四　涣散群体，大吉。涣散聚成山丘的大群，不是平常所能想象的。（涣其群，元吉。涣有丘，匪夷所思。）

六三　涣散自身，没有后悔。（涣其躬，无悔。）

九二　涣散时及时奔跑，后悔消失。（涣奔其机，悔亡。）

初六　用强壮的马拯救，吉祥。（用拯（cheng）马壮，吉。）

涣卦，亨通，君王到庙里，利于渡过大河。
（涣，亨，王假有庙，利涉大川，利贞。）

60. 节卦

节卦

上六　过分节制，占筮凶险，后悔消失。（苦节，贞凶，悔亡。）

九五　甘心节制，吉祥，前去有好处。（甘节，吉，往有尚。）

六四　安于节制，亨通。（安节，亨。）

六三　不节制，就嗟叹，没有灾祸。（不节若，则嗟若，无咎。）

九二　不出门庭，凶险。（不出门庭，凶。）

初九　不出门庭，没有灾祸。（不出户庭，无咎。）

节卦，亨通；过分节制不能占筮。（节，亨；苦节不可，贞。）

61. 中孚卦

中孚卦

上九　大声飞向天空，占筮凶险。（翰音登于天，贞凶。）

九五　卦兆显示良好，没有灾祸。（有孚挛如，无咎。）

六四　月亮将圆，马匹丢失，没有灾祸。（月几望，马匹亡，无咎。）

六三　遇到敌人，有的打鼓，有的疲劳，有的哭泣，有的唱歌。（得敌，或鼓，或罢，或泣，或歌。）

九二　鸣鹤在树荫里，小鹤跟着和鸣；我有好酒，愿与你共饮。（鸣鹤在阴，其子和之；我有好爵，吾与尔靡之。）

初九　安守吉祥，有他求不安宁。（虞吉，有它不燕。）

中孚卦，豚鱼吉祥，利于渡过大河。（中孚，豚鱼吉，利涉大川。）

62. 小过卦

小过卦

上六 没有遇上，越过了，飞鸟落网凶险，这就叫灾祸。（弗遇过之，飞鸟离之，凶，是谓在眚（sheng）。）

六五 密云不下雨，从我西郊过来；王公在穴中捕获了猎物。（密云不雨，自我西郊；公弋取彼在穴。）

九四 没有灾祸，没有越过可以相遇；前去有危险，一定小心，不用，永远占筮。（无咎，弗过遇之；往厉，必戒，勿用，永贞。）

九三 没有越过，防备它，跟从或者被杀害，凶险。（弗过防之，从或戕之，凶。）

六二 越过祖父，遇到祖母；没有见君主，遇到其大臣，没有灾祸。（过其祖，遇其妣；不及其君，遇其臣，无咎。）

初六 飞鸟向上，有凶险。（飞鸟以凶。）

小过卦，亨通，利于占筮。可用于小事占筮，不可用于大事占筮；飞鸟留下的声音，不宜向上，宜向下，大吉。（小过，亨，利贞。可小事，不可大事；飞鸟遗之音，不宜上，宜下，大吉。）

63. 既济卦

既济卦

上六 沾湿了头颅，有危险。（濡其首，厉。）

九五 东邻杀牛大祭，不如西邻薄祭实际得到的福分多。（东邻杀牛，不如西邻之禴（yue）祭，实受其福。）

六四 华美衣服变成破旧衣服，终日戒备。（繻有衣袽，终日戒。）

九三 高宗讨伐鬼方国，三年攻克，小人不要任用。（高宗伐鬼方，三年克之，小人勿用。）

六二 妇人丢失了车帘，不用去找，七天后复得。（妇丧其茀，勿逐，七日得。）

初九 拖曳车轮，沾湿了车尾，没有灾祸。（曳其轮，濡其尾，无咎。）

既济卦，小亨通，利于占筮；开始吉祥，最终混乱。（既济，亨小，利贞；初吉，终乱。）

64. 未济卦

未济卦

上九　卦兆显示，饮酒，没有灾祸。沾湿头颅，卦兆显示失道。（有孚，于饮酒，无咎。濡其首，有孚，失是。）

六五　占筮吉利，没有后悔。君子的光辉，卦兆显示吉祥。（贞吉，无悔。君子之光，有孚，吉。）

九四　占筮吉祥，后悔消失。震用于讨伐鬼方国，三年被大国封赏。（贞吉，悔亡。震用伐鬼方，三年有赏于大国。）

六三　没有渡过河，出征凶险。利于渡过大河。（未济，征凶。利涉大川。）

九二　拖曳车轮，占筮吉利。（曳其轮，贞吉。）

初六　沾湿了尾巴，有灾祸。（濡其尾，吝。）

未济卦，亨通。小狐狸过河，沾湿了尾巴，没有好处。
（未济，亨。小狐汔（qi）济，濡其尾，无攸利。）

参考文献

[1] [美]彼得·德鲁克. 创新与企业家精神[M]. 蔡文燕译. 北京：机械工业出版社，2009.

[2] [美]约瑟夫·熊彼特，经济发展理论——对于利润、资本、信贷、利息和经济周期的考察[M]. 何畏，易家详译. 北京：商务印书馆，1991.

[3] Miller D. Relating Portercs Business Strategies to Environment and Structure：Analysis and Performance Implications [J].Academy of Management Journal，1988，31（2）：280–308.

[4] Prasad A.，Green P. Organizational Competencies and Dynamic Accounting Information System Capability：Impact on AIS Processes and Firm Performance[J]. Journal of Information Systems，2015，29（3）：123–149.

[5] Zahra S. A.，Covin J. G. Contextual Influences on the Corporate Entrepreneurship Performance Relationship：A Longitudinal Analysis[J]. Journal of Business Venturing，1995，10（1）：43–58.

[6] 许秋红，尹涛. 企业家创新精神与企业创新绩效研究——基于广州旅游企业的实证分析[J]. 广东技术师范学院学报，2009（11）：89–92.

[7] 孙慧琳，张蓉，崔凯. 企业家创新精神与企业财务绩效关系的实证研究[J]. 华东经济管理，2015（2）：179–184.

[8] Cummings，L. Organizational Climates for Creativity[J]. Academy of Management Journal，1965（8）：220–227.

[9] 中国企业家调查系统课题组. 企业创新：现状、问题及对策，2001年中国企业经营成长与发展专题调查报告[J]. 经济研究参考，2001，1532（52）.

[10] 曾建光，张英，杨勋. 宗教信仰与高管层的个人社会责任基调——基于中国民营企业高管层个人捐赠行为的视角[J]. 管理世界，2016（4）：97–110.

[11] 王文龙等. 企业主宗教信仰与企业慈善捐赠[J]. 清华大学学报（自然

科学版），2015，55（4）：443–451.

［12］晁罡等. 信仰传统文化的企业家对企业社会责任行为影响过程研究[J]. 管理案例研究与评论，2016，9（1）：1–13.

［13］Baxamusa，M. and A. Jalal. Does Religion Affect Capital Structure？[J]. Research in International Business and Finance，2014（31）：112–131.

［14］陈冬华，胡晓莉，梁上坤，新夫. 宗教传统与公司治理[J]. 经济研究. 2013（9）：71–84.

［15］汤明，裴劲松. 论信仰在企业成长中的作用[J]. 技术经济，2005，213（9）：65–68.

［16］Du X. Does Religion Matter to Owner–manager Agency Costs？ Evidence from Chins [J]. Journal of Business Ethics，2013，118（2）：319–347.

［17］王飞. 企业家精神对资源富集地区产业结构升级的影响研究——以内蒙古12个盟市为例[D]. 内蒙古大学，2016.

［18］刘建军等. 信仰的呼唤——社会主义市场经济条件下的信仰问题研究[M]. 北京：人民出版社，2011.

［19］邢学民. 现代信仰学导引[M]. 北京：中国传媒大学出版社，2012.

［20］刘旭光. 从信仰与宗教、理性的辩证关系论证信仰的本质[J]. 理论月刊，2017（1）：42–47.

［21］常诚. 企业家精神及其对企业战略选择的影响[D]. 华南理工大学，2014.

［22］张喜堂. 揭开《易经》神秘之面纱之特别揭秘[M]. 郑州：河南人民出版社，2014.

［23］陈彬，刘文钊. 信仰惯习、供需合力、灵验驱动——当代中国民间信仰复兴现象的“三维模型”分析[J]. 世界宗教研究，2012（4）：100–107.

［24］朱江洪. 朱江洪自传：我执掌格力的24年[M]. 北京：企业管理出版社，2017.

［25］[美]罗德尼·斯达克，罗杰尔·芬克. 信仰的法则——解释宗教之人的方面[M]. 杨凤岗译. 北京：中国人民大学出版社，2004.

［26］阎力. 创造心理学[M]. 上海：华东师范大学出版社，2016.

[27] [美]彼得·斯卡辛斯基，罗恩·吉布森. 从核心创新[M]. 陈劲译. 北京：中信出版社，2009.

[28] 彭聃龄. 普通心理学[M]. 北京：北京师范大学出版社，2016.

[29] 创新方法研究会. 创新方法教程（初级）[M]. 北京：高等教育出版社，2012.

[30] 芮明杰. 管理创新[M]. 上海：上海译文出版社，1997.

[31] 段晓红，向龙斌. 演化理论视角下组织惯例对企业家创新行为的影响研究[J]. 建筑经济，2011，349（11）：96–99.

[32] 李苑凌，李志，张庆林. 企业家创新行为现状的调查研究[J]. 重庆大学学报（社会科学版），2010，16（4）：61–66.

[33] 陈劲，郑刚. 创新管理：赢得持续竞争优势[M]. 北京：北京大学出版社，2016.

[34] http：//image.baidu.com.

[35] [法] 让·米歇尔. 圣经故事（旧约篇）[M]. 韩凌编译. 北京：京华出版社，2010.

[36] 孙来斌. 列宁的灌输理论及其当代价值[M]. 北京：社会科学文献出版社，2017.

[37] 刘燕. 大学生宗教信仰现状分析[J]. 学校党建与思想教育,2016（2）：62–63+66.

[38] 任建东. 信仰教育何以可能[J]. 现代教育,2002（4）.

[39] 中国科技发展战略研究小组，中国科学院大学中国创新创业管理研究中心. 中国区域创新能力报告（2016）[M]. 北京：科学技术文献出版社，2016.

[40] 吴皋，杨东涛. 基于2012年财富中国五百强企业的信仰价值观分析[J]. 管理学报,2014，11（8）：1095–1245.

[41] 任者春. 敬业：从道德规范到精神信仰[J]. 山东师范大学学报，2009（5）：85–87.

[42] 高永丰. 中小企业员工职业信仰的缺失与对策[J]. 沙洋师范高等专科学校学报，2012，13（6）：70–73.

[43] [美]克莱·舍基. 未来是湿的[M]. 北京：中国人民大学出版社，2009.

［44］张培峰. 企业文化的内外认同而形成的品牌信仰[J]. 中外企业文化，2008（11）: 37–39.

［45］Ian，Bradley. Enlightened Entrepreneurs：Business Ethics in Victorian Britain[M]. Lion Hudson Plc，2007.

［46］林立强. 民营企业家的宗教信仰与企业文化建设[J]. 经济管理，2010，32（3）: 86–90.

［47］Hunton，J. E.，R. Hoitash and J. C. Thibodeau. Retracted：The Relationship between Perceived Tone at the Top and Earnings Quality[J]. Contemporary Accounting Research，2011（28）: 1190–1224.

［48］Baxxmusa M.，Jalal A. CEO's Religious Affiliation and Managerial Conservatism[J]. Financial Management，2016，45（1）: 67–104.

［49］曾光勇，刘莱，曹雅丽. 宗教信仰、政治身份与企业投资偏好[J]. 财经研究，2016，42（6）: 110–120.

［50］张正军. 日本企业的精神价值文化——以企业人士的宗教信仰为中心[J]. 宁波大学学报（人文科学版），2007，29（3）: 67–72.

［51］刘爱莲，林宇晖. 当前我国企业员工宗教信仰状况分析——以南京地区的抽样调查为例[J]. 中共福建省委党校学报，2011（3）: 92–96.

［52］颜时启. 企业信仰=企业文化[J]. 科技与企业，2010（3）: 25–26.

［53］刘悦恒，丁培卫. 从“约束”到“信仰”——中国企业文化管理模式探析[J]. 品牌，2009（2）: 73–77.

［54］Chin M. K.，Hambrick D. C. Trevino L. K. Political Ideologies of CEOs：The Influence of Executives' Values on Corporate Social Responsibility[J]. Administrative Science Quarterly，2013（58）: 197–232.

［55］Gao S.，Yang F. Religious Faith and the Market Economy[J]. The Ecumenical Review，2015，67（1）: 120–140.

［56］Dutton J. E.，Roberts L. M.，Bednar J. Pathways for Positive Identity Construction at Work：Four Types of Positive Identity and the Building of Social Resources[J]. Academy of Management Review，2010，35（2）: 265–293.

［57］任洋. 国有企业改革与道德信仰文化的孕育发展[J]. 人力资源开发，

2014（7）: 81–83.

［58］罗志荣. 企业伦理困境破解与信仰重塑[J]. 企业文明，2015（11）: 46–49.

［59］周婷. 马克思主义科学信仰性质再思考——由邓晓芒《信仰三题：概念、历史和现实》引发[J]. 中国社会科学评价，2016（4）: 75–83.

［60］李志雄，周郑湘. 马克思“非宗教之后”的信仰观——应正确把握马克思宗教认识论的理论基石[J]. 世界宗教研究，2014（3）: 26–32+194.

［61］张绪山. 论20世纪初中国社会的“科学信仰”——以归国留学生骨干为分析对象[J]. 清华大学学报（哲学社会科学版），2009，24（2）: 83–99+159.

［62］Arrunada B.Protestants and Catholics：Similar Work Ethic，Different Social Ethic[J]. Economic Journal，2010，120（547）: 890–918.

［63］阮荣平，郑风田，刘力. 信仰的力量：宗教有利于创业吗？[J]. 经济研究，2014（3）: 171–182.

［64］李敏. 论企业信仰的形成与构建机制[J]. 当代财经，2009（6）: 77–80.

［65］吴林龙. 信仰形成与信仰教育的合理化[J]. 北京交通大学学报（社会科学版），2016，15（3）: 151–156.

［66］阮荣平，郑风田，刘力. 教育与宗教信仰的代际传递阻滞——兼论我国部分农村“宗教热”[J]. 经济学动态，2015（12）: 43–56.

［67］[挪] 詹·法格博格，[美] 戴维·莫利，[美] 理查德·纳尔逊主编. 牛顿创新手册[M]. 柳御林，郑刚，蔺雷，李纪珍译. 北京：知识产权出版社，2009.

［68］[法] 阿莫德·波尔弗（Ahmed Bounfour），[瑞] 利夫·埃德文森（Leif Edvinsson）主编. 国家、地区和城市的知识资本[M]. 于鸿君，石杰译校. 北京：北京大学出版社，2007.

［69］[美]迈克尔·波特（Michael E. Porter）. 竞争战略[M]. 陈小悦译. 北京：华夏出版社，2005.

［70］武松，潘发明等编著. SPSS统计分析大全[M]. 北京：清华大学出版社，2014.

[71] 周锡冰. 格力为什么能成全球第一[M]. 杭州：浙江大学出版社，2016.
[72] 陈鹏全. 格力，中国造[M]. 广州：广东经济出版社，2017.
[73] 张德主编. 企业文化建设[M]. 北京：清华大学出版社，2015.